LA

CITOYENNE TALLIEN

LA CITOYENNE

TALLIEN

PAR

JOSEPH TURQUAN

Témoignages des Contemporains et documents inédits

PARIS

MONTGREDIEN ET Cⁱᵉ

LIBRAIRIE ILLUSTRÉE

8, RUE SAINT-JOSEPH, 8

LA
CITOYENNE TALLIEN

CHAPITRE PREMIER

Naissance de Thérésia de Cabarrus. — Les familles de finance au XVIII* siècle. — M. de Cabarrus. — Enfance de Thérésia. — Demande en mariage. — Thérésia à Paris. — Elle épouse M. de Fontenay. — Portrait de M** de Fontenay. — Soirée chez M** de la Briche. — Tiraillements de ménage. — La vie mondaine à Paris en 1788. — Paris aux champs. — Légende. — La fête de la Fédération. — Médisances. — Une lettre de M** de Fontenay. — La Terreur. — M. et M** de Fontenay quittent Paris. — Arrivée à Bordeaux. — Divorce du jeune ménage.

Jeanne-Marie-Ignace-Thérésia de Cabarrus naquit le 31 juillet 1773, près de Madrid, dans un château, à Saint-Pierre de Carravenchel de Ariba. Le nom de Jeanne qu'on lui donna était sans doute le nom de sa marraine ; celui de Marie se donnait à toutes les petites filles ; quant à celui d'Ignace, on l'en affubla vraisemblablement parce qu'elle naquit le jour de la fête de ce saint, très vénéré dans le pays : à cette ribambelle de noms, fort pauvre pour l'Espagne, on ajouta celui de Thérésia, sans doute parce que sainte Thérèse était la sainte la plus en réputation de toute la Péninsule. Sous de si hauts et de si puissants patronages, la petite fille ne pouvait que croître en beauté et en sagesse. C'est ce qui arriva ; mais si la beauté de Thérésia brilla jusqu'à son dernier jour d'un très vif éclat, la sagesse, hélas ! ne brilla pas autant et eut à subir plus d'une fâcheuse éclipse.

Son père, M. François de Cabarrus, n'était pas Espagnol, mais bien Français, malgré un nom dont la désinence latine indique clairement une origine basque. Sa mère, Française elle aussi, s'appelait, de son nom de jeune fille, Marie-Antoinette Galabert. Il y avait eu du roman dans son existence : elle s'était laissée séduire et enlever par M. de Cabarrus, qui l'épousa plus tard, après un essai plus ou moins prolongé de la vie conjugale. Peut-être est-ce à cette aventure de sa mère, plus romanesque que conforme aux convenances, que la jeune Thérésia dut de recevoir une éducation passablement décousue, qui lui prépara une existence plus décousue encore.

Il n'est pas indifférent, ce semble, pour expliquer les phases si singulières de la vie de Mme Tallien, de noter ici qu'elle naquit dans une famille de finance. Si ces familles donnaient, pour employer une expression de M. Brunetière, « l'exemple de la richesse », elles ne donnaient pas celui de la morale. Singeant la noblesse, elles ne lui empruntaient guère que sa légèreté et ses vices élégants et ne songeaient nullement à lui prendre ses qualités pour les inculquer à leurs enfants. Mme de Pompadour fut le modèle le plus accompli de l'éducation féminine dans ce monde financier du xviiie siècle. Qui sait si, parmi les diverses ambitions que M. de Cabarrus pouvait caresser dans son cœur de père pour sa fille qui croissait chaque année en beauté, il ne rêvait pas de la voir devenir un jour maîtresse de roi? Le monde de la finance s'était fort poussé depuis le commencement du siècle, et Louis XV lui avait suscité bien des jalousies parmi la noblesse en lui faisant l'honneur de lui prendre une de ses filles, Jeanne-Antoinette Poisson, pour l'élever à la dignité de maîtresse en titre. Il est vrai que les parents de cette charmante personne l'avaient élevée spécialement pour cette haute fonction. De semblables calculs nous choquent à présent, mais au siècle dernier on les faisait couramment, et les familles les plus distinguées pouvaient seules rêver, dans leur orgueil, un déshonneur si honorable pour leurs filles. Un peu auparavant, lorsque le beau-père de Mme de Montespan avait appris l'amour de Louis XIV pour sa belle-fille, ne s'était-il pas écrié : « Dieu soit loué ! Voici la fortune qui commence à entrer dans ma maison ! »

Dieu n'était assurément pour rien dans cette fortune malpropre dont le louait M. de Montespan, et il était oiseux de l'en remercier, mais cela montre l'esprit du temps : il n'avait pas changé sous Louis XVI ; il était encore le même sous le Directoire et M. de Cabarrus semble s'être très bien accommodé de voir sa fille devenue la maîtresse d'un directeur de la République française, c'est-à-dire d'un roi de ce temps-là. Son sens moral n'était pas plus sévère que celui de M. de Montespan, car il songea comme lui à tirer de cette situation honneur et profit : n'est-ce pas pour ce fait qu'il fut sur le point de se voir nommer ambassadeur d'Espagne à Paris ?

Avec les idées voltairiennes qui étaient celles de la riche bourgeoisie de la fin du XVIIIe siècle, il ne semble pas que l'idée de Dieu ait été fortement inculquée à la jeune Thérésia ; d'idées morales, pas davantage. D'ailleurs, à quoi tout cela eût-il servi dans cette société en décomposition ? A gêner dans la vie, à amener les enfants à condamner la façon de vivre de leurs parents, par conséquent à ne pas les respecter, à les mépriser peut-être : c'était donc, on en conviendra, un bagage inutile.

M. de Cabarrus, qui était né à Bayonne en 1752, descendait, paraît-il, de l'un de ces hardis navigateurs, de ces *conquistadores* qui sillonnèrent les mers quelques cents ans auparavant, prirent pied sur le sol américain et promenèrent dans tout le Nouveau Monde le tintamarre chevaleresque de leurs exploits. Celui-là donna son nom à la baie de Cabarrus, dans l'île Royale, à une demi-lieue de Louisbourg[1]. Il avait fondé à Madrid une maison de banque que son ingénieuse activité — il enlevait les affaires comme il enlevait les femmes — avait vite fait prospérer. C'est à lui que l'Espagne énervée, appauvrie, pourrait-on dire, par ses richesses d'Amérique, dut, dans une crise financière, la création du crédit public. Il établit une banque nationale. On l'appela banque de Saint-Charles — les Espagnols faisaient alors intervenir les saints en toutes leurs affaires — à cause du roi d'Espagne Charles III. M. de Cabarrus devint ainsi une manière de Law espagnol et son nom eut quelque célébrité. Le roi l'anoblit et lui donna le titre de comte en récompense des services rendus par sa banque. Le nouveau comte ne jouit cependant pas en toute tranquillité des faveurs royales. Le mérite excite toujours la jalousie de ceux qui n'en ont pas ; le mérite récompensé les exaspère. Si vous voulez avoir du talent, ayez-le pour vous tout seul, mais gardez-vous bien

----

1. LAIRTULIER, *Les Femmes célèbres de la Révolution*, t. II, p. 274; Paris, 1840.

de le faire voir : le monde n'aime pas ceux qui s'é-
lèvent au-dessus de lui ; il préfère les médiocres, qui
lui ressemblent davantage. C'était du moins ainsi à la
Cour du roi Charles III. Il faut rendre justice à ce
souverain : il n'en voulut jamais à M. de Cabarrus
du bien qu'il avait fait à l'Espagne. Mais les gens de
cour ne furent pas si indulgents ; les gens de finance,
pas davantage : jalousies de fortunes, jalousies de va-
nités se liguèrent contre le nouveau comte. On lui
créa mille difficultés ; ce fut une véritable persécution.
Un ministre, M. Sarena, menait le troupeau des envieux et la campagne contre le talent. Le comte de
Mirabeau, père du futur orateur de la Constituante, la
menait avec lui. Le banquier fit tête à l'orage et montra dans cette lutte des qualités d'homme d'État. C'est
un peu pour cela peut-être, beaucoup plus pour l'influence personnelle de sa fille, qu'il fut, plus tard,
sous le Directoire, question de lui pour l'ambassade
d'Espagne à Paris, et que, sur ses vieux jours, le roi
Joseph Bonaparte le choisit pour son ministre des
finances à Madrid.

En attendant, M. de Cabarrus se reposait de ses
travaux et de ses luttes au milieu de sa famille. Il
avait trois enfants, deux garçons et une fille. L'aîné
des garçons, Théodore, devait fonder plus tard une
maison de commerce à Bordeaux, sous la raison sociale de : *Cabarrus fils et C*ie. Le second s'engagea,
comme on le verra, dans les armées de la République
et mourut au champ d'honneur. La fille, enfin, Thérésia, devait avoir une carrière des plus mouvementées
et toucher d'assez près à l'une des phases décisives
de la Révolution française.

Thérésia était bien la plus charmante petite fille
que l'on pût voir. Élevée au milieu de toutes les sa-

tisfactions que donne la fortune, courant et jouant sans cesse au grand air dans le parc de Carravenchel, elle se développait à merveille et devenait jolie, mais jolie à dépiter les plus belles filles de l'Espagne. En ce pays, les femmes sont précoces, du moins pour la beauté. Thérésia, sur ce point, était tout ce qu'il y avait de plus espagnol. Son instruction apparemment ne marchait point du même pas que sa beauté. On avait donné à Thérésia les meilleurs maîtres de Madrid, ce qui ne veut pas dire qu'ils fussent bons. La preuve, c'est que M. de Cabarrus songea bientôt à envoyer sa fille à Paris pour lui en donner d'autres. Il avait bien raison. L'éducation des femmes les plus distinguées de cette époque, en Espagne, se haussait à peine à celle des femmes de chambre de Paris. La duchesse d'Abrantès, qui voyagea en Espagne pendant l'année 1805 et qui y fit plus tard un long séjour, l'affirme dans ses *Mémoires*.

M. de Cabarrus avait peut-être aussi une autre raison pour envoyer sa fille en France. A Madrid, les têtes sont chaudes, les cœurs aussi, et il ne voulait pas qu'il arrivât à Thérésia l'aventure qui était arrivée à sa mère : ne l'avait-il pas, lui, Cabarrus, comme un Espagnol de roman, séduite et enlevée avant de l'épouser? Ces sottises-là, on les fait, et bien d'autres, mais ceux qui les ont faites trouveraient fort mauvais que leurs enfants se les permissent à leur tour. Ce en quoi ils ont joliment raison.

La petite Thérésia, qui n'avait guère alors plus de douze ans, était beaucoup plus grande que ne le sont d'ordinaire les petites filles de son âge. Elle était svelte, élancée et d'une figure merveilleusement jolie. Au point qu'on ne pouvait la voir sans en tomber sur l'heure amoureux. Il était donc prudent à M. de Cabarrus de retirer d'un pays où l'exécution, il en savait quelque chose, suit de si près un désir, une fille que son extrème beauté pouvait, comme sa mère jadis, exposer à de fâcheuses aventures.

Son oncle Galabert, qui était venu à Madrid, ne s'était-il pas avisé de faire la cour à la petite ? Avec les plus honnêtes intentions du monde, à la vérité, car il avait formellement demandé à M. de Cabarrus la main de Thérésia. Le pauvre homme, tout oncle qu'il était, avait été ensorcelé comme les autres par le charme étrange, magique, magnétique, pourrait-on dire, qui se dégageait comme une phosphorescence de toute sa personne : un regard, un sourire, un mot, et ça y était, on était pris ; la cristallisation était faite, aurait dit Stendhal.

On pense bien que, malgré les usages du temps qui permettaient, surtout en Espagne, de marier des petites filles de treize ans, M. de Cabarrus, qui avait du bon sens et qui le gardait, lui, puisqu'il n'était pas amoureux, ne voulut pas entendre parler de marier Thérésia : que diable ! ce n'est pas quand une fille est encore dans l'âge des poupées et des pantins qu'on lui donne un mari !

Était-ce pour fuir cet oncle ? Était-ce dans un intérêt d'éducation ? On ne le sait trop, mais c'est probablement pour ces deux causes que M. de Cabarrus fit partir un beau jour de Madrid sa fille et ses deux fils. Et, vers la fin de 1785 ou le commencement de 1786, les trois enfants descendaient devant la porte d'un hôtel du quai d'Anjou, dans l'île Saint-Louis, à Paris. C'était la demeure d'un ami de leur père, M. de Boisgeloup, seigneur de la Mancelière et autres lieux, conseiller du roi en son Parlement de Paris. Ils n'étaient là qu'en transit. M. de Cabarrus vint un peu plus tard les rejoindre, et, comme le séjour de Paris lui plaisait, il acheta un hôtel sur la place des Victoires et s'y installa avec eux.

A Paris, la belle Thérésia avait trouvé le moyen de devenir encore plus belle qu'à Madrid. La grâce parisienne, avec ses raffinements et les mièvreries de la mode, était venue adoucir l'éclat de sa beauté ibérienne. Cette beauté triomphait toujours, mais plus discrètement. L'Espagnole s'était parisianisée.

Si l'éducation de Thérésia avait été le prétexte du départ pour la France, il ne semble pas qu'une fois à Paris on se soit beaucoup occupé de perfectionner celle, tout élémentaire, qu'on lui avait donnée à Madrid. Elle avait été menée jusqu'alors à bâtons rompus : on continua le même système. Les bals, les comédies, les divertissements, les collations, on ne voyait alors que cela dans la vie. Peu ou point d'éducation morale et religieuse[1], nulle idée sérieuse, pas un mot du devoir, des notions vagues sur le reste : tel fut, en définitive, le bagage intellectuel et moral de la jeune fille. On aboutit ainsi à une chose : à lui faire idolâtrer sa petite personne. Ce fut tout. On aurait pu faire mieux. Si la beauté a un prix inestimable, elle n'est pas tout, et quelques solides qualités peuvent fort agréablement se marier avec elle.

Mais avec cette éducation décousue et rudimentaire — et c'était un peu celle des jeunes filles les plus distinguées de ce temps — les instincts,

---

1. C'était ainsi sous le gouvernement du trône et de l'autel et l'on était arrivé à avoir un clergé aux cadres démesurés pour une bien petite poignée de fidèles. « Depuis dix ans, écrivait Mercier en 1788, le beau monde ne va plus à la messe ; on n'y va que le dimanche pour ne pas scandaliser les laquais, et les laquais savent qu'on n'y va que pour eux » (*Tableau de Paris*, t. I, p. 377).

bons ou mauvais, suivaient leur cours, peu ou point réprimés par des parents imprévoyants. Les caractères étaient peut-être plus tranchés, mais chez le beau sexe la chose est peu désirable, et une femme tranchante n'a jamais passé pour une perfection.

M. de Cabarrus, que sa femme, personne assez effacée dans le ménage, était venue rejoindre à l'hôtel de la place des Victoires, avait beaucoup de relations à Paris. Aussi conduisait-il avec orgueil sa jolie Thérésia dans les salons, si sociables alors, d'un monde qui n'avait jamais été plus brillant. La jeune fille, depuis son arrivée, ne s'était pas appliquée à grand'-chose, mais elle avait appris à bien faire la révérence. C'était alors une chose très compliquée que de bien faire la révérence. Elle embrassait beaucoup de talents divers, puisque ce seul mot exprimait la science de se bien tenir dans le monde, l'art d'y parler et d'y faire figure de toute façon. Thérésia récoltait dans les salons les plus vives jouissances d'amour-propre. Non seulement elle s'y entendait proclamer la plus belle, mais la coquetterie, qui était innée en elle, lui avait vite fait trouver les quelques paroles manégées qui, plus que la beauté, bien plus surtout que les qualités, mettaient tous les hommes à ses pieds. Ah! la coquetterie! puisqu'elle prête de la beauté aux femmes qui n'en ont pas, combien ne décuple-t-elle pas la beauté chez celles qui en ont! Poussée jusqu'à l'extrême, elle séduit encore plus les hommes, et l'on voit des imbéciles qui vont jusqu'à n'estimer guère que l'effronterie chez la femme.

S'il faut en croire M. Forneron, la coquetterie de Thérésia ne craignit point de s'élever jusqu'à ces hauteurs scabreuses. « Elle avait été éprise toute jeune, dit-il, de M. de Méréville, fils du marquis de Laborde : elle le retrouvait chaque nuit sous les ombrages de son parc ; mais comme le mariage ne plut pas à Laborde, elle se laissa épouser subitement, dans son premier dépit, par M. de Fontenay, petit, roux, issu d'une famille si humble que le Parlement avait fait longtemps difficulté de l'accepter[1]. »

Il n'y aurait rien d'étonnant à ce que Mlle de Cabarrus, dont les principes de conduite ne semblent pas avoir jamais été bien sévères, se fût promenée de nuit sous les ombrages avec un jeune homme. Il ne faut pas juger cette imprudente légèreté avec nos mœurs d'aujourd'hui qui, pourtant, commencent à s'américaniser un peu. Si une telle liberté n'était pas précisément admise, elle était tout au moins tolérée. La duchesse de Bourgogne en avait elle-même donné l'exemple sous le grand roi, et Saint-Simon nous apprend dans ses *Mémoires* qu' « à Marly la dauphine courait la nuit avec tous les jeunes gens dans le jardin jusqu'à trois ou quatre heures du matin ». Cette liberté avait moins d'inconvénients avec beaucoup de jeunes gens qu'avec un seul, et M. de Cabarrus avait le plus grand tort de laisser à sa charmante fillette la liberté que le grand roi laissait à la duchesse de Bourgogne ; — et pourtant elle n'était pas encore princesse !

Peut-être est-ce par dépit, comme le dit M. Forneron d'après des *Mémoires* inédits dont il n'a pas le droit de nommer l'auteur, que Mlle de Cabarrus, ne pouvant décider M. de Laborde, fils du richissime fermier général propriétaire du domaine princier de Méréville, à l'épouser, se décida à accepter M. de Fontenay.

1. H. Forneron, *Histoire générale des émigrés*, t. II, p. 157.

Mais ce n'est pas probable. Ce qui est certain, c'est qu'on s'occupait de la marier. Elle avait déjà refusé, à ce qu'il paraît, le prince de Listenay. De son côté, elle avait été refusée par le marquis Ducrest, qui fut plus tard le père de cette Georgette Ducrest (Mme Bochsa) qui a laissé des *Mémoires sur l'impératrice Joséphine,* ouvrage dont la partialité n'est pas le défaut principal. Toujours bonne, « Mlle de Cabarrus, devenue Mme Tallien, ne conserva aucun souvenir du refus qui avait été fait de sa main, et fut dans tous les temps empressée de servir celui qui semblait l'avoir dédaignée »[1]. La belle Thérésia, malgré son jeune âge, n'était donc pas plus impressionnée que cela par une demande en mariage, et il ne semble pas qu'elle ait été de nature à faire un mariage de dépit, ce qui est presque aussi sot que ce qu'on appelle un mariage d'amour. Elle savait ce qu'elle valait, du moins physiquement ; elle avait de l'ambition, ce qui est la preuve d'une nature supérieure aux autres ; de plus, elle ne manquait pas de caractère : tout cela met à l'abri des vulgaires faiblesses, des dépits comme des entraînements irréfléchis.

Il est donc plus naturel de croire qu'elle épousa M. de Fontenay parce que M. de Cabarrus, ayant trouvé que ce jeune homme était d'un âge, d'une fortune et d'un rang social à peu près égaux aux siens, pouvait être pour elle un époux sortable, et que c'est après avoir examiné le pour et le contre qu'il le lui avait présenté.

Thérésia n'avait encore que quinze ans et demi. Quelque connaissance qu'elle puisse déjà avoir des choses de la vie, une jeune fille, à cet âge, même si

1. *Mémoires sur l'impératrice Joséphine,* t. III, p. 178.

elle est fort intelligente, ne fait guère de différence
entre un homme ou un autre : tous lui paraissent
également laids ou également beaux, selon son plus
ou moins de tempérament, et elle accepte généralement avec enthousiasme l'époux que ses parents lui
donnent, quel qu'il soit. Elle ne voit dans le mariage
qu'une chose, être *Madame*. Elle n'est pas encore
elle-même et ne le sera pas avant l'âge de vingt-cinq
ans. Jusque là, elle n'est qu'un essai, une ébauche un
peu *floue* de ce qu'elle pourra devenir; mais, à vingt-
cinq ans, ses grands traits sont fixés, elle est définitive. Aussi, quand elle n'est pas encore mariée à cet
âge, quand l'expérience de la vie lui a fait faire des
réflexions et des comparaisons, la jeune fille ne se
laisse plus marier avec la même docilité; elle prétend
ne prendre qu'un homme à son goût et avec certains
avantages, ce en quoi elle n'a pas tort. Elle se trompe
bien parfois dans son choix, mais l'homme, qui choisit en plus grande liberté et avec une bien plus
grande expérience, se trompe encore beaucoup plus
souvent.

Quoi qu'il en soit, Thérésia épousa, le jeudi 21 février 1788, messire Jean-Jacques Devin de Fontenay,
chevalier, conseiller du roi en son Parlement[1]. Ce
n'était ni un vieillard, comme on l'a dit, ni même un
homme mûr, mais bel et bien un jeune homme de
vingt-six ans. Il appartenait à une famille bourgeoise
de Paris qui avait compté parmi ses membres plus
d'un « marchand épicier » et « marchand drapier »,

---

1. M. Ch. Nauroy, de l'autorité duquel nous aimons à nous
couvrir pour tout ce qui est dates et actes de l'état-civil, donne,
dans *Le Curieux*, l'acte du mariage et l'acte de dispense de publication de bans, dont il a trouvé la minute authentique aux
Archives nationales.

mais qui n'était pas « si humble que le Parlement avait fait longtemps difficulté de l'accepter ».

M. Ch. Nauroy en a reconstitué la généalogie depuis l'an 1648. La famille s'était élevée peu à peu. Le père du mari de Thérésia était président de la Cour des comptes ; son hôtel, au numéro 31 de la rue des Francs-Bourgeois, existe encore ; il a gardé sa porte cochère flanquée des pavillons des communs et, dans la cour, une suite d'arcades. L'oncle de M. de Fontenay, M. de Laverdy, avait été avocat au Parlement, puis ministre. Son nom se trouve dans tous les *Mémoires* et dans toutes les correspondances du temps. Enfin, M. de Fontenay était lui-même conseiller au Parlement de Paris, et non de Bordeaux, comme on l'a dit et répété. Il apportait en mariage une fortune de près d'un million de francs, solidement assise en immeubles. Le nom, il est vrai, était moins solidement assis. M. Devin grand-père avait essayé, et non sans succès, d'en faire quelque chose, en lui accolant celui de Fontenay, sous prétexte qu'il possédait une maison à Fontenay-aux-Roses. La plupart des noms à particules, de nos jours, n'ont pas d'autre origine et ne rappellent pas autrement la noblesse, qui, par parenthèse, se passait fort bien autrefois de particule. Enfin, la chose avait pris, naturellement, puisque M. Devin était appuyé sur une belle fortune et, tel quel, ce nom avait bonne mine, meilleure mine assurément que celui qui le portait. Pour ce qui est du titre de marquis, son origine n'était pas plus catholique. M. de Fontenay ne le prit qu'après son mariage. Ayant acheté plusieurs terres, une entre autres, la seigneurie du Boulai, érigée jadis en marquisat, il crut avoir acquis en même temps le titre de marquis, et, parce que sa terre avait jadis appartenu à un mar-

quis, il se pensa blasonné du coup et, de marquis de
Fontenay, « en prit le nom pompeux » [1].

Il se trouva donc armé de toutes pièces, c'est-à-
dire de tous les travers du temps, pour introduire sa
jeune femme dans le monde et y faire lui-même quelque figure. Fort ambitieuse, amie des honneurs et de
la représentation autant que des diamants et de la
toilette, Thérésia ne l'avait-elle pas poussé à prendre
ce titre de marquis ? C'est bien probable. Car elle
était loin de prévoir, à ce moment, que, dans trois
ou quatre ans, la société française serait bouleversée
de fond en comble, qu'elle-même divorcerait d'avec
son marquis et mettrait sa fierté à se faire épouser
par un révolutionnaire plébéien.

À ce mari jeune et riche, voyons ce qu'apportait en
mariage Thérésia. Sa jeunesse et sa beauté tout d'abord,
puis une dot assez rondelette bien qu'elle ne se mon-
tât guère qu'à la moitié de la fortune de M. de Fontenay. « Elle comprenait au moins quatre maisons aux
Champs-Elysées, rue des Gourdes, plus tard rue des
Blanchisseuses et rue Marbœuf depuis 1829, n° 1, au
coin de l'allée des Veuves, aujourd'hui avenue Montaigne (c'est la future chaumière Tallien), n°ˢ 6 et 8,
et une autre mentionnée dans les *Petites Affiches* du
4 novembre 1807, sans numéro, plus une maison à
Passy, mentionnée dans les *Petites Affiches* du
20 mai 1842, rue Bizet, n° 6 [2]. »

---

1. C'était d'ailleurs la mode. « Les hommes nouveaux cherchent... à grimper sur un gradin un peu plus élevé ; ils tâchent
de faire oublier leur origine et on les voit tous possédés de la
fureur de faire ériger leurs terres en marquisat » (MERCIER,
Tableau de Paris, t. I, p. 149).
2. Ch. NAUROY, *Le Curieux*.

Mlle de Cabarrus, qu'on aurait tort, à cause de son nom en *us*, de prendre pour une savante, et qui se ressentait trop de l'Espagne pour le devenir jamais, n'avait donc pas plus de quinze ans et demi lorsqu'elle se maria. Elle était, de corps et d'âme, la collection vivante de toutes les qualités et de tous les défauts qui font perdre la tête aux hommes. Quelques-unes de ces perfections étaient peut-être en bouton, à l'état de promesses, mais patience ! le mariage et quelques printemps de plus n'allaient pas tarder à faire épanouir toutes ces fleurs.

Grande et élancée, elle avait déjà atteint toute sa taille et dépassait de la tête la plupart des femmes. Elle était souple comme un jonc. Surmontés de sourcils bien arqués qui leur donnaient un petit air impatienté mais adorable, les yeux étaient largement ouverts : il y avait du velours, de l'or, du diamant dans ces yeux à la fois bons et impérieux, angéliques et mutins. On se sentait tressaillir quand la belle enfant les laissait reposer sur vos yeux ou les effleurait seulement de son regard : oh ! ce regard !... une fascination. C'était à tomber à genoux devant.

La bouche est petite et aussi fascinatrice que le regard : rieuse et sceptique, elle semble plutôt faite pour les menues friponneries de l'amour que pour le baiser où s'échangent deux âmes et qui scelle le don éternel de deux cœurs. Ne voyez-vous pas, dans ce coin qui se relève un peu dédaigneusement (elle pense sans doute à son mari), un sourire qui, quoi qu'elle fasse, est moqueur, ironique ?... Mais c'est un attrait de plus. Quel fruit délicieux que ces lèvres, rouges et charnues comme des cerises, un peu arquées dans les coins, et qui appellent insolemment le baiser !... Les cheveux sont noirs et brillants, « absolument de la soie noire », a dit une femme[1] ; ils cherchent à s'accorder avec les yeux, avec la bouche, pour tâcher de donner un peu de sérieux à cette physionomie, mais il faudra bien des années et des mariages pour qu'ils y parviennent. En attendant, rien ne peut la dépouiller de ce petit air dégagé et conquérant qu'elle tient évidemment de son aïeul le *conquistador*, ni de cette mine d'indépendance qui plaît tant aux hommes, toujours affamés de subir un joug et d'obéir à un jupon. Les dents sont blanches, belles comme si elles étaient fausses, et rient pour un rien, sans grimace aucune. Le nez... hélas ! que de fois il a fait enrager sa propriétaire pour s'être avisé d'être presque aussi charnu aux ailes que les lèvres ! Aussi n'en faut-il point parler, il ne le mérite pas. Légèrement proéminent, le menton accuse de la volonté, de l'ambition. Et cet ensemble de gaieté, de sensualité, d'idéalisme, d'assurance, d'ironie, de grâce, de force, se fond harmonieusement en une physionomie piquante, vive en même temps que douce et bonne enfant.

Dans un salon, le rire de la jeune marquise, soupape toujours ouverte à une jeunesse et à une gaieté toujours sous pression, se modère et devient un sourire adorable, charmeur dans toute la force du terme. Mais le son de sa voix ! Quelle ravissante musique ! Un peu étudiée peut-être, mais sa magie réveille dans la profondeur des cœurs une musique semblable, qu'on n'entend que lorsqu'elle parle ou dans les rêves. Pour échapper à son charme, il faudrait, comme Ulysse devant les Sirènes, se boucher les oreilles avec de la cire. Elle n'est pas sans en connaître la puissance ; elle entend à ravir toute la diablerie amoureuse, et,

---

1. Marquise DE LAGE, *Souvenirs*, p. 186.

dans cette guerre d'escarmouches, elle n'a garde de
ménager les armes de son arsenal d'attaque. Car,
l'avez-vous remarqué? ces grandes coquettes ne sont
outillées que pour l'attaque et n'ont pas d'armes pour
la défense.

Avec cela, de belles épaules et de beaux bras qui
n'ont qu'un défaut, celui d'être donné trop souvent à
baiser, comme une patène, aux gens dont elle attend
un service ou qu'elle veut remercier d'une attention.
La tournure est aisée, pas façonnière du tout. Ce
n'est pas à dire que Thérésia ne l'ait pas étudiée longuement devant sa psyché, mais elle ne le laisse pas
voir. Elle n'est nullement gênée de sa grande taille,
au contraire des autres femmes qui, lorsqu'elles dépas-
sent un peu les dimensions réglementaires, sont em-
barrassées d'elles-mêmes et gênent chacun de leur
gênante personne.

Une personne qui ne se gênait guère, il faut
bien le dire, c'était M. de Fontenay. Il ne semble pas
qu'il ait beaucoup apprécié les grâces et perfections
de sa jeune femme. Et, d'abord, était-il bien le mari
qui lui eût convenu? Était-il en homme ce qu'elle
était en femme? Était-il « le mâle » de Thérésia?
Pas tout à fait, à en croire, non pas sa femme, ce serait
trop naturel, mais M. de Norvins[1] et les *Mémoires*
inédits cités par M. Forneron, qui disent qu'il était
petit et roux, ce qui, on ignore pourquoi, n'a jamais
passé auprès des femmes pour des attraits irrésisti-
bles. On n'en sait pas plus long sur les qualités physiques de M. de Fontenay. Sur ses qualités morales on
en sait davantage, grâce à quelques indiscrétions de

---

1. J. DE NORVINS, *Mémorial*, t. I, p. 169. — Nous citons ce
passage un peu plus loin, p. 20.

sa charmante femme. Il en manquait totalement. Ce qu'on n'ignore pas non plus, c'est que le jeune ménage prit, dès le départ, une allure des plus fâcheuses. Il était allé s'installer, sitôt après la cérémonie du mariage, dans une maison de l'île Saint-Louis, qui avait un jardin. « Le curieux qui, venant de Notre-Dame de Paris, prend la rue Saint-Louis, trouve à sa droite une grande maison dont les sculptures attirent son attention ; elle occupe aujourd'hui les numéros 51, 53, 55 et le n° 7 de la rue Budé, jadis rue Guillaume... C'est là ce qu'on appelait alors l'hôtel Fontenay[1]. » Les jeunes époux habitèrent ce quartier paisible, véritable ville de province au sein de la capitale, jusqu'à la fin de l'hiver ; ils passaient la belle saison dans leur maison de Fontenay-aux-Roses. Tous deux aimaient le monde. M. de Fontenay eut hâte d'y conduire sa femme. C'était aussi pour lui une manière d'y retourner. De son côté, Thérésia y trouvait trop son compte pour s'aviser de priver son mari de ce plaisir.

On était en 1788, à la veille de la Révolution. On sait combien les salons de Paris étaient brillants à ce point culminant de leur histoire, après lequel la tempête en fit des ruines et en dispersa les débris dans tous les coins de l'univers. La beauté, l'extrême bonne grâce de Mme de Fontenay y firent un effet prodigieux. Un jeune homme de ce temps, qui se trouvait dans le salon de Mme de la Briche lorsque les jeunes mariés, en visites de noces, y firent leur entrée, a raconté cet épisode de la vie mondaine. Il faut reproduire son récit ; il donnera en même temps le croquis d'un des premiers salons de l'époque : « L'un de ces dimanches où la ville et les faubourgs, dit M. de Norvins-

____

1. Ch. NAUROY, _Le Curieux._

Montbreton, s'étaient entendus pour fournir au salon de Mme de la Briche de plus nombreux contingents, à l'heure solennelle où les tables de jeu réunissaient déjà leurs partners et où Mlle Belz, depuis Mme Chéron, préludait au piano ou à la harpe accompagnée par Viotti, on annonça le comte et la comtesse Charles de Noailles, l'un fils aîné de la princesse de Poix, qui les présentait, l'autre fille de M. de Laborde, banquier de la Cour... Peu à peu, cependant, l'admiration se calme, le nouveau ménage était assis. Le tresset, le boston reprirent leur mouvement, au grand contentement des vieux mariés et des vieux célibataires ; et sauf les chuchotements des femmes et ceux des camaraderies, comme entre Charles de Noailles et moi, son ami de collège, on n'entendit plus que les brillants accords de Viotti et de Mlle Belz et aussi ces rares mais impitoyables exclamations des joueurs, replacés, eux, exclusivement à toute autre impression, sous l'empire absorbant des cartes.

« Mais à peine était-on rentré dans cette condition ordinaire des soirées, que la porte du salon se rouvrit de nouveau, et à deux battants, et que l'on annonça M. et Mme de Fontenay, née de Cabarrus. Encore une visite de noces ! De nouveau le jeu, le piano, le violon et le salon rentrèrent dans le silence, et aussi chacun se leva... Hélas ! puisqu'il faut le dire, la charmante comtesse de Noailles, la délicieuse Française fut à l'instant détrônée avec sa couronne de cheveux blonds par la divine Andalouse à la superbe chevelure de jais, dont la pointe la plus élevée faisait descendre jusqu'aux extrémités apparentes de ses pieds imperceptibles cette échelle de perfections humaines que le Créateur s'était plu à répandre sur elle le jour d'une fête paradisiaque, afin de montrer encore une fois au

monde le type jusque-là non renouvelé de la beauté
de la mère du genre humain. Quant à notre premier
père, il était moins bien représenté par M. de Fontenay, conseiller au Parlement. Une telle apparition,
qui brisait tout à coup une admiration encore vivace,
causa réellement une sorte de stupeur silencieuse, et
celle-ci ne fut interrompue que par l'expression de la
réception gracieuse de Mme de la Briche, dont, cette fois
peut-être seulement, la voix d'un timbre si timide et
si doux fut entendue dans toute l'étendue de son salon.
Mais si Mme de Noailles ne fut plus dès lors que la
seconde dans Rome, son mari, lui, n'avait rien perdu
de son empire. Toutefois, malgré sa beauté véritable,
celle de Mme de Fontenay était tellement transcendante
que l'œuvre n'eût pas encore été parfaite si le sort
les avait unis...

« La Providence d'ailleurs avait ses desseins en la
créant supérieure à toutes les femmes...[1]. »

M. de Norvins qui, emprisonné plus tard, dut la vie
aux efforts réunis de Mme de Staël, de Mme de Valence,
fille de Mme de Genlis, et de la belle Thérésia, est tout naturellement disposé à s'exagérer la supériorité d'une
femme qui s'est employée à l'arracher à la mort; il
n'exagère cependant ni sa beauté ni sa bonté. Toutes
deux étaient merveilleuses. Et si une femme absolument belle est fort rare, une femme absolument bonne
n'est pas plus commune. Rappelez-vous Montaigne
qui, dans son chapitre des *Trois bonnes femmes*,
dit qu' « il n'en est pas à douzaines, comme chacun
sçait ». Heureusement pour les hommes que tous,
dans leur naïveté, s'imaginent avoir eu la chance
de tomber sur une de ces exceptions; mais n'est-ce

1. J. DE NORVINS, *Mémorial*, t. I, pp. 167-170.

pas la femme qui le leur persuade, tout comme elle
sait, même la plus laide, persuader qu'elle est jolie?
Et chacun sait qu'il faut toujours croire ce que dit
une femme...

Mme de Fontenay était donc une véritable perfection. Il y avait bien — oh! une vétille... — le côté
moral qui laissait quelque peu à désirer; mais, à cette
époque, on ne songeait guère à s'embarrasser de si
mince bagatelle. Qui donc aurait pu s'en formaliser?
Son mari? Eh! à peine marié, indigne appréciateur
du trésor qu'il possédait, ne s'était-il pas avisé, le
drôle, de se mettre à aimer une fille de boutique et
d'installer chez lui cette drôlesse [1]! Il faut cependant
faire, dans cette impardonnable offense à la femme
légitime, la part des mœurs du temps, de la mode,
et M. de Fontenay était avant tout un homme à la
mode. Mondain, ce qui est fort bien, joueur, dissipé
libertin, ce qui l'est moins, le jeune conseiller au Parlement — qui aurait eu besoin de conseils au lieu
d'en donner — ne différait guère, en installant une
maîtresse chez lui, sous le même toit que son incomparable femme, des autres hommes de son temps.
Qu'on ne jette pas les hauts cris, mais la maîtresse
avait alors une place en quelque sorte *légitime* dans
la famille. C'était non seulement admis, mais c'était
l'usage, c'était de bon ton, même dans la magistrature. « Quand je suis entré dans le monde, a écrit
l'illustre chancelier Pasquier, j'ai été présenté en
quelque sorte parallèlement chez les femmes légitimes et chez les maîtresses de mes parents, des
amis de ma famille, passant la soirée du lundi chez
l'une, celle du mardi chez l'autre, et je n'avais que

1. H. FORNERON, *Histoire générale des émigrés*, t. II, p. 157.

dix-huit ans, et j'étais d'une famille magistrale[1]. »
M. de Fontenay, qui était apparemment un homme de
progrès, avait trouvé plus commode — là était son
seul tort aux yeux du monde — d'installer chez lui
la fille de boutique auprès de laquelle il oubliait qu'il
avait une femme, la plus belle et la plus séduisante
de toutes les femmes, que d'aller à la dérobée lui faire
de discrètes visites.

Révoltée d'un pareil procédé, la jeune Thésésia qui,
en fait de principes, n'en avait pas plus qu'il n'en fallait, pas plus que les hommes et les femmes de son
temps, se laissa aller à faire comme son mari. Elle
imita son mauvais exemple et ne se refusa aucun caprice, quel qu'il pût être. N'était-ce pas un peu alors
la devise de chacun ? Il aurait été bien extraordinaire
qu'elle ne fût pas adoptée aussi par cette jeune
femme de seize ans déçue dans les rêves que la jeunesse tout au moins fait naître chez une nouvelle mariée, outragée dans sa dignité d'épouse, humiliée
dans sa dignité de maîtresse de maison ; et cela chez
une femme ardente au plaisir, ardente à tout, —
excepté au travail. C'est en effet une justice à lui
rendre, elle n'a jamais aimé à faire quoi que ce fût,
tout en s'entourant élégamment de l'attirail d'une
femme qui sait s'occuper : comme les autres coquettes,
elle a de tout temps montré une aversion incroyable
pour le travail. Déjà un peu mauvais sujet, dès avant
les fredaines de son mari, on lui prêta bientôt des fredaines à elle-même. Elle eut des amants. Dans ce
temps de mœurs faciles, on n'envisageait pas ce genre
de distraction comme chose bien grave et personne
n'eût songé à lui en faire un crime, même pas son

---

1. Chancelier PASQUIER, *Mémoires*, t. I, p. 18.

mari. « Je vous permets tout, disait à sa jeune femme un gentilhomme marié du matin, je vous permets tout, hormis les princes et les laquais. » Pourvu qu'il n'y eût pas trop bruyant scandale, on fermait les yeux. Aussi n'y avait-il pas, dans le monde, ce qu'on appelle un bon ménage. « On trouve bien, écrivait Madame en 1721, on trouve bien encore parmi les gens d'une condition inférieure de bons ménages ; mais, parmi les gens de qualité, je ne connais pas un seul exemple d'affection réciproque et de fidélité. » Et le long et dissolvant règne de Louis XV avait passé par là-dessus ! Chacun se piquait de se laisser aller à sa « sensibilité », on se faisait gloire d'être dominé par sa « passion ». Cela vous posait un homme ou une jeune femme, cela vous donnait une « attitude ». Aussi ne pouvait-on trouver mauvais que Thérésia se vengeât de M. de Fontenay suivant le rite espagnol : « Œil pour œil, dent pour dent », surtout lorsque cette vengeance ne faisait pas couler une seule goutte de sang et se réduisait à ce libertinage que, dans les classes élevées, on appelait alors simple galanterie.

C'est dans son salon, où elle recevait cette charmante jeunesse libérale des commencements de la Révolution, les frères Lameth, Félix Le Pelletier Saint-Fargeau, qu'on appelait familièrement *Blondinet* à cause de la couleur de ses cheveux, M. d'Aiguillon, etc., jeunes gens qui mettaient leur honneur à déshonorer les jolies femmes qui voulaient bien se laisser faire, que Mme de Fontenay choisit les complices de sa vengeance, et il semble bien que chacun de ces messieurs ait eu sa part de collaboration.

La vie mondaine favorisait toutes ces manigances. Elle brillait alors d'un éclat qu'elle n'avait pas atteint jusque-là et qu'elle ne dépassa peut-être jamais, si l'on en croit les chroniqueurs du temps. « J'ai vu les magnificences impériales, a écrit un collègue de M. de Fontenay au Parlement de Paris, je vois chaque jour, depuis la Restauration, de nouvelles fortunes s'établir et s'élever : rien n'a encore égalé à mes yeux la splendeur de Paris dans les années qui se sont écoulées depuis la paix de 1783 jusqu'à 1789[1]. » Voulez-vous d'autres témoignages? Il n'en manque pas. Voici celui de M. de Talleyrand qui, alors connu sous le nom d'abbé de Périgord, était un des plus polissons des abbés de Cour; aussi se connaissait-il, comme tel, aux choses de la vie profane. « Quiconque n'a pas vécu alors, dit-il, n'a pas connu la douceur de vivre[2]. » Mme de Staël qui connaissait cette douceur non moins bien que cet abbé dissipé et qui, comme lui, la goûtait à longs et fréquents traits; Mme de Staël qui jouissait avec délices de sa jeunesse, de la renommée de son père, de la sienne propre et d'une très belle fortune; Mme de Staël est aussi de cet avis : « Ceux qui ont vécu dans ce temps, a-t-elle écrit, ne sauraient s'empêcher d'avouer qu'on n'a jamais vu ni tant de vie ni tant d'esprit nulle part[3]. » Mme de Staël, qui allait partout et était un véritable tourbillon, a ses raisons pour dire cela, et l'on pourrait s'en défier; mais la vicomtesse de Noailles, qui n'a point les mêmes motifs pour parler ainsi, fait chorus avec ces enthousiasmes : « La société, dit-elle, était alors la combinaison la plus exquise de tous les perfectionnements de l'esprit; les hardiesses de la philosophie

---

1. Chancelier Pasquier, *Mémoires*, t. I, p. 42.

2. M. Guizot, *Mémoires pour servir à l'histoire de mon temps*, t. I, p. 6.

3. Mme de Staël, *Considérations sur la Révolution française*, t. I, p. 300 (éd. Charpentier).

n'étaient que des stimulants pour la pensée ; la philosophie n'avait pas d'apôtres plus fervents que les grands seigneurs ; la vie était délicieuse[1]. »

Il ne faut cependant pas prendre tout cela à la lettre. Mme de Noailles était jeune en ce temps-là ; Mme de Staël, qui le fut toujours, était alors amoureuse de ce grand fat de Narbonne ; M. de Talleyrand, M. Pasquier, étaient eux aussi dans les enivrantes illusions de la jeunesse et de l'amour : rien d'étonnant, dans ces conditions, qu'ils eussent trouvé tout admirable. A moins que la société parisienne ne se soit modifiée du tout au tout en l'espace de vingt années, ait perdu sa sécheresse, sa fausse sensibilité et son scepticisme dévorateur, ce qui n'est pas admissible. Car voici ce que pensait Mme du Deffand, en 1768, des salons de Paris : « Quelle société trouve-t-on ? Des imbéciles qui ne débitent que des lieux communs, qui ne savent rien, qui ne sentent rien, qui ne pensent rien ; quelques gens d'esprit pleins d'eux-mêmes, jaloux, envieux, méchants, qu'il faut haïr ou mépriser[2]. » C'est elle encore qui écrivait plus tard : « Je rassemble autant que je puis ce que nous appelons la bonne compagnie, que le plus souvent j'appellerais la sotte compagnie[3]. » Mme du Deffand, qui revient souvent, dans ses lettres, sur cette observation, et qui, si elle avait de l'esprit — et l'usage est de lui en accorder un peu plus qu'elle n'en possédait — manquait totalement de cœur et de patriotisme ; cette vieille égoïste, tout aveugle qu'elle était, a vu ce que les jeunes gens ne pouvaient

1. Vicomtesse DE NOAILLES, *Vie de la princesse de Poix.*
2. *Correspondance de Mme du Deffand* (éd. Lescure), t. I, p. 505.
3. *Ibid.*, t. II, p. 132.

voir, puisqu'ils ne regardaient qu'à travers le prisme des illusions de la jeunesse et avec le bandeau de l'amour sur les yeux. Le jugement de Mme du Deffand se trouve au reste confirmé par ces lignes de Voltaire : « Ces vérités, écrit-il le 11 décembre 1769, ne seront certainement pas du goût des dames welches qui ne veulent que l'histoire du jour : encore leur histoire du jour roule-t-elle sur deux ou trois tracasseries[1]. »

Il ne faut donc croire Mme de Staël et Mme de Noailles, le duc Pasquier et l'abbé de Périgord, qu'avec quelques restrictions : c'est tout au plus si, dans cette société parisienne qui s'agitait d'autant plus qu'elle se sentait mourir, il y avait cinq ou six salons où la conversation fût véritablement élevée et formée d'autre chose que de cancans plus ou moins terre à terre, et encore ces salons n'étaient-ils pas d'un bon goût impeccable. Il en est à Paris en ce moment (1898) un grand nombre qui leur sont infiniment supérieurs pour le goût, le ton, l'élévation des caractères, la justesse des esprits... Ils ont pourtant un très grand défaut qui n'existait pas autrefois : c'est le manque d'animation, qui dissimule l'agrément des caractères. Cela nous vient d'Amérique, comme quelques autres vilaines choses. Les femmes sont assises, les hommes sont debout et l'on écoute des acteurs. Tout cela pour afficher la richesse de la maison. Que des négociants enrichis fassent sonner de la sorte leurs dollars, faute d'être capables de se mêler à un cliquetis d'esprit, cela se comprend : on ne peut montrer ce qu'on n'a pas, et, quand on n'a que de l'argent, on est bien pauvre. Mais que des gens ayant instruction et esprit s'américanisent jusqu'à adopter les

1. *Correspondance de Mme du Deffand* (éd. Lescure), t. II, p. 16.

usages de stupides enrichis, c'est là une chose inconcevable et contre laquelle nos jolies et spirituelles
Françaises devraient s'insurger : c'est mettre sous le
boisseau leurs grâces si charmantes et leur conversation si attrayante. Et comme c'est elles qui font les
modes, elles devraient bien changer celle-là : si ce
n'est pas pour elles, que ce soit pour nous!

Pour en revenir à Mme de Fontenay, son entrain et
ses agréments ne contribuaient pas peu à égayer les
salons de Paris, ses légèretés encore plus. Dès qu'elle
apparaissait, toute conversation, littéraire ou politique, cessait subitement. Son petit air vainqueur et
triomphant avait raison de tout. Les hommes abandon-
naient la discussion du *Voyage du jeune Anacharsis
en Grèce* qui venait de paraître et qui alimenta les
conversations pendant près d'une année, pour ac-
courir auprès de la jeune marquise : alors reprenaient
les gentilles drôleries, les galants commérages qui
formaient le fond de la conversation des salons avant
qu'ils ne fussent envahis par les mots barbares de
déficit, cahiers, impôts, réformes, états généraux ;
toute cette gracieuse insouciance se reprenait à avoir
cours comme si une révolution ne couvait pas sous
l'échafaudage vermoulu de la vieille société française
que les premières secousses du lion populaire se ré-
veillant allaient bientôt jeter à bas.

Après avoir agréablement gaspillé son hiver dans le
monde, ce qui prouve qu'elle n'avait pas trouvé le
bonheur dans le mariage — une femme heureuse par
le cœur va-t-elle se mêler, à moins qu'elle n'ait besoin
de s'étourdir, au tourbillon insensé des fêtes et des
bals? — et qu'elle ne connaissait pas cette douce intimité en pantoufles du coin de feu, Mme de Fontenay

alla, comme la mode était de le faire, passer l'été à la
campagne. Tous les gens de Cour quittaient Versailles,
ceux de la ville aussi[1]. A l'exemple de la reine qui,
aussi enrubannée que sa houlette et ses moutons, faisait à Trianon de la villégiature et de la bergerie, ils
se répandaient dans leurs terres et s'occupaient, sans
rire, de faire de l'agriculture en bas de soie et de
l'humanité en paroles. Ils croyaient l'âge d'or revenu
sur la terre parce qu'ils s'apitoyaient en d'intermi-
nables causeries à table sur les malheureux qui
n'avaient pas de quoi manger, parce qu'ils se dis-
trayaient à des berquinades et pleuraient d'attendris-
sement aux bergerades bocagères de Florian et aux
grands sentiments de Rousseau, parce qu'ils chantaient sur tous les tons l'innocente douceur des passions qui sont *la voix de la nature* dans le cœur de
l'homme et que de sottes convenances, mondaines et
religieuses, condamnaient une partie de l'humanité à
ne jamais goûter. Tout était alors au sentiment, aux
joies agrestes. Bouilly et Florian dans les lettres, Greuze
dans la peinture, sont le plus exact reflet des tendances de cette société en décadence qui, malgré ses goûts
proclamés bien haut pour la nature, faisait dessiner
des jardins anglais, donnait des rubans aux moutons,
rien que des qualités aux hommes, pas un défaut aux
femmes et, en tout, ne se plaisait qu'au factice, par
conséquent au faux. Mais ce faux goût, tout le monde

---

1. « C'est une mode nouvelle en France, écrivait Arthur Young,
au mois de septembre 1787, que de passer quelque temps à la
campagne ; dans cette saison, et depuis plusieurs semaines, Paris
est comparativement désert ; quiconque a un château s'y rend,
les autres visitent les plus favorisés. » — « Il n'y a qu'un homme
absolument délaissé qui doive passer tout l'été à Paris, dit de
son côté Mercier. Il est du bon ton de dire sur le Pont-Royal :
J'abhorre la ville, je vis à la campagne » (*Tableau de Paris*).

l'avait : c'était la mode et, cette fois, la mode venait de Trianon.

Tout le monde était donc aux champs. Le marquis de Fontenay était trop l'homme de la mode pour ne pas faire comme tout le monde. On sait qu'il possédait une maison à Fontenay-aux-Roses. Bien que cette maison n'eût rien de seigneurial pour cadrer avec le titre de marquis dont il venait de s'affubler, il s'y rendit cependant et emmena sa jeune femme. L'été et l'automne se passèrent paisiblement. C'était chaque jour des fêtes et des distractions d'une élégance recherchée et non le recueillement et la solitude de la vie des champs ; mais c'est ainsi que M. le conseiller comprenait la campagne.

Sa femme ne la comprenait pas autrement : cette vie convenait à merveille à son élégant et actif désœuvrement. Comme elle ne se piquait pas d'une gravité très imposante, elle aimait mieux danser, aller à cheval, donner bals et concerts et flirter avec de gentils jeunes gens que de s'occuper des débats qui s'élevaient entre la Cour et le Parlement, préoccupaient fort M. de Fontenay et passionnaient tout Paris.

Elle recevait beaucoup. Les grands noms du Parlement venaient chez elle : M. de Saint-Fargeau, président à mortier, aimant à faire briller son talent de conversation, s'écoutant parler plus encore qu'on ne l'écoutait, et qui ne se dépouillait de sa morgue héréditaire que devant la belle maîtresse de céans; son frère Félix, le petit *Blondinet*, à qui elle plaisait singulièrement et vis-à-vis duquel elle se départait de toute retenue, ce qui donna à jaser; M. d'Aligre, homme d'esprit, mais aimant trop l'argent; M. de Trudaine, M. d'Espremesnil, M. Ferrand, graves et solennels; M. Freteau, aimable, mais trop mielleux;

M. de Saint-Vincent, aimable aussi, mais trop trivial ; d'autres encore, attirés par la beauté en fleur de Thérésia comme les phalènes sont attirées par la lumière, venaient à Fontenay et faisaient des madrigaux à la jeune femme avec autant de sérieux qu'ils avaient mis de légèreté le matin à traiter les affaires de l'État en assemblée de chambre ou même en la grand'chambre.

Quand elle rentra à Paris, Mme de Fontenay trouva de grands changements dans les sujets et le ton de la conversation des salons. La Révolution était proche. Tous les abus de la monarchie, ces abus dont une femme d'esprit disait plus tard que c'était ce qu'il y avait de meilleur dans l'ancien régime, avaient depuis longtemps aidé à vicier les forces vives du corps social, à y former un gigantesque abcès. L'abcès était mûr et prêt à crever. Partout on le sentait. Aussi l'odieuse politique avait-elle tout envahi, tout défiguré, tout enlaidi. « J'employais mes soirées, a écrit le comte de Ségur, ancien ambassadeur auprès de l'impératrice Catherine seconde, à parcourir les différents cercles de la capitale, à revoir ces sociétés qui avaient fait le charme de ma jeunesse ; je les retrouvais plus vives, plus spirituelles, plus animées que jamais : il eût été difficile d'y rencontrer la langueur et l'ennui. Cependant elles semblaient avoir perdu pour moi leur plus aimable attrait : on n'y voyait plus cette douceur, cet atticisme, cette urbanité qui en avaient fait si longtemps la véritable école du goût et de la grâce. Les passions politiques, en s'introduisant dans nos salons, les avaient presque métamorphosés en arènes où les opinions les plus opposées se choquaient et se heurtaient sans cesse. On ne discutait plus, on disputait ; le seul et éternel sujet de conversation était cette politique, qui ne permettait que bien rarement aux arts, aux Muses, à la galanterie, de varier les entretiens.

« Chacun parlait haut, écoutait peu ; l'humeur perçait dans le ton comme dans le regard. Souvent, dans un même salon, les personnes d'opinions opposées se formaient en groupes séparés. Bientôt une animosité toujours croissante désunit et divisa totalement ces sociétés dont l'aménité n'était plus le doux lien.

« Dans les maisons où se réunissaient les personnes d'une même opinion, la chaleur des débats n'était pas moindre, ni les sujets de conversation plus variés ; on y voyait seulement moins d'aigreur.

« Les femmes perdaient beaucoup à ce grand changement[1]... »

Elles y perdaient de plusieurs façons : d'abord les hommes les négligeaient pour la politique ; ensuite, si elles s'avisaient de se mêler à la discussion, elles le faisaient avec passion et y laissaient une partie de leur grâce et de leur délicatesse. La passion sied fort bien aux femmes, mais non dans la politique. Sur ce sujet elles s'animent, gesticulent, s'échauffent et deviennent laides.

La marquise de Fontenay ne le devint pas. Elle avait trop d'esprit pour porter dans une discussion autre chose que ses sourires et, de cette façon, elle avait toujours raison.

L'année 1789 fut marquée pour elle par un grand événement. Elle devint mère. Le 2 mai naquit son premier enfant, un garçon, qui reçut les noms de Antoine-François-Julien-Théodore-Denis-Ignace[2].

---

1. Comte DE SÉGUR, *Mémoires*, t. II, p. 212 (éd. Didot).

2. Cet enfant, un peu espagnol par sa mère et par cette ribambelle de noms, est le seul que Thérésia eut de son mariage avec M. de Fontenay. Il devint plus tard officier. Le général Thiébault, qui l'eut dans son état-major pendant la campagne de Portugal

Est-ce pour fuir la politique, est-ce parce que c'était la mode ou plus simplement parce qu'elle était belle, qu'elle fît faire, une fois relevée de couches, son portrait par Mme Le Brun? Il est difficile de le savoir : peut-être est-ce pour ces trois raisons à la fois. Quoi qu'il en soit, Mme de Fontenay allait à l'atelier de Mme Le Brun, rue Saint-Honoré, et le talent de cette grande artiste était seul capable de rendre sur la toile tout le vivant de sa physionomie, avec sa spirituelle gaieté toujours souriante.

On a dit, elle a dit elle-même dans ses jours « crépusculaires », alors que se sentant au bout de sa carrière on aime à revenir sur les souvenirs de sa jeunesse, que c'est dans l'atelier de Mme Le Brun qu'elle vit pour la première fois M. Tallien. Ce n'est cependant pas probable. En disant cela elle a cédé, sans s'en rendre compte peut-être, à ce singulier besoin qu'éprouvent certaines personnes, les femmes particulièrement, de jeter une sorte de vernis poétique sur certains événements plus ou moins extraordinaires de leur existence, — mais seulement quand elles sont parvenues à une haute situation ou à une grande fortune. Elle a enjolivé de sa charmante imagination la façon assez romanesque pourtant dont elle fit la connaissance de Tallien, comme si elle avait besoin de le relever et de se relever elle-même par ce petit subter-

de 1808, en fait le plus grand éloge. « Grand, beau, Fontenay, par sa prestance, était le digne fils de sa mère ; c'était, de plus, un excellent jeune homme, garçon charmant qui nous avait rejoints à Lisbonne et que j'avais pris avec moi parce que, parlant très bien l'anglais, il me servait d'interprète » (Général baron THIÉBAULT, *Mémoires*, t. IV, p. 214). Ce jeune homme mourut très prématurément, le 10 février 1815, à l'hôtel Fontenay, rue Saint-Louis-en-l'Isle, n° 45. Il était lieutenant-colonel et officier de la Légion d'honneur (Ch. NAUROY, *Le Curieux*).

fuge à ses propres yeux et aux yeux de ses contemporains.

Voici donc, d'après la légende, comment elle aurait, pour la première fois, rencontré Tallien.

Son portrait était près d'être achevé lorsque M. de Fontenay, voulant avoir l'avis de ses amis, les avait priés de venir l'examiner dans l'atelier de Mme Le Brun. Tandis que le cercle se pressait autour du chevalet, cercle formé de ce qu'il y avait de plus distingué dans la société parisienne, un jeune correcteur d'imprimerie est introduit dans l'atelier. Il avait des épreuves à la main. M. de Rivarol était là. Le jeune correcteur l'aborde, lui dit qu'il sort de chez lui, que sa servante l'a renvoyé chez Mme Le Brun et qu'il vient lui demander d'écrire à nouveau plusieurs mots mal écrits de son manuscrit, qu'on est dans l'impossibilité de déchiffrer. La légende veut que le causeur patenté de l'époque ait dit quelques mots sarcastiques au jeune correcteur, mots que celui-ci releva avec une spirituelle et piquante ironie, ce qui aurait mis les rieurs de son côté. Puis, comme on discutait les mérites du portrait de la marquise, qu'on y trouvait quelques défauts que le modèle n'avait point et qu'on ne savait trop comment les formuler, Mme Le Brun aurait appelé le jeune Tallien et lui aurait demandé son avis. Celui-ci, sans se déconcerter et avec une grande sûreté de goût et de coup d'œil, aurait trouvé, à la surprise de chacun, les points faibles du portrait. Comme il avait, dans sa critique, parlé de *jeux de lumière*, de *tons à la Velasquez*, Mme de Fontenay lui aurait demandé s'il avait été à l'atelier de Velasquez. Tallien s'était incliné d'un air moitié railleur moitié ému, avait salué et était allé reprendre ses épreuves des mains de Rivarol.

L'histoire est charmante ; mais est-elle vraie ? Il paraît bien cependant que la princesse de Chimay l'a racontée. Mais nous ne sommes pas forcés de la croire sur parole et nous lui demandons humblement pardon de notre scepticisme. Ce qui est certain, c'est que Rivarol ne fréquenta guère l'atelier de Mme Vigée-Le Brun et, pour aller s'y installer comme le veut la légende, il aurait fallu une intimité qui n'existait pas entre la grande artiste et le grand causeur. Tout ce que dit de Rivarol Mme Le Brun, dans ses *Souvenirs*, c'est qu'elle était demeurée étourdie d'une première entrevue durant laquelle elle avait remarqué sa belle figure, sa taille élégante et une volubilité qui nuisait un peu, dit-elle, au charme de sa conversation [1].

Il ne faut, comme on disait alors, que les fesses d'un singe pour faire courir tout Paris. Quoique la solennité qui se préparait au Champ de Mars eut une plus grande importance, les masses du peuple s'y rendirent. Les amis de Mme de Fontenay, les Lameth, M. de Lafayette, les Le Pelletier Saint-Fargeau, l'engagèrent à se rendre à la fête de la Fédération. Bien que ce fût une fête dont elle ne devait pas être reine, elle y alla. Elle ne fut pas au nombre des femmes que l'ivresse générale poussa à se mêler à la multitude des travailleurs volontaires qui concouraient aux préparatifs de la fête et sa petite main ne remua pas une pelletée de terre. Des femmes du plus haut rang pourtant l'avaient fait. Mais Mme de Fontenay, un peu sceptique de sa nature, un peu railleuse aussi, était peu portée à l'enthousiasme. D'ailleurs, depuis la prise de

____

1. Mme Le Brun, *Souvenirs*, t. II, p. 322. — Cf. M. de Lescure, *Rivarol*, p. 176.

la Bastille, elle n'était pas sans inquiétudes sur la solidité de la vieille machine monarchique. N'aurait-elle donc fait prendre à son mari le titre de marquis que pour le voir emporté le lendemain par la tourmente révolutionnaire comme une feuille morte par le vent d'automne? C'était là un fâcheux contre-temps. Quel besoin y avait-il donc, je vous le demande, de changer l'ordre établi? A part la nécessité de vivre avec M. de Fontenay, n'était-elle pas heureuse? N'était-elle pas marquise?... Aussi les nuages noirs qui obscurcissaient de jour en jour davantage l'horizon politique n'étaient pas faits pour lui plaire. « J'ai assisté à cette Fédération, a écrit un collègue de M. de Fontenay au Parlement de Paris. Le hasard me fit y rencontrer, au moment où j'arrivais, la belle Mme de Fontenay, qui a été depuis la célèbre Mme Tallien. Elle partageait alors toutes mes craintes sur le présent, toutes mes anxiétés sur l'avenir [1]. »

Ces craintes ne l'empêchaient pas de continuer à recevoir ses amis, au contraire, et l'on sait qu' « elle faisait, en 1791, l'ornement de la société du Marais »[2]. A ses habitués ordinaires s'était joint Favières, ex-

---

1. Chancelier PASQUIER, *Mémoires*, t. I, p. 76. — M. Pasquier ajoute : « Je me suis souvent rappelé cette circonstance où nous nous sommes trouvés dans une sorte d'intimité et qui a précédé de si près l'époque où nos destinées nous ont emportés sur des routes si divergentes ; la sienne la conduisit à travers les cachots de la Terreur, en passant par la couche de Tallien, de Barras, d'Ouvrard, jusqu'à son mariage avec le prince de Chimay.

« Quoi qu'on puisse dire et penser de sa vie privée, tous ceux qui ont eu occasion de la bien connaître ne sauraient lui refuser, outre l'hommage qui est dû à la beauté la plus admirable, le tribut d'une sincère estime pour la bonté de son cœur et pour le bonheur qu'elle a constamment trouvé à rendre service dans les plus difficiles et les plus périlleux moments. »

2. *Biographie Michaud*, supplément, t. 61.

conseiller au Parlement, qui, depuis, écrivit *Lisbeth* et d'autres ouvrages dramatiques ; c'est lui qui mettait de l'entrain dans cette société un peu inquiète. Un jour, l'inquiétude devient plus grande : Mme de Fontenay a reçu la nouvelle que son père, à la suite de la mort du roi Charles III, a été arrêté à Madrid. C'était vrai : le comte de Florida-Blanca, premier ministre, avait fait arrêter M. de Cabarrus, non pas parce que Charles III était mort, mais pour ses intrigues de plus d'une sorte. La pauvre Thérésia se désole. A ce moment, M. de La Fayette entrait dans le salon. Elle va à lui et lui dit « avec une plaisanterie chagrine que n'excluait pas la douleur : « Donnez-moi donc une armée de gardes nationales pour délivrer mon père ! »

Les femmes sont étranges ! Mme de Fontenay avait beau être inquiète sur l'avenir, elle était trop la femme de l'heure présente pour ne pas se donner toutes les jouissances et pour se refuser un seul caprice. Il faut croire qu'elle ne mettait pas assez de mystère à de certaines intimités qu'on lui connaît depuis quelque temps déjà et dont on parle trop, car la *Chronique scandaleuse de 1791* [1] en fait mention en termes assez crus, le *Journal de la cour et de la ville* aussi [2]. Le scandale est à ce point que Mme de Fontenay se croit obligée de protester par écrit et envoie la lettre suivante aux rédacteurs de cette dernière feuille :

« Vous êtes trop amis de la vérité pour ne pas consentir à détruire un bruit aussi déshonorant pour moi qu'alarmant pour la famille honnête à laquelle j'ai l'honneur d'être alliée.

1. 2 avril 1791, p. 459. — Ch. NAUROY, *Le Curieux.*
2. N°s 6 et 14.

« On dit, et sans horreur je ne puis le redire, que
mon patriotisme m'a liée successivement un peu trop
avec MM. de Lameth, de Montron, de Bozon, de Con-
dorcet, Louis de Noailles, etc., etc. L'impartialité dont
je fais profession, étant membresse du Club de 1789,
a pu seule donner cours à cette calomnie. Je vous
prie de vouloir bien, dans votre prochain numéro,
établir la différence des deux mots, impartialité et indifférence, qui du premier abord paraissent syno-
nymes aux esprits lourds. Cette erreur compromet-
trait ma sensibilité ; je ne saurais perdre à ce juste
déni, puisqu'il va nécessairement me mettre à dos
Charles Villette et son parti, comme il me réhabili-
tera vis-à-vis des honnêtes gens.

« CABARRUS, femme FONTENAY. »

Cette lettre n'est pas brillante et ne donne pas une
haute idée de la netteté d'expression de celle à qui la
netteté de sa conscience l'a inspirée. Il semble même
que cette « membresse du Club » a tort de parler
d' « esprits lourds », car elle ne montre pas elle-même
une grande légèreté de plume. On trouvera plus loin
quelques lettres d'elle bien supérieures à celle-là[1].

En attendant, Mme de Fontenay a beau protester
de ses sentiments « pour la famille honnête à laquelle
elle a l'honneur d'être alliée », cela ne l'empêche pas
d'être infidèle à son mari. « Thérésia aima Félix Le
Pelletier de Saint-Fargeau... Plus tard elle l'a avoué
à une femme : « J'étais très liée avec Saint-Fargeau,
« qui m'a fait toutes les infamies possibles : cepen-
« dant, rien n'a pu me détacher de lui[2]. »

Son mari, de son côté, ne se piquait pas non plus,

1. Voir à l'*Appendice*.
2. Ch. NAUROY, *Le Curieux*.

on le sait déjà, d'une fidélité exemplaire ; mais, de lui, elle était parfaitement détachée. Il ne méritait pas d'être plaint et ne pouvait s'en prendre qu'à lui d'avoir fait dérailler son ménage. Il n'est pas douteux qu'il ait connu, dès ce moment, les inconséquences de la belle Thérésia : peut-être y eut-il entre les deux époux des explications plus ou moins orageuses ; mais comme M. de Fontenay avait plus d'une peccadille sur la conscience, qu'il avait en outre dissipé une bonne partie de la dot de sa femme, qu'enfin il était doué de plus d'élasticité que de délicatesse de conscience, il est possible qu'il ait crié, mais il est certain qu'il n'a pas dû crier bien haut. Thérésia, toute bonne qu'elle était, aura su lui clouer les lèvres par un de ces mots à l'emporte-pièce que les femmes ont toujours à leur disposition et qu'elles savent si bien dire.

Quoi qu'il en soit, l'accord régnait, du moins en apparence, dans cet étrange ménage. Était-ce parce que l'amour en était totalement absent? C'est probable. Mme du Deffand disait un jour à M. de Pont-de-Veyle : « Il y a quarante ans que nous sommes amis ; cela ne viendrait-il pas de ce que nous ne nous aimons guère? » Il y a beaucoup de vrai dans cette boutade. L'amour tue vite l'amour, et, lorsque l'on ne s'aime plus, on n'est souvent pas long à ne plus pouvoir se souffrir. C'est même une chose étrange que, chacun des deux époux Fontenay portant son amour au dehors, le ménage n'ait pas marché mieux que cela, puisque le principal élément de désaccord, l'amour, en était supprimé.

Cependant la Révolution marchait à pas de géant. La Terreur était dans son beau; les têtes tombaient dru comme grêle sur la place du Trône-Renversé. Le séjour de Paris n'était pas sûr pour des gens qui

avaient eu l'imprudence de s'emmarquiser en 1788.
M. et Mme de Fontenay avaient beau faire des dons
patriotiques à la nation, sacrifier même une partie de
ce qui leur restait de fortune [1] sur l'autel de la Patrie,
comme on disait alors, ils n'en demeuraient pas moins
suspects, l'un pour avoir appartenu au Parlement,
l'autre pour être sa femme. Bientôt, même, ordre fut
donné de mettre en état d'arrestation immédiate les
ex-nobles et les anciens membres du Parlement de
Paris [2]. Malgré ses dons patriotiques, M. de Fontenay

1. « Le 28 germinal an II, M. de Fontenay donne 16,946 livres
pour l'emprunt forcé (*Arch. nat.*). Les mêmes pièces des Archives
le montrent donnant successivement deux couvertures, une robe
de ci-devant palais, deux paires de bas, 62 livres, 500 livres,
100 livres, 100 livres. Thérésia donne aussi, témoin la pièce suivante : « *Pour duplicata admissible dans l'emprunt forcé.*
Récépissé de l'emprunt volontaire ouvert en exécution du décret
de la Convention nationale du 24 août 1793, l'an second de la
République française une et indivisible. — J'ai reçu de Marie-
Thérèse Ignace Cabarrus-Fontenay la somme de *neuf mille
livres* pour laquelle il sera inscrit (*sic*) sur le grand livre de la
Dette publique, conformément aux dispositions du décret sus
daté. — Fait à Paris, le 21 février, l'an second de la République
française... » (*Arch. nat.*). — Ch. NAUROY, *Le Curieux*.
   2. Voici cet ordre :

BUREAU CENTRAL DU CANTON DE PARIS

*Extrait des registres des délibérations de l'Assemblée géné-
rale de la ci-devant section de la Fraternité, déposés aux
archives du Bureau central.*

Du cinq brumaire, an deuxième :
Sur la motion d'un membre, l'Assemblée arrête que tous les
ci-devant nobles, magistrats, présidents de chambre des comptes,
conseillers au ci-devant Parlement, et ci-devant secrétaires du
roi, qui n'ont pas montré des opinions révolutionnaires, suivant
la loi, depuis le 12 juillet 1789, seront mis à l'instant en état
d'arrestation.

Pour copie conforme :
Les membres du Bureau central,
Signé : LEMODIN.   (*Arch. nat.*)
(Ch. NAUROY, *Le Curieux*).

craignit de ne pas avoir « montré des opinions révolutionnaires » suffisamment accentuées pour compenser son malencontreux titre de marquis et son ancien siège au Parlement. Il alla se cacher dans une maison amie. C'était plus sûr. Puis il songea qu'il y aurait pour lui plus de sécurité en province. Il trouva moyen de se faire délivrer un passeport pour Bordeaux, sous le nom de « Jean-Jacques Devin fils, obligé de faire ce voyage pour affaires de famille », et un autre au nom de son domestique [1], et partit.

Chose curieuse et à ne pas croire ! Mme de Fontenay était du voyage !...

Les deux époux avaient cependant depuis longtemps déposé leur demande de divorce [2]. Les rapports entre eux devaient donc être assez froids. Mais le danger commun, sans doute, les avait rapprochés et c'est dans la même voiture qu'ils partirent pour Bordeaux. Dans les incendies de forêts vierges, au Brésil, en Afrique, ne voit-on pas, au dire des voyageurs, les lions, les panthères fuir le feu, mêlés aux gazelles et aux animaux les plus pacifiques sans songer à les attaquer ? La Terreur avait produit ce résultat dans plus d'un ménage, chez M. et Mme de Fontenay comme chez d'autres. On se rapprocha tant qu'on eut quelque chose à craindre, on fit taire ses rancunes et ses ressentiments, quitte à les reprendre lorsqu'on serait de loisir. C'est ce qui arriva. Dès qu'on fut loin du danger, les griefs reparurent : le rapprochement forcé de la voiture, la présence de leur fils qui n'avait pas plus de quatre ans et était d'une beauté merveilleuse, ne fondit point la glace entre ces cœurs ulcérés. Ils étaient

1. Ces passeports sont aux Archives nationales (Ch. NAUROY).
2. Les passeports sont datés du 6 mars 1793 et le divorce fut prononcé un mois après, le 5 avril.

pourtant si jeunes ! Trente ans et vingt ans !... Et ils avaient déjà fait de l'irréparable !...

L'on arriva sans encombre à Bordeaux. Les deux époux, déjà séparés moralement, se séparèrent enfin de fait.

Le jour même de son arrivée à Bordeaux (21 ventôse an II-11 mars 1793), M. de Fontenay se faisait délivrer un passeport pour la Martinique.

Il fit ses adieux à Thérésia et à son fils. Puis chacun alla de son côté.

Ils ne devaient plus se revoir.

CHAPITRE II

Le roman de *René*, avec interversion des rôles. — M. Édouard
de Colbert. — M. de Lamothe. — Tous amoureux! — Voyage
à Bagnères. — Incidents du voyage. — Duel. — Bonheur de
Thérésia et de M. de Lamothe. — État des esprits à Bordeaux
en 1793. — Le *féminisme* et les *Amies de la Constitution*. —
Misères du temps. — Événements qui amènent à Bordeaux des
commissaires de la Convention. — Tallien : son portrait, ses
antécédents. — La Terreur à Bordeaux. — Incidents qui mettent en relations la citoyenne Cabarrus-Fontenay et le représentant Tallien. — Légende. — Thérésia en prison.

Sans prétendre faire le relevé des amours de la
belle Mme de Fontenay, encore moins celui de ses ca-
prices et gaillardises, il est certains épisodes de sa
vie, d'autant plus intéressants qu'ils sont difficiles à
dire, qu'on ne peut véritablement passer sous silence :
l'esquisse de sa physionomie en serait trop incomplète.

Une fois arrivée à Bordeaux, Mme de Fontenay, qu'il
ne faut plus appeler que Mme de Cabarrus maintenant
qu'elle est divorcée, se mit à voir fréquemment ses
deux frères et son oncle Galabert qui étaient en cette
ville. Elle avait besoin de distractions ; à son âge,
après un divorce, c'était bien naturel. Il eût été plus
naturel de ne les demander qu'à son enfant et aux
soins de son éducation ; mais la corde maternelle
n'est pas celle qui vibrait le plus fort chez cette belle
coquette. L'oisiveté, les exigences d'un tempérament
ardent qui n'était point satisfait depuis que le mariage, puis le divorce, avaient mis son cœur en dispo-

nibilité, le manque d'éducation morale, de sentiment du devoir, et même de cette sorte de propreté morale qui les remplace quelquefois devaient promptement faire naître en elle une inclination quelconque. Cette manifestation du sens d'aimer se produisit par une aberration. Une espèce de névrose du cœur compliquée d'une curiosité dépravée des sens et d'une fermentation printanière et de jeunesse, la jetèrent dans une singulière aventure. Nous ne toucherons que deux mots sur ce sujet délicat, un « de ces honteux secrets que le cœur humain — pour parler comme Châteaubriand, qui les connaissait — cache trop souvent dans ses abîmes. » Nous n'en aurions pas dit un mot si l'indiscrète duchesse d'Abrantès n'en avait parlé la première. Thérésia se mit donc à aimer... Vous avez lu le *René* de Chateaubriand? Eh bien, c'est la même histoire que celle de René, mais, comme l'a dit la duchesse d'Abrantès, « avec une entière transposition ». Il faut le dire pour l'excuse de Thérésia, ces sortes de goûts n'étaient pas rares à la fin du xviiie siècle. La liaison de M. le Duc (de Bourbon) avec sa sœur la duchesse du Maine avait été chose non seulement connue, mais admise. Elle avait fait école et trouvé des imitateurs, comme si l'on eût vécu dans l'ancienne Grèce ou au temps des Ptolémées. Personne n'ignorait la liaison du duc de Choiseul et de sa sœur la duchesse de Grammont; personne non plus ne songeait à s'en scandaliser, et si l'on en parlait dans les salons, c'était comme de la chose la plus naturelle. Il était donc tout simple que les indulgences excessives que le monde avait pour ces faiblesses, — évidemment parce que ceux qui se les permettaient occupaient les plus hauts degrés de l'échelle sociale — Thérésia les eût pour ses propres faiblesses et ne cherchât point à réfréner ses instincts. Son frère cependant ne les partagea point; du moins il ne s'y laissa pas aller, et il espéra que les distractions auraient vite raison de cette aberration passagère. Il fit donc en sorte d'avoir toujours des amis à la maison quand Thérésia devait y venir.

Parmi ses amis était un jeune homme de dix-neuf ans, alors adjoint au commissaire des guerres, M. Édouard de Colbert, qui avait déjà servi l'année précédente dans la garde nationale de Bordeaux. Il avait de l'esprit, beaucoup de distinction naturelle, des manières charmantes et une fougue de tempérament qui semble avoir diminué, en même temps que le charme des manières, chez les jeunes gens d'aujourd'hui. Il se proposait de quitter les bureaux et de prendre du service actif aux frontières, ce qui était plus dans ses goûts, lorsque l'arrivée de Mme Cabarrus ajourna ses projets.

Une jeune femme aussi belle que l'était Thérésia avait plu tout de suite à M. de Colbert qui en était sur l'heure devenu amoureux, mais amoureux fou, comme on l'est à son âge et comme on l'était quand il s'agissait de Thérésia.

Il ne paraissait pas facile de déclarer à la jeune femme les sentiments qu'elle avait inspirés. Le véritable amour rend les hommes timides, surtout quand ils n'ont pas encore vingt ans et que l'éducation leur a enlevé la présomptueuse assurance qui est presque toujours inséparable de la médiocrité ou de l'extrême jeunesse. Ne trouvant pas l'occasion de faire part à Thérésia de son amour, il en fit part à un ami, M. de Lamothe, fils du médecin ordinaire du feu roi Louis XVI. Il lui raconta comme quoi il aimait la jeune femme de toute son âme, que le son de sa voix l'enivrait, que son regard lui donnait le vertige, que ses lèvres lui inspiraient l'irrésistible envie de les presser sur les siennes, qu'il n'en dormait plus, qu'il ne pensait qu'à elle et l'adorait à en mourir!

M. de Lamothe ne fut pas longtemps sans rencontrer Mme de Cabarrus. Il vit qu'elle justifiait de tout point l'amour de son ami. « Ma rencontre avec Mme de Fontenay, a-t-il raconté, avait eu quelque chose d'étrange. Édouard de Colbert, avec qui j'étais en relations d'amitié, sans pourtant être fort intime, m'avait choisi pour son confident et me racontait combien il était malheureux. Souvent il voulait s'éloigner, mais la magicienne resserrait ses liens par un regard et le malheureux jeune homme restait plus insensé que jamais. Je craignais d'être présenté à cette femme qui enflammait ainsi pour ne pas aimer, et puis un jour, je ne sais par quel événement simple cela se fit, je m'y trouvai présenté par Édouard lui-même. »

C'est toujours une grande imprudence à un amoureux de présenter un homme, jeune ou vieux, beau ou laid, à celle qu'il aime : il semble que les femmes apportent jusque dans leur coquetterie et dans les choses du cœur leur esprit de contradiction. Ces jeunes gens sont, en vérité, d'une inexpérience!... Mais c'est le défaut des natures loyales : elles sont trop confiantes. M. Édouard de Colbert pria donc son ami de plaider un peu en sa faveur auprès de Thérésia.

« Puisque maintenant tu es dans la maison, me dit Édouard, je t'en conjure — poursuit M. de Lamothe — fais tes efforts pour découvrir ce qui peut causer sa froideur; car je l'aime, je l'aime comme un pauvre fou, cette femme, et je vois que non seulement elle ne m'aime pas, mais qu'elle ne m'aimera jamais. »

Il n'était pas aisé à M. de Lamothe de plaider la

cause de l'amoureux. L'oncle de Thérésia, **M.** Galabert, avait conservé au fond du cœur quelque levain secret des sentiments qu'il avait eus pour elle huit ans auparavant à Madrid ; et, soit qu'il eût gardé, depuis qu'elle était divorcée, l'espoir de se voir agréer par elle, soit pour toute autre cause, il se montrait aussi jaloux que s'il était déjà son mari. Il ne laissait jamais sa nièce seule et **M.** de Lamothe ne parvenait pas à lui dire deux mots qui ne fussent entendus de ses gardiens. Car l'oncle n'était pas seul à garder la précieuse Thérésia. Son frère aîné, Théodore Cabarrus « était un vrai tuteur de comédie. Jaloux comme un Espagnol, grondeur comme un vieillard de tous les pays, il était si désagréable qu'il fallait aimer sa sœur comme l'aimaient ces deux jeunes gens pour supporter ce qu'ils supportaient de lui [1]. »

Car, à peine présenté, **M.** de Lamothe n'avait pu échapper à ce captivant parfum d'amour, à ce charme étrange et enivrant que la jeune femme répandait autour d'elle. Bien qu'il fût devenu le confident des sentiments de **M.** de Colbert, la beauté de Thérésia lui avait fait une plus grande impression qu'il ne le pensait lui-même et c'est malgré lui qu'il était devenu son rival. Il avait beau se promettre de ne plus la revoir, il se donnait ensuite le prétexte de soigner les intérêts de son ami et revenait auprès d'elle. Puis, devant la charmeuse, hypnotisé par ses yeux de velours et la musique de sa voix, il oubliait tout et se laissait aller à aimer pour son propre compte celle dont il aurait dû aiguiller le cœur vers le cœur de **M.** de Colbert.

Mais Thérésia se montrait aussi aimable et indiffé-

______

1. Duchesse D'ABRANTÈS, *Salons de Paris.*

rente pour l'un que pour l'autre : celui auquel elle pensait restait rarement dans son cercle et c'est ce qui explique la sérénité avec laquelle elle recevait les madrigaux de ses aimables adorateurs.

Et le temps passait ainsi, les jours succédant aux jours, les semaines aux semaines, sans que les affaires de chacun en fussent avancées.

L'été, au milieu de cet enchevêtrement de sentiments si divers, était venu. On sait combien il est enchanteur dans cette ville de Bordeaux ; il l'est encore davantage dans ses environs. Pour des amoureux c'est le paradis. Mais, en cette année 1793, l'été fut extraordinairement chaud. Aussi allait-on, le soir, aux Allées de Tourny, s'asseoir sous les arbres et causer en prenant des glaces. Le cercle ordinaire se formait et l'on devisait gaiement en dépit des terribles événements politiques. Or, un soir, on en vint à parler du repos et de la tranquillité que l'on goûte à la campagne.

— Pourquoi, dit Édouard de Colbert, n'irions-nous pas à la campagne? A Bagnères, par exemple? On doit y jouir d'une fraîcheur délicieuse...

Thérésia, qui ne disait non à rien quand il s'agissait de plaisirs, s'écria : « Allons à Bagnères! »

— Allons à Bagnères! Allons à Bagnères! s'écria après elle toute la bande, folle de jeunesse, d'amour et de mouvement.

Chacun espérait bien, à la faveur des mille incidents d'un voyage en voiture et des haltes aux auberges, avancer ses affaires d'une façon décisive. Aussi fut-il décidé, séance tenante, qu'on irait tous ensemble à Bagnères. La journée du lendemain devait être employée aux préparatifs et l'on partirait le surlendemain.

Ainsi fut fait. Les cinq personnages du petit roman assez compliqué qui allait se dérouler comme un rouleau de ruban de Bordeaux à Bagnères, montèrent en voiture. Le jeune Cabarrus avait trouvé un prétexte pour ne pas venir : Théodore, lui, s'était constitué le gardien de la vertu de sa sœur, et était de la partie, avec l'oncle Galabert.

C'était une chose bien curieuse que de voir ces quatre hommes, tous jaloux les uns des autres, graviter autour de la belle Thérésia. Olympienne et sereine, aimable pour chacun, devinant certainement les sentiments si divers qui l'enlaçaient silencieusement, mais ne laissant pas deviner les siens, la jeune femme se livrait à une gracieuse causerie, et un bon ton parfait couvrait, il est inutile de le dire, l'acuité de la situation.

Le voyage se faisait d'une façon charmante. On allait à petites journées, déjeunant dans une auberge, dînant et couchant dans une autre... C'était délicieux. On eût dit une idylle ambulante, douce comme de l'eau de guimauve, comme les fadeurs de Bouilly et de Florian. Il n'y manquait même pas la jolie bergère, enrubannée de rose et de bleu : mais dans peu de temps, le rose allait se changer en rouge et le drame remplacer l'idylle : c'était plus conforme au règne de folie et de sang que l'on traversait.

En effet, la paix qui régnait entre les voyageurs ne pouvait pas se prolonger : c'était une sorte de paix armée, passablement hypocrite, comme celle qui règne entre certaines nations, mais la seule qu'il pût y avoir entre ces gens partis pour Bagnères et dont quelques-uns comptaient bien débarquer à Cythère. Cette paix était à la merci du moindre incident. Il ne tarda pas à surgir.

On était arrivé dans un petit bourg, au delà de Langon. Chacun mourait de faim et de fatigue. On trouva bien de quoi souper : avec des poulets et des œufs, on peut toujours improviser quelque chose ; mais pour le coucher, ce fut une autre affaire. Il n'y avait en tout que trois chambres. Comment s'en arranger ? L'oncle Galabert et son neveu Théodore, qui avaient cru s'apercevoir d'un échange d'œillades plus électriques et plus répétées qu'ils ne l'eussent voulu entre la brebis dont ils s'étaient adjugé la garde et les jeunes loups qui auraient bien voulu se l'adjuger à eux-mêmes, l'oncle et le neveu qui faisaient même assez piteuse mine dans ce feu croisé de regards amoureux auxquels ils ne participaient en aucune façon, trouvèrent un arrangement extrêmement ingénieux. « A la guerre comme à la guerre, dit Galabert : ma nièce prendra la chambre du fond. Quant à moi, qui lui sers de père et qui ai le devoir de veiller sur elle, je ne puis m'en éloigner : j'occuperai donc la seconde pièce, donnant sur celle du fond. La troisième chambre, il est naturel que mon neveu la prenne : la famille ne peut pas se séparer. »

— Et nous ? dirent M. de Colbert et M. de Lamothe.

L'oncle leur fit entendre qu'ils étaient jeunes et qu'à leur âge on est bien partout. Eh ! mon Dieu, ils n'auraient qu'à faire comme le cocher et les domestiques : c'était bien le diable s'ils ne trouveraient pas dans le village une grange et de la paille fraîche, et ce serait encore eux les mieux couchés.

Thérésia se récria avec indignation. Mettre ces messieurs sur la paille ! Oh ! non, cela ne se pouvait pas faire... comme les domestiques ! En vérité, son oncle n'y songeait pas !

Il n'y songeait que trop au contraire et chacun des jeunes gens vit que ses sentiments avaient été pénétrés par la jalousie de l'oncle et la vigilance hostile du frère de celle qui les avait si bien ensorcelés. Ils se promirent donc d'être sur leurs gardes et lancèrent en même temps un regard tendrement reconnaissant sur Thérésia qui avait la bonté de prendre leur parti et ne permettait pas qu'ils couchassent ailleurs que sous son toit.

L'oncle Galabert fut obligé de céder, mais non sans grogner un peu. On discuta et l'on finit par s'arrêter à l'arrangement suivant. Thérésia gardait naturellement la chambre donnant sur le jardin qui lui avait été d'abord assignée ; on mettait des matelas par terre dans la seconde chambre et les quatre hommes y camperaient de leur mieux. Le cocher et les domestiques s'entasseraient de la même façon dans la troisième pièce.

Ainsi fut fait.

Mais il faut ici laisser la parole au général de Lamothe, qui a raconté ce voyage à Bagnères.

« Je remarquai, dit-il, une sorte d'alliance entre Édouard de Colbert, Cabarrus et Galabert. Ce soir-là on me plaça de manière que j'étais entouré des trois autres : ceci avait une raison.

« Depuis que le voyage était commencé, nous avions trouvé le moyen de nous réunir, Mme de Fontenay et moi, c'est-à-dire que j'en avais enfin obtenu la permission de lui dire que je l'aimais et elle m'écoutait sans colère. Ce même soir nous devions nous entendre mutuellement, car je voyais, je sentais qu'elle m'aimait et cependant je me désespérais, car elle ne faisait encore que m'écouter. Aussi, lorsque je me vis ainsi entouré, il me prit un vertige causé par la colère

qui me fit perdre toute pensée de retenue, et je résolus de parler à Thérésia ou de tuer tout ce qui y
mettrait obstacle. J'avais de fort bons pistolets, ils
étaient chargés et toujours auprès de mon lit, mais le
bruit aurait pu l'effrayer. Je pris avec moi, dans mon
lit, un grand couteau à découper que je trouvai sur la
table où nous avions soupé et que j'emportai avec
moi sans que l'on s'en aperçut. Nous nous couchâmes.
Avant de faire une tentative pour me lever et passer
au milieu de tous ces corps qui semblaient s'entendre
pour me barrer le passage, je voulus bien m'assurer
que tous étaient endormis.

« La volonté ferme est toujours puissante. Je ne
crois pas qu'il y ait une chose, quelque forte qu'elle
soit, qui résiste à la volonté *qui veut*. Au bout d'une
heure mes gardiens étaient endormis. Alors je me
levai. Mais lorsque je voulus me chausser, je ne trouvai ni souliers ni bottes. Cabarrus avait tout fait emporter sur le conseil d'Édouard de Colbert.

« Je ressentis une telle colère que si, dans ce moment, l'un d'eux s'était éveillé, je lui aurais donné un
coup de couteau on lui aurais cassé la tête, mais ils
ne bougèrent pas. Cette mesure m'expliqua leur sécurité et pourquoi ils s'étaient endormis si paisiblement.
Je ne voulus pas leur donner cause gagnée et, toujours
attendant que leur sommeil fût plus profond, je ne
me levai que lorsqu'il fut tout à fait certain qu'ils ne
s'éveilleraient pas. Je passai au milieu d'eux avec des
précautions dont le détail vous amuserait et j'allai
trouver celle qui m'attendait. Nous parlâmes de cet
esclavage où elle était retenue et je lui fis voir que
c'était une souffrance qu'elle s'imposait volontairement. Elle m'écoutait et m'aurait cru dans les conseils
que je lui donnais, quand même Édouard de Colbert

n'aurait pas agi comme il le fit. A mon retour dans notre chambre, il me parla sur un ton qui me déplut. Nous nous battimes à l'heure même et j'eus le bonheur de recevoir un coup d'épée. »

C'était en effet un bonheur pour cet amoureux, car la conséquence de sa blessure fut d'être soigné par la belle Thérésia. Ce duel avança donc plus que ne l'eussent fait des semaines de la cour la plus assidue les affaires de M. de Lamothe. En tout cas, il brusqua la situation, trancha toutes les intrigues qui enserraient Thérésia comme une mouche dans les fils d'une araignée et amena une solution.

Un duel pour elle! quel bonheur pour une coquette! Il y a bien ordinairement un petit embarras : lequel faut-il aimer, le blessé ou le vainqueur? Le vainqueur est certainement un homme supérieur au vaincu, et par la force, et par l'adresse, et par le sang-froid, et par la fougue, et sans doute aussi par l'amour qui a décuplé toutes ces qualités au moment décisif; mais le pauvre blessé ne mérite-t-il pas aussi un regard? regard moins flatteur assurément, puisqu'il y entre plus de pitié que d'admiration. Mais comme, au demeurant, c'est pour elle que son sang a coulé, qu'il souffre, on aurait mauvaise grâce à ne pas lui en témoigner quelque reconnaissance.

Et c'est avec ces sentiments passablement enchevêtrés, et qu'elle ne se mit pas en peine de débrouiller, que la compatissante Thérésia, guidée avant tout par son bon cœur, s'installa en infirmière au chevet du blessé, suivant peut-être par la pensée son adversaire victorieux.

Mais tout cela, comme on le pense bien, ne s'était point passé sans faire quelque tapage. Il y eut de vives explications entre l'oncle et la nièce, le frère et la sœur; mais il n'y eut pas d'autre duel. Thérésia, qui croyait le blessé en plus mauvaise posture qu'il ne l'était réellement, se montrait désespérée et, dans le fond de son cœur, était aux anges de ce que deux beaux jeunes gens se fussent coupé la gorge pour elle, aux anges aussi de soigner un blessé. Pensez donc, à vingt ans, romanesque et un peu espagnole comme elle l'était!... Aussi, exaltée par cet événement, le prit-elle de haut avec son oncle et son frère qui venaient lui faire des représentations. En quelques mots elle sabra l'affaire. Elle déclara qu'elle n'avait que faire de leurs conseils et qu'elle ne voulait pas être gardée; elle ajouta que, à partir de ce moment, elle prétendait secouer le joug de leur tutelle, agir à sa guise et être sa maîtresse. Que diable! quand elle a cinq ans de service dans le mariage, que de plus elle est divorcée, une femme sait se conduire, ou bien elle ne le saura jamais...

Ainsi congédiés, l'oncle et le frère tinrent conseil avec M. de Colbert pendant qu'on leur préparait à déjeuner. Le résultat de la délibération fut que le voyage ne pouvait se continuer, que M. Galabert, qui avait des affaires à Bayonne, irait à Bayonne; que M. de Colbert retournerait à Bordeaux et que M. de Cabarrus l'y accompagnerait. Cette entêtée de Thérésia demeurerait au village et soignerait M. de Lamothe. Ainsi fut fait. On se sépara avec beaucoup moins d'entrain qu'on ne s'était réuni et mis en route; puis, chacun tira de son côté.

« Thérésia et moi, a raconté le général de Lamothe, heureux comme on l'est quand on s'aime et qu'on est libre, nous passâmes le temps de ma convalescence dans le plus beau pays, ressentant au cœur une joie qui n'a plus de pareille dans le reste de la vie. »

M. Édouard de Colbert, dépité de cette aventure, se lassa de la vie de bureau qu'il menait comme adjoint au commissaire des guerres. Les frontières étaient menacées : il alla à Paris, s'engagea et partit comme simple soldat dans le 8ᵉ bataillon des volontaires de la Seine, dit bataillon de *Guillaume Tell*, recruté dans la section de *Brutus*. Il fit une brillante et glorieuse carrière. Il devint général de division et a écrit ses *Souvenirs* simplement destinés à sa famille. Ces *Souvenirs* [1] ne mentionnent pas l'épisode du voyage à Bagnères, d'abord parce que le général ne parle que peu de ce qui n'a pas trait aux choses de la guerre, ensuite parce qu'il ne commence ses *Souvenirs* qu'au mois d'août 1793 [2], c'est-à-dire après son départ de Bordeaux.

Il faut donc s'en tenir au récit de M. de Lamothe, qui devint lui aussi général. Il y faut ajouter cependant que le jeune frère de Thérésia, qui s'était lié avec M. Édouard de Colbert, partit avec lui pour l'armée. « Depuis longtemps il était visible que le malheureux jeune homme voulait se faire tuer. » Il fut en effet mortellement blessé dans une affaire et

---

1. Nous sommes heureux de remercier ici le général marquis de Colbert, petit-fils du général Auguste de Colbert, tué à l'ennemi, petit-neveu du général Édouard de Colbert, de nous avoir communiqué le plus gracieusement du monde les *Souvenirs* et papiers inédits de son grand-oncle.

2. « Je ne dirai rien, a-t-il écrit, de ce qui a rapport ou à ma vie privée ou à ma première jeunesse : jeune homme, j'ai beaucoup aimé le beau sexe, qui m'a payé de retour. Je dois toutefois reconnaître que la sage éducation que j'avais reçue et les bons exemples que j'eus de bonne heure sous les yeux ont été toujours pour moi d'un grand secours dans la mauvaise fortune.

« Cet abrégé de ma modeste histoire ne rendra donc compte que de ma vie publique, militaire et politique, et ne datera que du mois d'août 1793. »

« chargea M. Édouard de Colbert de ses dernières
volontés pour celle qu'il était presque heureux de ne
plus revoir [1] ».

Ces différents événements, qui doivent marquer,
ce semble, dans la vie d'une femme, ne paraissent pas
avoir laissé grande trace dans celle de Thérésia. Il est
vrai que la Révolution, en ces temps, faisait l'histoire
au pas de charge : les choses les plus extraordinaires
se succédaient avec une rapidité sans précédents ;
chaque jour voyait une chose nouvelle et l'événement
de la journée faisait oublier celui de la veille.

Lorsque M. et Mme de Fontenay étaient arrivés à Bordeaux, au mois de mars 1793, la ville était loin de
jouir du calme et de la prospérité.

Depuis plus d'un an, les clubs gouvernaient tout :
c'est dire que l'anarchie y était complète. Les sociétés
populaires, loin d'être une soupape aux fermentations
des esprits, ne faisaient que les activer. Pour assurer
l'ordre en ville, il y avait la garde nationale. Formée
tout d'abord d'excellents éléments, elle avait vu peu à
peu les bons citoyens la déserter, — ce qui était une
faute de leur part puisqu'ils laissèrent la place aux
hommes de désordre qui avaient tout à gagner dans
l'anarchie.

Les affaires étaient dans la stagnation la plus complète, le travail manquait, la disette régnait...

La Convention avait déjà envoyé dans la Gironde
deux de ses membres, Paganel et Garrau, pour assurer
l'exécution du décret sur le recrutement de l'armée,
et, dans de telles circonstances, ces représentants

1. Duchesse d'ABRANTÈS, *Mémoires*, t. II, p. 50 (Éd. Garnier).

avaient toutes les peines du monde à remplir leur mission.

Le désarroi n'existait pas que dans l'administration ; il existait aussi dans les esprits. Il est curieux de remarquer que les femmes se montrèrent, à Bordeaux, plus déséquilibrées que les hommes. « Nous devons indiquer comme un signe des temps et de la perturbation morale qui régnait dans les esprits, — a écrit le très distingué auteur de l'*Histoire de la Terreur à Bordeaux*, M. Aurélien de Vivie — l'immixtion des femmes dans les affaires publiques. La manie de la politique les avait chassées du gynécée et faisait des ravages surtout dans la classe moyenne. Paris en offrait des exemples, Bordeaux les suivit : on voyait les femmes abandonner leurs ménages, les soins à donner à leurs enfants et aux affaires domestiques, pour se réunir sur les places publiques, où les plus audacieuses haranguaient la foule ébahie et parlaient sur toutes les questions à l'ordre du jour avec une volubilité qui émerveillait les auditeurs. C'était un spectacle à la fois risible et déplorable. »

On voit que le *féminisme* ne date pas d'aujourd'hui.

Les femmes qui avaient la langue la plus alerte ne se contentèrent pas des succès du *forum :* il leur fallut ceux de la tribune. Mais comment y arriver ? Les laisserait-on parler dans les clubs que fréquentaient leurs tyrans de maris ? C'était assez douteux : on avait supprimé la tyrannie, mais, en fait de tyrans, on n'avait encore osé supprimer que celui des Tuileries : quand donc supprimerait-on les Capet de ménage ? Pour y arriver, il fallait que les femmes s'en mêlassent, car avec ces hommes !... Elles demandèrent donc l'autorisation de fonder un club à elles. Car c'est un fait, les femmes n'étaient pas libres : il leur fallait, pour chaque chose, demander des permissions, même pour satisfaire le besoin qui leur est le plus naturel, pour parler !

L'autorisation fut accordée et les *Amies de la Constitution*, — tel fut le nom qu'elles prirent — se réunirent dans l'église des Augustins. Elles nommèrent une présidente, Mme F. Gentil, des vice-présidentes, une trésorière, des secrétaires... En peu de temps, le nombre des *Amies de la Constitution* dépassa deux mille. La peur d'être signalées comme mauvaises patriotes, plus peut-être que le besoin de parler et de faire parler d'elles, poussait les Bordelaises à se faire inscrire au club.

Le premier soin de ces citoyennes avait été de voter une adresse-programme à l'évêque constitutionnel élu, vénérable octogénaire, rempli des meilleures intentions, dont l'occupation était de rechercher les moyens d'allier la discipline ecclésiastique avec les libertés révolutionnaires et le soin de sa popularité. On avait aussi délégué des citoyennes pour porter solennellement la même adresse à la municipalité. Le maire les avait reçues, écoutées, haranguées, félicitées de leur civisme, couvertes de fleurs et d'une rosée de larmes attendries.

A partir de ce moment, c'étaient chaque jour des réunions, des discours, des adresses, des petites fêtes à harangues où les plus emballées se taillaient peu à peu une réputation d'orateur et une influence de tribune.

On avait d'abord mêlé l'*Être suprême*[1] et la religion à ces petites drôleries ; on ne tarda pas à s'apercevoir

---

1. Ce sont les femmes de Bordeaux qui ont trouvé ce mot d'*Etre suprême*. Robespierre joua à son tour du mot et de la chose, mais ce jeu ne lui réussit pas.

qu'ils n'avaient, l'un et l'autre, rien à voir avec les questions de politique et de morale dont on délibérait au club, et on les rejeta totalement. Aussi bien y avait-il des intérêts plus importants qui réclamaient leur temps et leur application.

Le *Club national* de Bordeaux avait donné l'idée au citoyen Galard, président du club *les Surveillants de la Constitution*, d'organiser militairement, en compagnies et en bataillons, les *Amies de la Constitution*.

L'idée fut trouvée superbe et adoptée par acclamation dans le club enjuponné. On ne sait quel uniforme fut adopté, mais des armes furent distribuées, et l'on vit chaque jour des femmes, armées de piques, de lances et de fusils, s'exercer sur les places et promenades à l'école du soldat et, ce qui leur convenait à coup sûr davantage, à l'école du *peloton*. Elles s'appliquaient aussi à garder le silence dans les rangs et à ne jamais répliquer à une observation.

Tout cela était au mieux, et les Archives de la Gironde possèdent une lettre écrite en style de corps de garde et dont les termes ne peuvent être reproduits ici, par laquelle une citoyenne Lée remercie le citoyen Galard de son heureuse et patriotique idée.

D'autres citoyennes, pour qui les exercices militaires avaient peu d'attraits, cherchaient à se faire remarquer par d'autres moyens. Une citoyenne Dorbe cadette, à la suite d'un banquet donné chez le restaurateur Battut, vers les premiers jours de janvier (1793), chanta des couplets patriotiques de sa composition sur l'air de l'*Hymne des Marseillais*, — c'était alors le nom de la *Marseillaise* — et improvisa, dans un accès d'enthousiasme, un salut en trois points au drapeau tricolore, ce qui lui valut une popularité immédiate, la place d'archiviste de la société des *Amies de la République française* et, pour sa sœur aînée, le fauteuil de présidente de la même société.

Les femmes qui faisaient l'exercice devinrent jalouses de la popularité de celle qui faisait des chansons. Aussi bien le public était-il déjà blasé sur la nouveauté de ce spectacle. Il fallait à tout prix ramener à elles son attention. Car, à quoi bon aller à l'exercice, faire par le flanc droit et par le flanc gauche, si les hommes ne vous regardent pas? à quoi bon avoir des armes entre les mains, si c'est pour ne pas s'en servir? Autant manier le balai, alors!

L'occasion de s'en servir ne devait pas tarder à se présenter à des femmes qui la cherchaient. Le prix du pain allait, disait-on, augmenter. Les *Amies de la Constitution* d'entrer aussitôt en campagne. Le 8 mars, une colonne de deux ou trois cents femmes armées, précédée d'un tambour, marche sur la municipalité. Un détachement de grenadiers, envoyé à sa rencontre, ne peut lui faire rebrousser chemin et, pour éviter des malheurs, se replie sur l'Hôtel de Ville. Le bataillon des femmes poursuit les grenadiers et se grossit en route de nombreuses recrues. On arrive devant l'Hôtel de Ville. Les grenadiers en défendent les portes. On parlemente, mais inutilement. Les femmes s'avancent en dépit des sommations. Les grenadiers font feu : une femme tombe morte.

Voilà donc le bataillon des femmes qui a reçu le baptême du feu : il en est tombé une, — cent, deux cents, cinq cents, disait-on le soir dans ce bon pays où l'enthousiasme et la passion aiment assez à grossir la vérité quand le sang-froid ne s'amuse pas à la travestir; — et l'on ne parle plus que de l'héroïsme des Bordelaises et de leur sang qui a coulé à flots : elles ont sauvé la patrie!

« Nous sommes, a écrit M. de Vivie, de ceux qui pensent que la femme est faite pour le gynécée et pour la vie de famille et non pour les clameurs de la place publique; nous ne pouvons aussi que regretter l'immixtion des femmes, en 1793 et toujours, dans les actes de la vie politique d'un peuple. Elles y perdent le charme délicat qui nous attache à elles et peuvent devenir des mégères, comme les tricoteuses du tribunal révolutionnaire et de l'échafaud parisien, ou de monstrueuses exceptions, comme Charlotte Corday, que Lamartine, dans son langage poétique et coloré, n'a pas craint d'appeler l'*Ange de l'assassinat* [1]. »

La belle Thérésia, tombée en pleine popularité des femmes à Bordeaux, fraîchement divorcée par-dessus le marché, était admirablement disposée à applaudir au mouvement féministe. Après s'être un peu familiarisée avec la ville et ses habitants, elle jeta aux orties ce qui pouvait lui rester de ses idées de 1788, alors qu'elle était si heureuse de son marquisat de contrebande; elle se dépouilla en même temps des idées de 1789 et de celles de 1791 que ses amis Félix Le Pelletier de Saint-Fargeau et les Lameth lui avaient fait partager. Elle devint absolument sceptique en matière politique et se borna à suivre les événements d'un œil distrait, étant d'ailleurs occupée par certaine passion dont nous avons dit plus haut quelques mots. Avec son ambition toujours latente, elle aurait bien voulu, peut-être, faire un peu parler d'elle. Mais le moyen? Pouvait-elle aller au club des *Amies de la Constitution* et pérorer à la tribune? La chose ne lui souriait qu'à demi, ce club, en définitive, étant assez mal composé : on ne s'habitue pas si vite, quand on a été mar-

1. *Histoire de la Terreur à Bordeaux*, t. I, p. 148.

quise et fêtée dans les salons les plus raffinés de Paris, à une réputation secondaire dans un club de femmes de province plus ou moins communes et vulgaires. Et puis son scepticisme en matière politique ne pouvait plaire dans ce milieu d'énergumènes ; sa beauté lui aurait fait des jalouses, ses instincts délicats auraient été froissés à chaque instant par les trivialités et les grossièretés de langage des clubistes. Non, décidément, sa place n'était pas là. Cependant, c'est dans les crises d'un pays que les ambitieux trouvent les occasions de se mettre en évidence : et, critique, la situation de Bordeaux l'était singulièrement. Les souffrances, la misère étaient générales ; les proclamations, les adresses, les brochures ne l'étaient pas moins, mais ne remédiaient à rien. Non pas qu'on se plaignît : les âmes alors étaient trop à la Plutarque, le souffle révolutionnaire et patriotique faisait trop oublier les souffrances pour qu'on en gémît, et, si l'on en parlait, c'était moins pour s'en plaindre que pour chercher le moyen de les guérir. Chacun avait son remède et le proclamait bien haut supérieur à celui du voisin. De là ces débauches inimaginables de discours, de paroles et d'adresses pendant la Révolution. Bordeaux ne resta pas en arrière des autres villes et, après le 21 janvier, les femmes *Amies de la Constitution* avaient envoyé des félicitations à la Convention.

Les députés girondins avaient vu ces adresses avec plaisir : elles devaient, dans leur pensée, consolider leur situation auprès de la Montagne qui commençait à les regarder en suspects. Mais, tout à coup, la Convention supprime une allocation extraordinaire qui, depuis deux ans, était accordée à la ville de Bordeaux pour venir au secours des misères créées par l'arrêt complet des affaires.

Or cette subvention était employée en bons de pain. Les boulangers, pressentis par la municipalité, déclarent qu'ils ne feront pas de pain si on ne leur donne la juste indemnité qu'ils touchent depuis deux ans. Mais la ville n'a pas d'argent et se voit obligée de la supprimer. Le prix du pain augmente alors d'une façon énorme, d'autant plus qu'on apprend que les Anglais viennent de capturer un convoi de vingt-trois bâtiments chargés de blé pour le gouvernement français.

On fait alors du pain avec du riz, des fèves, des haricots et des pois avariés; on y ajoute du son, les balayures des greniers, et ce mélange, qu'on ne voit paraître que dans les années de famine ou dans les villes qui subissent un long siège, se vend un prix exorbitant. Et la vie à Bordeaux était auparavant si facile! Malgré tout, cette chose sans nom qu'on vendait sous le nom de pain allait bientôt manquer.

La ville fit un emprunt, se recommanda à la Convention... Un remède momentané fut le départ pour l'armée d'une foule de jeunes hommes : cela réduisait le nombre des bouches à nourrir. Et c'est à ce moment, où le patriotisme de la ville se montrait d'une façon si éclatante, que ses députés Gensonné, Guadet, Vergniaud étaient dénoncés à la barre de la Convention. Ils se justifièrent victorieusement, mais la Convention envoya à Bordeaux deux commissaires chargés *d'y remonter l'esprit public.* Ce furent les représentants Paganel et Garrau. Ils firent tout d'abord une proclamation dont le résultat fut la surexcitation des passions révolutionnaires et des persécutions contre une foule de citoyens. Pendant qu'il exerçait ces persécutions, le peuple oubliait ses souffrances...

Mais ce triste remède ne pouvait durer. Les représentants ne virent d'autre solution que dans un secours pécuniaire de la Convention. L'assemblée accorda deux millions, mais décréta que les habitants seraient tenus d'afficher à la porte de leurs maisons les noms, prénoms, âge, profession et lieu de naissance de ceux qu'elles abritaient. Les visites domiciliaires furent la conséquence immédiate de ce décret, des arrestations sans nombre la conséquence de ces visites.

Tout cela n'était pas fait pour rétablir le calme dans les esprits. On crut à des complots contre la Convention, il y eut des manifestations... Bref, l'anxiété fut générale, comme la disette.

Cependant les commissaires de la Convention, après avoir pourvu aux besoins les plus immédiats et organisé la défense des côtes, quittèrent Bordeaux.

Le 31 mai, les Girondins avaient été, à Paris, décrétés d'accusation. Cette nouvelle avait plongé Bordeaux dans la stupeur et l'indignation. Le mois de juin se passa dans la fièvre. On avait reçu une lettre de Gensonné qui avait excité les esprits en faveur de la liberté de la représentation nationale, violée dans la personne des députés de la Gironde. Le conseil général du département ouvrit des négociations avec différentes villes pour provoquer une entente contre la toute-puissance de la Commune de Paris : on songea à envoyer des bataillons à Paris pour soustraire la Convention à la pression et aux menaces des anarchistes; enfin l'on arrêta, mais pour les remettre presque aussitôt en liberté, les représentants Dartigoeyte et Ichon, alors en mission à Bordeaux.

Le conseil général du département se réunit. Dans le désir de sauver la République de l'anarchie, qui avait envoyé en prison vingt-deux députés girondins, il se constitua en *Commission populaire de salut public du département de la Gironde* et se déclara en permanence.

C'était marcher à la guerre civile. La Convention, aucun gouvernement ne pouvait tolérer une pareille atteinte à l'unité nationale.

La *Commissoin populaire* envoya des délégués dans toute la France et près de soixante départements adhérèrent à ce mouvement insurrectionnel. Un de ses premiers actes cependant fut l'envoi d'une adresse à la Convention : le même jour elle rendait compte au ministre de l'Intérieur de ce qui venait de se passer à Bordeaux.

La Montagne répondit à ce défi par le transfert des députés arrêtés dans une maison nationale.

A Bordeaux, la commission populaire s'efforçait de réunir une force armée et se heurtait à une grande tiédeur ; tout ce qui avait vigueur, énergie et patriotisme était parti pour les armées.

C'est alors que la Convention, par un décret du 17 juin 1793, envoya Treilhard et Mathieu en mission dans la Gironde et les départements voisins.

Ces représentants arrivèrent à Bordeaux le 24 juin. Ils se rendirent à la *Commission populaire* et firent tous leurs efforts pour l'amener à une conciliation. Ils échouèrent. La *Commission* les engagea même à quitter Bordeaux, où ils n'avaient pu circuler qu'entre des gardes ; ce qu'ils firent le soir même du 27 juin.

Mis à la porte de la ville, les représentants mandèrent à la Convention le mauvais résultat de leur mission : ils durent déclarer qu'ils avaient été chassés de Bordeaux par les *fédéralistes*, et que cette ville était en état de rébellion.

C'est à la suite de cette lettre que la Convention

nomma, le 10 juillet 1793, quatre commissaires munis de tous pouvoirs pour rétablir son autorité à Bordeaux. Ces commissaires étaient Chaudron-Rousseau, Tallien, Ysabeau et Garrau.

Mais à peine avait-elle congédié Treilhard et Mathieu, que l'insurrection bordelaise réfléchit sur les conséquences de ses actes : la lassitude, la crainte, des ambitions qui n'eurent pas la force d'affronter la lutte, des rancunes aussi, jetèrent le découragement dans la *Commission populaire*. On pensa à recruter des forces pour marcher sur Paris et entraîner les autres départements : on n'arriva pas à réunir plus de quatre cents hommes. La *Commission* était vaincue : comme on la vit la plus faible, on l'abandonna et le 2 août, elle prononçait elle-même sa dissolution.

La Convention avait fulminé une sorte d'excommunication contre Bordeaux. Les commissaires Ysabeau et Baudot, arrivés le 19 août, furent mal accueillis d'une population qui avait souffert des mesures vexatoires, visites domiciliaires, etc., édictées par l'Assemblée : injuriés, bousculés par les « habits quarrés » (c'est ainsi qu'on appelait les jeunes élégants), ils en imposèrent par leur fermeté et leur courage. Mais, gardés à vue par une foule hurlante durant toute la nuit, ils déclarèrent qu'ils allaient quitter Bordeaux puisqu'ils n'y étaient pas libres.

Quelques citoyens qui avaient conservé leur sang-froid et qui jugeaient sainement les conséquences de l'accueil fait aux représentants et celles de leur départ, les supplièrent de revenir sur leur décision. Ils furent inflexibles et partirent, non sans être l'objet de nouvelles et regrettables violences.

A peine furent-ils partis que les têtes se calmèrent. On leur envoya des adresses. Il faut citer, entre autres, celle des citoyennes *Amies de la Liberté et de l'Égalité*, remarquable en ce qu'elle invoque les sentiments de conciliation et de générosité des représentants. On ne sait si la citoyenne Thérésia Cabarrus faisait partie de ce club féminin, mais. cette adresse semble inspirée par un cœur bon comme le sien.

C'est à La Réole que s'étaient retirés Ysabeau et Baudot. C'est là que Tallien, arrivant de Tours, les rejoignit. Recevant les adresses et les vœux des Bordelais, instruits des inquiétudes qui les envahissaient, connaissant la disette qui les accablait, les représentants se sentirent forts et parlèrent haut. Ils demandèrent la dissolution de la *Société de la jeunesse bordelaise :* la société fut dissoute. Ils demandèrent la dissolution de la municipalité : elle fut prononcée et des commissaires choisis dans chacune des sections au nombre de deux par section, formèrent une nouvelle municipalité. Cette révolution, faite le 18 septembre par l'influence de la *Société Franklin*, le club jacobin de Bordeaux, assura le succès des Montagnards en cette ville.

Ysabeau et Tallien créèrent un *Comité révolutionnaire de surveillance* chargé de diriger la nouvelle municipalité.. Ce comité manifesta aussitôt son existence par les mesures les plus arbitraires : avec lui les dénonciations, les visites domiciliaires, les arrestations se multiplièrent. Puis les représentants, trouvant que le moment était venu de pénétrer dans Bordeaux, s'y firent précéder par des subsistances qu'ils avaient fait acheter dans les Charentes ; et, le 16 octobre, ils entrèrent à Bordeaux par une brèche pratiquée au mur de la ville près la porte Sainte-Eulalie ou de Berry...

« Précédés et suivis d'une armée révolutionnaire de 3,000 hommes, sous le commandement des généraux

Brune et Janet, le premier ami et le deuxième neveu
de Danton, les conventionnels, impassibles et calmes
en apparence, s'avançaient au milieu de la foule et du
peuple dans des calèches découvertes. Ils avaient
revêtu pour la circonstance leur costume tradition-
nel [1]. »

Il n'est pas probable que la vue des conventionnels
et l'appareil militaire qui les entourait ait impressionné
Mme Thérésia Cabarrus. Il n'est pas probable non plus
qu'ils l'aient conquise sur l'heure à la Révolution. Ses
tendances politiques étaient libérales, tant par ses
amis de Paris que par ses parents de Bordeaux : le
haut commerce auquel appartenaient les Cabarrus,
ruiné par la Révolution, ne pouvait guère être attaché
à un état de choses qui avait tué les affaires en
attendant qu'il en fît autant de ceux qui les faisaient.
Les mesures révolutionnaires prises par les commissaires de la Convention ne durent pas non plus être
bien sympathiques à la jeune femme. La ville, tout
d'abord, fut placée hors du droit commun et l'arbitraire des représentants fut la seule loi. Cet arbitraire
était cependant masqué par une apparence de légalité :
une *Commission militaire*, exclusivement composée de
civils à qui l'on donna pour la circonstance des grades
de généraux, de colonels, de capitaines, etc., remplissait auprès des proconsuls de Bordeaux les fonctions
remplies à Paris par le tribunal révolutionnaire auprès
des comités de salut public et de sûreté générale.
Lacombe en fut le président [2].

1. A. DE VIVIE, *Histoire de la Terreur à Bordeaux*, t. 1,
p. 409-410.

2. Ce Lacombe (Jean-Baptiste), ancien instituteur, condamné
en 1787 à la prison pour escroquerie, intelligent mais haineux
et sans aucun principe, avait deviné, dès le commencement de la

Les commissaires de la Convention prirent des mesures pour que l'influence, parfois douce et clémente des femmes, ne s'exerçât point sur ce tribunal, et Tallien, qui ne prévoyait pas qu'il cèderait bientôt plus qu'un autre à cette influence, signa un arrêté où se lisent ces phrases peu galantes :

« Considérant que les actes de la justice la plus sé-
« vère doivent caractériser toutes les démarches des
« représentants d'un grand peuple, et qu'ils doivent
« fermer l'oreille à toutes espèces de sollicitations,
« surtout à celles présentées par une portion de ce
« sexe (autrefois appelé *dames*) dont la séduction est
« le premier apanage et souvent le seul mérite ;

« Considérant que si le pauvre et l'opprimé doivent
« avoir un accès facile auprès des hommes chargés
« des affaires du peuple, les importuns, les oisifs, les
« muscadins et les dames doivent être soigneusement
« éloignés [1]... »

Révolution, que les événements allaient pouvoir servir ses rancunes contre la société et ses ambitions mauvaises. Avec de l'audace, il avait cette faconde méridionale que les ignorants prennent si volontiers pour de l'éloquence. Un jour, en 1791, il avait apostrophé un prêtre en chaire et lui avait reproché de prêcher *inconstitutionnellement*. C'était un moyen d'attirer sur lui l'attention et de se mettre en évidence. Il était à la recherche de la popularité, pensant qu'elle le conduirait à la fortune. Souple devant ceux qui pouvaient lui être utiles, insolent pour les autres, il s'était fait bien venir de Tallien alors que celui-ci, en septembre 93, faisait une tournée dans le Libournais. Le mois suivant, Tallien, qui lui avait promis de l'employer, le bombardait président de la *Commission militaire*. Là il fit le violent et l'autoritaire à ce point qu'il annihila la Commission. Elle ne sut que lui obéir sans réplique.

Il périt sur l'échafaud après y avoir envoyé un très grand nombre de victimes.

1. *Archives de la Gironde.* — A. DE VIVIE, *La Terreur à Bordeaux*, t. II, p. 29.

Mais il est temps de faire le portrait de Tallien, de cet homme qui fit une révolution dans la Révolution, de cet homme qui semblait appelé aux plus hautes destinées après le 9 thermidor, et qui, une fois cet effort fait, retomba flasque et vide, dans l'obscurité dont il n'aurait jamais dû sortir.

Tallien (Jean-Lambert), né à Paris le 23 janvier 1767, était le fils d'un domestique, portier, valet de chambre ou maître d'hôtel, peu importe, du marquis de Bercy. On a dit que le marquis était peut-être pour quelque chose dans la naissance de cet enfant, parce qu'il le fit élever comme ses propres enfants et lui témoigna une bienveillance que sa paresse et sa mauvaise conduite ne méritaient guère. C'est possible, mais c'est là une de ces choses qu'il est aussi difficile de prouver que de réfuter, et il faut se garder d'accueillir témérairement les interprétations méchantes que certaines gens aiment à donner aux choses les plus honnêtes et les plus désintéressées.

En fait d'études, le jeune Tallien n'apprit guère dans ses classes que ce qu'il lui en fallait pour fronder la société, jalouser ceux qui étaient au-dessus de lui par les talents ou la fortune et pérorer contre tout ce qui était élevé. Il fut, dans toute la force du terme, ce qu'on appelle un fruit sec.

Un jeune homme qui, comme lui, attendait, comme on dit vulgairement, que les alouettes lui tombassent du ciel toutes rôties, ne devait pas demeurer long-temps dans les emplois qu'on lui procura. Il fut d'abord homme d'affaires du marquis de Bercy, puis clerc de procureur. Mais, se sentant peu de goût pour la basoche, ce dont on ne saurait le blâmer, il entra commis chez un négociant, puis dans une banque.

Le député Brostaret, de l'Assemblée constituante,

le prit comme copiste. Il fut ensuite accepté par
M. Pankoucke pour un emploi subalterne au *Moniteur*.

Il avait beau tâter un peu de tout, il ne trouvait
pas sa voie : pour faire sa place au soleil il fallait
travailler et Tallien aimait mieux ne rien faire. Aussi
ne pouvait-il tenir dans aucun emploi. Il était, de
plus, d'une grande ignorance. C'est parce qu'il le trouva
incapable de rédiger une lettre que M. Alexandre de
Lameth, qui l'avait pris comme secrétaire, dut le
congédier. C'était un amateur, happant au passage
toutes les idées fausses qu'il trouvait dans les livres
ou entendait émettre devant lui, et se formant ainsi,
à la diable, un semblant d'instruction. Il se croyait
fort éclairé parce qu'il ne croyait pas à de certaines
choses et se regardait comme un philosophe parce qu'il
avait lu Voltaire et Rousseau. Il s'était pénétré de tout
ce qui, chez ces génies si différents, flattait ses passions ou ses faiblesses — ce qui est souvent la même
chose ; — il citait leurs tirades avec emphase, débla-
térant contre ceux qui étaient riches parce qu'il ne l'était
pas, ou qui avaient des talents, parcequ'il n'avait que
la prétention d'en avoir. Bref, comme tous les fruits
secs et les ignorants, il se croyait apte à gouverner
un pays, et ne savait pas se gouverner lui-même.

La Révolution commençant, un jeune homme
comme lui, qui prenait ses rancunes sociales pour des
principes, était on ne peut mieux disposé à s'y
jeter à corps perdu. Dans le renouvellement complet
qui semblait se préparer, il voyait un moyen de satisfaire ses appétits plutôt qu'un avenir à ses ambitions.
Avec les quelques lueurs de littérature et de philosophie qu'il avait, prenant pour de la science et du
talent ce qui n'était qu'une exaltation révolutionnaire

et juvénile, il était prêt à devenir agitateur, pamphlétaire, journaliste comme Camille Desmoulins. Mais il ne pouvait être qu'un sous-Camille. Il fonda un journal qu'il nomma l'*Ami des Citoyens*. Cette feuille tomba bien vite sans attendre l'automne. Il devait la faire renaître après le 9 thermidor an II. Fruit sec du journalisme, il se crut alors, comme tant d'autres, les capacités de l'homme public. Sa haine contre l'ancien régime lui fit croire qu'il était capable de travailler à la constitution d'un grand Etat où les abus, qu'il reprochait avec raison à la monarchie de Louis XVI, n'existeraient pas. Il se jeta donc entièrement dans la politique. Une certaine facilité de parole, une facilité de conscience non moins certaine, beaucoup d'emphase, des grands mots, des grands gestes, un grand aplomb, en voilà plus qu'il n'en faut pour expliquer la réputation qu'il se fit d'homme capable. Il sut jouer de cette notoriété de carrefour et se fit donner l'emploi de secrétaire-greffier de la commune de Paris avant le 10 août 1792.

« Je l'ai connu, a écrit Mallet du Pan, et je n'ai point rencontré de révolutionnaire subalterne plus faux, plus dépourvu de toutes connaissances et de tous principes, plus fait pour ramper dans les derniers rangs. » Cela ne l'empêcha pas, avant l'âge de vingt-cinq ans, de jouer les premiers rôles. Son emploi de greffier c'était pour lui le pied à l'étrier. Malgré cela, Tallien n'était pas encore parvenu à un poste assez élevé pour qu'on lui découvrît du talent, mais patience ! cela allait venir. Il commençait à se trouver mêlé aux membres de la Commune, il causait avec eux, il prenait goût aux intrigues de couloirs, il devenait *politicien*, vilain mot inventé pour désigner un plus vilain métier encore, refuge des incapables, des intrigants, des déclassés des hautes et des basses classes de la société, véritables parasites sociaux. Les politiciens sont les poux du corps politique.

En sa qualité de secrétaire-greffier de la Commune de Paris, il fut chargé de l'organisation *administrative*[1] des massacres des 2, 3, 4 et 5 septembre 1792 à Paris. Ses bons services le firent distinguer et on lui fit l'honneur de penser à lui pour organiser même besogne à Versailles, quand il s'agit de se débarrasser des prisonniers d'Etat ramenés d'Orléans. Il s'en acquitta le 11 septembre à la satisfaction de ceux qui l'employaient.

Après avoir bénéficié administrativement d'une part des dépouilles des victimes de Paris[2], le secré-

1. « Il est certain, a dit M. Thiers, qu'il y avait des commandements inconnus et contradictoires, et que tous les signes d'une autorité secrète et opposée à l'autorité publique s'étaient manifestés. » (*Rév. franç.*, t. III, p. 73). Tallien était l'un des agents qui, au nom de la Commune, exerçait un de ces « commandements inconnus ». Voir à ce sujet et au sujet du massacre de Versailles, *Révélations puisées dans les cartons du Comité de salut public et du Comité de sûreté générale*, ou *Mémoires de Sénart*, chap. ii. — Ce Sénar et non Sénart, n'est pas, de son côté, un homme des plus recommandables; mais, espion des deux comités, il s'était trouvé mêlé à bien des affaires, avait vu de près bien des choses et bien des gens et ce qu'il a dit de Tallien offre un tel caractère d'authenticité et de franchise qu'on ne peut en soupçonner la véracité. Du reste les aveux de Sénar concordent avec plus d'un passage des lettres de Mallet du Pan, avec les réticences et les demi-aveux d'une foule de mémorialistes.

2. « Tous les effets des malheureux massacrés dans les prisons de Paris et sur la route de Versailles (Thiers fait ici une erreur: le massacre, à Versailles, avait eu lieu dans l'orangerie où l'on avait fait entrer les prisonniers) avaient été sequestrés et déposés dans les vastes salles du comité de surveillance. Jamais la Commune ne voulut représenter ni les objets, ni leur valeur, et refusa même toute réponse à cet égard, soit au ministère de l'intérieur, soit au directoire du département, qui, comme on sait, avait été converti en simple commission de contributions. Elle

taire-greffier de la Commune recueillit semblables bénéfices de son expédition de Versailles. C'est ce qui lui permit sans doute de faire les frais de son élection à·la Convention. Il fut en effet élu représentant du peuple par le département de Seine-et-Oise. Doué d'une certaine audace de tribune, d'une grande faconde dans le style révolutionnaire, il cherche à se faire prendre pour un orateur. Il parle souvent et ses discours égalent en déclamations extravagantes tout ce qu'on pouvait souhaiter de mieux en ce temps-là. Devinant d'instinct que l'avenir, en politique, est aux exaltés et aux violents, il provoque les journées des 31 mai et 2 juin et leur doit d'être désigné comme commissaire de la Convention à Tours. Là, il donne carrière à tous ses mauvais penchants, trafique des passeports, entre en relations coupables, mais fructueuses, avec des chefs royalistes et scandalise la ville par ses débauches [1]. C'est de là, on l'a vu, qu'il fut envoyé à Bordeaux.

Sur ce plus grand théâtre, il put donner plus d'extension à ses opérations de flibustier. Il trafiqua des subsistances, il trafiqua des armes de luxe qu'il fit

---

fit plus encore et elle se mit à vendre de sa propre autorité le mobilier des grands hôtels sur lesquels les scellés étaient restés apposés depuis le départ des propriétaires. Vainement l'administration supérieure lui faisait-elle des défenses : *toute la classe des subordonnés* chargée de l'exécution des ordres, ou *appartenait à la municipalité*, ou était trop faible pour agir. » A. THIERS, *Rév. franç.*, t. III, p. 137. — Voir auss i *Mémoires de Sénar*.

1. Voir pour plus amples détails, les *Mémoires de Sénar*. Voici quelques lignes de Mallet du Pan, qui les confirment : « Ce petit misérable, envoyé en mission à Tours, y commit les exactions les plus révoltantes, emprisonna et persécuta de tout son pouvoir les nobles, les prêtres, les négociants, les propriétaires... » (François DESCOSTES, *la Révolution vue de l'étranger*, p. 309.)

saisir chez les particuliers, il trafiqua du change des assignats et du numéraire ; il trafiqua enfin de la liberté des prisonniers, de leur vie [1] ! On sait qu'il s'était logé sur la place où se faisaient les exécutions et que l'échafaud était dressé devant ses fenêtres. « Oh ! ces Jupiters de bas étage, a dit Shakespeare, laissez-leur un moment la foudre et vous verrez comme ils en useront sans pitié ! »

La Terreur cependant régnait dans Bordeaux. L'échafaud était en permanence et de soi-disant patriotes se permettaient toutes les licences. Les visites domiciliaires allaient leur train et bien des vols s'y faisaient sous le couvert d'une apparence de légalité. C'est à l'un de ces vols que Tallien dut, selon toute probabilité, de faire la connaissance de la citoyenne Cabarrus. Il paraîtrait, du reste, qu'il l'avait déjà vue trois ans auparavant quand elle allait faire visite à Mme Charles de Lameth, pendant le peu de temps qu'il fut secrétaire de son beau-frère Alexandre [2].

Voici comment la chose se serait passée.

« Le 25 novembre 1793, dit M. de Vivie, des agents du Comité de surveillance volaient chez le citoyen Cabarrus, frère de Thérésia, trois écus de six livres dans une armoire, cinq autres dans la malle de son domestique, enlevaient toute son argenterie sous le prétexte qu'elle était armoriée, et ne laissaient qu'une

1. « Tallien, plus avide encore que sanguinaire, calcula ce qui rendrait le plus du sang ou de l'argent et commença aussitôt ses assassinats en contributions. Il établit un commerce de la vie et de la mort, qu'il avait déjà essayé avec succès dans le comité de sûreté générale. » Lettre de Mallet du Pan. — François DESCOSTES, *La Révolution française vue de l'étranger*, p. 310. Voir aussi les *Mémoires de Sénar*.

2. *Mémorial de Wasselin*, t. III, p. 129.

petite cuiller à l'usage de l'enfant du citoyen Cabarrus.

« C'est sans doute à la suite de ces enlèvements, poursuit M. de Vivie, que Tallien vit Thérésia Cabarrus, qui devint plus tard *la belle Madame Tallien*, et noua avec elle des relations que la morale condamne et dont l'intimité ne fut bientôt plus un secret pour personne...[1] »

Il est très probable que les choses se sont passées de la sorte et non comme le dit la légende si galamment ornée de fioritures par Mme Tallien elle-même et, à sa suite, par des écrivains qui aimaient mieux Mme Tallien que la vérité.

Voici, au reste, comment Mme Tallien, quand la gravité de l'âge et la dignité de princesse eurent fait d'elle une autre femme, racontait l'origine de ses relations avec le jeune commissaire de la Convention :

Elle traversait Bordeaux avec son mari M. de Fontenay — ce qui est un singulier oubli des dates, puisqu'on était au mois de novembre et que le divorce est du 5 avril : mais peut-on reprocher à une femme d'oublier les dates ? — lorsqu'elle apprend qu'un bâtiment anglais, ayant à son bord plus de trois cents habitants de la ville qui fuient le tribunal révolutionnaire, est sur le point de lever l'ancre ; mais on dit aussi que le capitaine du navire vient de déclarer qu'il ne partira pas tant qu'on ne lui aura pas versé une somme de trois mille francs qui manque au prix du passage des émigrants.

— Comment ! se serait écriée Mme de Fontenay, il ne faut que trois mille francs pour sauver ces malheureux ? Mais je vais les donner !

1. A. DE VIVIE, *la Terreur à Bordeaux*, t. II, p. 104.

Et elle les aurait portés sur le-champ elle-même au capitaine anglais. Au lieu d'un reçu, elle aurait simplement demandé la liste des émigrés et serait allée rejoindre son oncle sur la place du Théâtre.

Mais le capitaine anglais, admirateur de tant de bonté alliée à tant de beauté, n'avait pu s'empêcher de raconter ce trait dans un café. Des terroristes s'étaient jetés sur lui. Tirant alors son épée, il avait bravement fait retraite, tenant tête à ses assaillants et jetant bas quelques-uns d'entre eux.

Les blessés avaient ameuté le peuple, dénoncé la belle citoyenne comme amie des royalistes et juré de lui faire livrer la liste des émigrants. La foule alors de se porter sur la place du Théâtre où l'on dit que Thérésia se promène en ce moment.

— La liste! la liste! s'écrie le flot hurlant du peuple, en l'entourant avec mille menaces.

Mme de Fontenay comprend. « Mais, dit-elle, on vous a trompés, ceux qui se sont embarqués ne sont pas des contre-révolutionnaires. — En ce cas, donne-nous la liste, puisque tu l'as dans ton sein. »

Et un homme lui passe la main dans le corsage.

Thérésia recule alors indignée et, prenant elle-même un papier dans son corsage : « Cette liste, dit-elle en la brandissant, la voilà; si vous la voulez, venez la prendre! »

Et elle la déchire en petits morceaux qu'elle met incontinent dans sa bouche et avale devant la foule stupéfaite de tant de courage.

C'est à ce moment que Tallien, survenant, se serait interposé pour l'arracher à la fureur du peuple prêt à se précipiter sur elle et, au moment où il venait de donner l'ordre de la conduire en prison, — il l'aurait reconnue! Le soir même, il était allé au greffe de la prison, s'était fait amener la belle prisonnière et, après une conversation où ses grâces l'avaient absolument subjugué, il l'avait fait sortir en disant devant le geôlier : « Tu es libre, citoyenne, je vais au Comité expliquer l'erreur dont tu es victime. »

C'est là la légende. La vérité se réduirait tout simplement à ceci : Thérésia fit la connaissance de Tallien à propos des réclamations que Théodore Cabarrus dut faire pour rentrer en possession de l'argenterie que les agents du *Comité de surveillance*, qui auraient eu bien besoin d'être surveillés eux-mêmes, avaient volée chez lui. Des relations toutes de courtoisie s'établirent entre elle et le jeune représentant en mission. Rien de plus naturel : en ces temps troublés, la jeune femme ne devait pas être fâchée de connaître un homme dont la puissance la mettait, elle et sa famille, à l'abri des persécutions. De son côté, le commissaire de la Convention était doublement flatté dans son orgueil de plébéien et dans sa vanité de jeune homme, d'être bien vu d'une femme si belle, et qui avait été marquise !

Arrêtée plus tard, sans doute pour avoir fait quelque imprudence en ce temps de suspicion générale, « pour quelques peccadilles aristocratiques », comme le dit M. Ch. Nauroy[1], ou bien parce que ses papiers n'étaient peut-être pas bien en règle, comme le pense M. Villenave[2], Thérésia, de sa prison, avait invoqué

1. Ch. Nauroy, *le Curieux*.
2. *Biographie Michaud*, supplément, t. 61. — Les papiers étaient alors une bien grosse affaire en voyage. « Il fallait, en 1793, pour voyager, un certificat de civisme, un certificat de résidence ou de non émigration ; plus, dans les villes, une carte de sûreté. Alors on arrêtait le soir, dans les rues de Bordeaux, tous ceux qui n'étaient point munis de cette carte; on les conduisait au corps de garde, et du corps de garde à la prison. Les

la protection de Tallien. Celui-ci, qui, depuis qu'il la connaissait, n'avait pas échappé au charme ensorcelant de la jeune femme, qui n'avait pas vingt-cinq ans, et à qui les yeux veloutés de l'Espagnole faisaient peut-être déjà bâtir des châteaux en Espagne, avait couru à la prison. Il était ravi d'une occasion de revoir Thérésia, enchanté peut-être de la trouver dans une situation qui allait lui permettre de lui être utile, espérait enfin qu'elle lui serait reconnaissante. Bref, tout un chapitre de roman, ce rêve que tout amoureux a fait : sauver d'un danger la femme qu'il aime. A son âge, à une telle époque, c'était bien naturel : à tout âge, en tout temps, que ne donnerait-on pas pour cela?

Le programme s'exécuta de point en point. La liberté de Thérésia pourtant ne fut que la condition d'un marché. C'est ce qui enlève toute poésie au roman : une condition, en pareil cas, est une violence morale, — s'il est permis d'employer le mot de *morale* en cette affaire, Car ce fut bien une affaire, où la morale n'avait rien à voir — et la belle prisonnière ne sortit de sa cellule que pour habiter l'hôtel du commissaire de la Convention. La preuve que c'était bien un marché en est donnée par Thérésia elle-même : « Quand on traverse la tempête, a-t-elle écrit sous la Restauration, on ne choisit pas toujours sa planche de salut[1]. » Ces mots, par parenthèse, ne sont pas très flatteurs pour Tallien;

gendarmes étaient stimulés par l'appât du gain. Tout individu qui ne pouvait exhiber sa carte de sûreté était obligé de donner douze francs ou de laisser son habit en nantissement. Cet impôt, les gendarmes de la Gironde l'avaient eux-mêmes établi; ils s'en étaient arrogé la perception et les autorités du temps fermaient les yeux. »

1. Il est hors de doute que Tallien ait fait sortir Thérésia de prison : « ... Je l'ai sauvée à Bordeaux », a-t-il dit le 2 janvier 1795, à la tribune de la Convention.

ils sont peu charitables aussi et, après tant d'années, elle aurait pu ne pas les dire. Mais ils prouvent bien que Tallien ne fut que *subi*. Celui-ci, tout planche que veut bien le dire Thérésia, n'était pas de bois. Mais il aurait dû d'abord, s'il avait été honnête homme, ne mettre aucune condition à la liberté de la jeune femme : c'était une chose atroce que de lui imposer ainsi le bourreau ou la mort. D'autres femmes choisirent la mort. Tallien, qui oubliait les beaux exemples de continence d'Alexandre, de Scipion et de Turenne, auxquels il ne ressemblait d'ailleurs en aucune façon, n'était pas le seul à abuser ainsi de son pouvoir et des prisonnières, et ce temps offre plus d'une Thérésia[1]. Mme Cabarrus était trop femme de son siècle pour hésiter à accorder ce que Tallien n'aurait dû attendre que d'un mouvement spontané de celle qui, il l'avait su peut-être chez M. de Lameth, n'était pas d'une vertu bien farouche. Mais ce fait d'avoir imposé une condition à sa liberté — indépendamment du devoir professionnel qui lui ordonnait de faire élargir sans condition tout prisonnier incarcéré indûment — ce fait est révoltant et il fallait avoir l'âme bien vile pour se le permettre. Quelle estime pouvait avoir une femme pour l'homme qui s'imposait à elle de cette façon? Mais, entre ces deux êtres, il ne fut jamais question d'estime. Le marché s'exécuta. Tallien devint de plus en plus amoureux de celle qui l'avait préféré à la prison et ne l'avait, en définitive, accepté que comme pis-aller : mais, comme Tallien, en somme, était assez

---

1. Le représentant Dumont, à Amiens, « qui est à la fois le créateur, l'interprète et l'exécuteur de la loi, a exempté une très jolie femme de la proscription générale et paraît journellement en public avec elle. » (H. Taine, *Un séjour en France de 1792 à 1795*, p. 166.)

joli garçon, quoique commun d'aspect et de manières, qu'elle n'en était pas à faire ses premières armes dans la vie galante, que M. de Lamothe était parti pour l'armée, faute de mieux elle se contenta de lui. D'ailleurs, le moyen de dire non?

N'oublions jamais, pour les juger tous les deux, qu'on voit, à de certaines époques, régner de véritables maladies morales; que plusieurs épidémies de ce genre sévissaient à la fois en France par suite des bouleversements de la Révolution; que chacun en était plus ou moins atteint et que, au milieu des fièvres, des ivresses et des exaltations par lesquelles se manifestait l'atteinte du mal, les cervelles étaient presque toutes à l'envers.

CHAPITRE III

Combien de temps Thérésia resta-t-elle en prison ? — Légende
— Maîtresse de Tallien. — Fête à Bordeaux pour la reprise de
Toulon sur les Anglais. — Thérésia lit un discours au Temple
de la Raison. — Sa bonté n'est pas toujours désintéressée. —
Le pain des représentants. — Actes de dévouement de Thé-
résia. — Son énergique intervention auprès de Lacombe, en
faveur de M. Louvet. — M. de Paroy. — Le boudoir des Muses.
— Les prétentions de Thérésia. — Un souper à Bordeaux
en 1794. — Le représentant Lequinio. — Manigances de Tal-
lien. — Tous voleurs ! — Tallien met de l'eau dans son vin. —
Un peu de statistique. — Tallien part pour Paris. — Marc-
Antoine Jullien. — Ses lettres à Robespierre. — Thérésia quitte
Bordeaux.

·On ne sait pas combien de temps Thérésia demeura
sous les verrous ; on ignore aussi bien la date de son
entrée en prison que celle de sa sortie. Il est certain
qu'elle n'y était pas avant le 16 octobre 1793, jour
de l'entrée de Tallien à Bordeaux. Elle n'y était pas
encore le 13 novembre puisque, à cette date, on
trouve dans les registres du *Comité de surveillance*
une décision relative à une pétition que Thérésia,
amie intime des familles Ducos et Boyer-Fonfrède,
avait adressée afin d'obtenir la levée des scellés qui,
après la chute des Girondins, avaient été apposés chez

la femme de Boyer-Fonfrède [1]. Elle n'y était pas davantage le 25 novembre, jour du vol fait chez son frère par les agents de l'autorité, car tout fait présumer que c'est à l'occasion de ce vol qu'elle entra en relations avec Tallien. D'un autre côté, il est certain qu'elle n'était plus en prison dès avant le 30 décembre, car, ce jour-là, on célébra à Bordeaux une fête triomphale en l'honneur de la prise de Toulon sur les Anglais, et Thérésia Cabarrus, « qui ne craignait plus d'afficher publiquement son intimité avec Tallien, et que l'on voyait presque chaque jour en compagnie du proconsul et nonchalamment étendue dans sa calèche, parcourir la ville dans des atours pleins de coquetterie et gracieusement coiffée du bonnet rouge, devait prononcer un discours dans cette circonstance [2]. »

Elle n'est donc restée que très peu de temps en prison, quelques jours tout au plus, un jour seulement peut-être. Et c'est encore ici le lieu de détruire une légende, celle qui veut que, dans sa prison de Bordeaux, Thérésia ait eu les pieds mordus par les rats, et cela si cruellement, que les cicatrices ne s'en allèrent jamais. Plaisanterie que tout cela ! C'est elle encore qui a fait courir ce bruit-là, sous le Directoire, quand elle se montrait partout, les pieds nus et les orteils chargés de bagues ; mais c'était bien plus pour avoir l'occasion de faire voir ses pieds, qui étaient, paraît-il,

____

1. Voici ce document : « Vu la pétition de la citoyenne Thérésia Fontenay agissant pour la citoyenne Boyer-Fonfrède, le Comité autorise le citoyen Dorgueil à lever les scellés apposés dans les appartements de cette citoyenne, et à réapposer les scellés sur les effets qui seraient susceptibles d'être soustraits à la nation. (1. — *Archives de la Gironde*, série L, Reg. 490 *bis*.) — A. DE VIVIE, *la Terreur à Bordeaux*.

2. Même ouvrage, t. II, p. 155.

de petites merveilles à mettre sous verre, que pour
en dissimuler des cicatrices absentes. Voyons, de
bonne foi, est-il croyable que, se sentant les pieds
touchés seulement par des rats, la jeune femme ne se
soit pas démenée de façon à mettre en fuite les assaillants? Qui donc se laisserait mordre les pieds assez
profondément pour que les morsures laissassent des
traces huit ou dix ans après? Et puis est-il vraisemblable qu'elle n'ait pas eu aux pieds ses chaussures, ce
qui, avec ses protestations actives contre les entreprises
des rats, aurait vite fait fuir ceux-ci? D'ailleurs, à propos de chaussures, si elle avait eu les pieds abîmés,
elle n'avait qu'à les mettre dans des souliers, comme
tout le monde, et non à les couvrir de diamants et de
perles. C'est Thérésia elle-même qui mit en circulation cette fable des rats de Bordeaux, et ses amis
complaisants la colportèrent partout sans rire. Que
des amoureux le croient, rien de mieux : une femme
sait leur faire croire, si elle le veut, que les étoiles
luisent en plein midi. Mais la légende s'en est formée
et, comme une herbe folle, a poussé dans les platesbandes de l'histoire. Qu'on nous pardonne d'arracher
aussi celle-là ; hélas ! ce ne sera pas la dernière.

Mais revenons à la citoyenne Cabarrus, à la citoyenne Fontenay plutôt, car, toute divorcée qu'elle
était, elle paraît, pendant son séjour à Bordeaux, avoir
conservé le nom de son ancien mari. Peut-être était-ce
par prudence, car ce nom était moins connu à Bordeaux que celui de Cabarrus, qui appartenait au haut
commerce et qui eût pu lui attirer des persécutions [1].

1. La preuve en est dans la pièce suivante extraite des registres
de la Commission de surveillance, à la date du 13 novembre 1793 :
« Vu la pétition de la citoyenne Thérésia Fontenay, etc. » (*Archives de la Gironde*, série L, Reg. 490 *bis*.) Et aussi dans

La citoyenne Fontenay était donc officiellement la maîtresse du représentant Tallien. Cela, toute la ville le savait. Mais un observateur attentif aurait pu se demander comment une jeune femme aux goûts distingués et raffinés comme Thérésia, habituée à ne voir que des hommes aux manières parfaites et à n'aller que dans des salons qui donnaient le ton à toute l'Europe, avait pu se faire à vivre avec un homme dont l'éducation et les manières devaient laisser quelque peu à désirer. Et à cette époque, les manières et les habitudes des gens de qualité, leur langage, leurs tournures de phrases étaient si différentes de celles de la bourgeoisie, qu'on devinait un gentilhomme sur sa mine et sur sa façon de parler. Mais il est probable que Tallien, qui avait pour lui l'attrait de la jeunesse, se sera étudié à dépouiller auprès de Thérésia sa peau d'ours jacobin et à modifier, dans la mesure du possible, le commun de ses manières. Et si Thérésia vécut avec lui, c'est d'abord par *nécessité*, puisqu'elle l'avait préféré à la guillotine, ensuite par intérêt, puis par habitude; elle l'épousa plus tard par ambition, grisée qu'elle était par la popularité qui l'entoura après le 9 thermidor, et ne s'aperçut qu'après le mariage qu'il était incapable de justifier ses espérances. Elle le *lâcha* alors avec la même facilité qu'elle l'avait pris.

Mais n'anticipons pas sur notre récit. Lorsqu'on apprit que la maîtresse du représentant devait prononcer un discours dans une fête officielle, chacun voulut l'entendre. On n'avait pas eu pourtant beaucoup de temps pour se le dire et pour en parler

celle-ci, extraite du même registre du Comité de surveillance, série L, 491, à la date du 5 mai 1794 : « Sur les réclamations que fait la citoyenne Fontenay, etc... »

d'avance. A peine la nouvelle de la prise de Toulon parvint-elle à Bordeaux, dans la journée du 29 décembre, que Tallien et Ysabeau voulurent profiter de la joie patriotique universelle pour détourner une partie de cet enthousiasme à leur profit et à celui de leur mission. Pour cela, il n'y avait pas un moment à perdre. Aussi ordonnèrent-ils sur-le-champ que cette victoire serait célébrée dès le lendemain par une grande fête civique.

M. Aurélien de Vivie, qui tient de témoins oculaires, derniers survivants de cette époque, les plus intéressants détails sur le règne de la Terreur à Bordeaux, a donné une description de cette fête.

« Dès dix heures du matin, dit-il, le 30 décembre, des salves d'artillerie se firent entendre, les navires de la rade furent pavoisés, et la garnison se réunit en armes au Champ-de-Mars.

« A onze heures, Ysabeau et Tallien, escortés de toutes les autorités et des corps administratifs, se rendirent au lieu de la cérémonie ; un grand concours de peuple remplissait le Champ-de-Mars. Après la lecture de la proclamation et du décret de la Convention relatifs à la *victoire remportée par l'armée française sur les féroces Anglais et les perfides Toulonnais*, l'hymne de la Liberté fut solennellement chanté et le peuple y mêla sa voix puissante.

« A midi précis, le cortège se dirigea vers le *Temple de la Raison.*

« Une affluence considérable se pressait dans son enceinte ; les femmes surtout y étaient en grand nombre. C'est que le bruit s'était répandu que Thérésia Cabarrus... devait prononcer un discours dans cette circonstance.

« L'attente des curieux ne fut pas trompée : lorsque

le cortège des autorités, les représentants en tête, eut
été installé dans le Temple de la Raison, Thérésia se
leva et d'une voix émue au début, mais bientôt accen-
tuée et sympathique, elle prononça un discours où
elle essaya, comme elle le dit elle-même, *de tracer
l'esquisse rapide d'un plan d'éducation pour la jeunesse*[1]. »

La duchesse d'Abrantès, qui raconte dans ses *Mémoires* cet épisode de la vie de Mme Tallien et parle de
ce « discours sur des matières assez abstraites et
propre à être lu en manière de sermon, comme alors
cela se faisait assez souvent », a dit qu' « elle n'eut
pas le courage de le lire elle-même et pria M. Jullien
de le lire à sa place. Mais, ajouta-t-elle, elle assista à
la séance, où ses auditeurs étaient bien plus attentifs
à la regarder qu'à écouter le débit lourd et ennuyeux
de celui qui lisait son discours. »

C'est là une erreur : la citoyenne Cabarrus-Fontenay lut bel et bien elle-même son discours et non
pas le citoyen Jullien. La preuve, c'est que Marc-
Antoine Jullien, envoyé en mission confidentielle par
le Comité de Salut public, n'arriva à Bordeaux que
dans le courant du mois de mars 1794. Mais, si elle

---

1. *Discours sur l'éducation, par la citoyenne Thérésia Cabarrus-Fontenay*, lu dans la séance tenue au temple de la Raison
à Bordeaux, le 1er décadi du mois de nivôse, jour de la fête nationale célébrée à l'occasion de la reprise de Toulon par les
armes de la République. Imprimé d'après la demande des citoyens réunis dans ce temple. Brochure de 8 pages. (Bordeaux,
J.-Baptiste Cazzava, imp., 1794.)

On connaît deux exemplaires de cette brochure. Il y en a un
à la Bibliothèque nationale sur lequel on lit ces mots, écrits de
la main de Thérésia : « Envoyé par l'auteur à la société populaire du Calvados. » Et sans doute pour qu'on pût lui envoyer
des remerciements, la jolie prêcheuse a ajouté son adresse :
« Maison Francklin, à Bordeaux. »

Voir, à l'*Appendice*, ce discours de Thérésia.

lut elle-même son discours, et elle ne se tira pas plus mal que tel autre orateur de cette lecture, Thérésia l'avait-elle fait elle-même? Ceci est moins certain. Il est même absolument sûr que c'est l'œuvre d'un autre. De Tallien? C'est douteux. Bien que la pièce soit d'une lourdeur emphatique qui était un peu dans le goût du temps, genre dans lequel excellait Tallien, on y trouve une réminiscence d'Homère qui n'était guère dans ses cordes d'ancien mauvais élève : « ... les générations rapides des faibles mortels ressemblent aux feuilles qui tombent dans les forêts à la fin de l'automne...[1] » Si cette réminiscence prouve que ce n'est pas Thérésia qui écrivit ce discours — et vraiment, à vingt ans, il faudrait qu'une femme le fît exprès pour écrire quelque chose d'aussi ennuyeux — elle peut prouver également que ce n'est pas non plus l'œuvre de Tallien. Ses études avaient été trop manquées pour qu'il conservât quelque teinture du grec.

Ce que la duchesse d'Abrantès donne d'intéressant sur la présence de Thérésia à cette fête, c'est sa toilette. « Elle portait, dit-elle, un habit d'amazone en casimir gros bleu, avec des boutons jaunes et le collet et les parements en velours rouge. Sur ses beaux cheveux noirs, alors coupés à la Titus, et bouclés tout autour de sa tête, dont la forme était parfaite, était posé, un peu de côté, un bonnet en velours écarlate bordé de fourrure. Elle était admirable de beauté dans ce costume [2]. »

Et c'est bien plus à sa beauté qu'à celle de son sermon, il le faut croire, qu'elle dut les applaudissements répétés qui en accueillirent la péroraison. « L'audi-

---

1. Οἵηπέρ φύλλων γενέη τοίηδε καὶ ανδρῶν... (HOMÈRE, *Iliade*.)
2. Duchesse d'ABRANTÈS, *Mémoires*, t. II, p. 49. (Éd. Garnier.)

toire, dit M. de Vivie, en demanda l'impression.
C'était tout au moins une politesse faite à la femme
aimable qui, quel que soit le jugement qu'elle ait donné
à l'histoire le droit de porter sur sa conduite morale,
ne fît qu'une courte apparition au milieu des satur-
nales bordelaises. »

Quelque courte qu'elle ait été, cette apparition ne
laissa pas que d'être bienfaisante. On a beaucoup dit
et répété que la belle jeune femme profita de la faveur
dont elle jouissait auprès du commissaire de la Convention pour diminuer les maux de la malheureuse
cité, pour faire rendre des prisonniers à la liberté et
arracher des têtes à l'échafaud. Le comte d'Allonville,
qui l'a connue « aussi recommandable par les nobles
mouvements du cœur que séduisante par sa figure et
son esprit », dit que « Bordeaux eût dû lui élever une
statue en reconnaissance des bienfaits qu'elle répan-
dit sur tant de familles sauvées par elle de la hache
révolutionnaire [1]. » Le comte de Paroy, qui lui devait
beaucoup, a eu la même pensée et dit, à propos de
Mme Tallien, que « les Bordelais devraient élever une
statue de la Reconnaissance reproduisant ses traits [2] ».

Voilà bien de l'enthousiasme. Il faut malheureusement en rabattre. Quoi qu'il nous en coûte de jeter à
bas de son piédestal une statue qui n'est pas encore
élevée, il faut bien dire que, si l'on peut s'en tenir au
témoignage de M. de Paroy, il ne faut pas s'en rapporter absolument à son appréciation. Son père,
emprisonné, a été élargi par l'influence de Thérésia,
et cela d'une façon toute désintéressée. Voilà qui est
fort bien, mais il ne faut pas se hâter de conclure

---

1. Comte D'ALLONVILLE, *Mémoires secrets*, t. II, p. 115.
2. Comte DE PAROY, *Mémoires*, p. 401.

d'un cas particulier à la généralité des cas. Il est, en
effet, certains mobiles, dans ses interventions bienveil-
lantes, qu'il ne faudrait pas trop scruter. Ce sont les
pieds d'argile de la statue. Ce n'est pas sans preuves
que Michelet, malgré les mille fantaisies dont son génie
s'est plu à enjoliver l'*Histoire de la Révolution*, a écrit
qu'à Bordeaux Tallien « commerça de la vie » et que
« pendant ce temps-là sa maîtresse tenait le comptoir. »
Et ces preuves, nous les trouvons dans plusieurs écrits
du temps, sans parler des allusions plus ou moins
transparentes d'une foule de mémorialistes. La marquise de Lage a raconté [1] comme quoi, étant à Bordeaux, elle dut à Thérésia un passeport, par suite
la liberté et peut-être la vie ; mais ce ne fut pas par
simple et pur amour du bien. « La Fontenay » avait
une femme de chambre, la Frenelle, bonne, aimable
et charmante fille, qui avait été « fort bien élevée et
qui écrivait à merveille. » Aimant à obliger, cette
soubrette faisait main basse, dans les tiroirs de Tallien,
sur tous les passeports, signés ou en blanc, qu'elle
pouvait découvrir ; elle les donnait ensuite à des gens
dénoncés comme suspects, et ceux-ci, grâce à ces
papiers, s'empressaient de s'aller mettre en sûreté.
Cette brave fille, voulant donner plus d'extension à
ses affaires toutes d'humanité, eut la pensée de s'as-
socier sa maîtresse. Thérésia s'y prêta un peu, s'in-
téressa à quelques suspects ou prisonniers, mais elle
n'apportait pas à ses démarches le zèle de son admirable femme de chambre. « Souvent, dit la marquise
de Lage, elle oubliait les promesses, et le prenait
quelquefois mal quand elle les lui rappelait. » Mais
l'amour du bien, chez les âmes qui le possèdent réel-

1. Marquise DE LAGE, *Souvenirs*, p. 162-176.

lement, surmonte tous les obstacles. La bonne Frenelle, qui connaissait l'empire des bijoux sur sa frivole maîtresse, n'hésita pas à les faire intervenir pour la décider à procurer un passeport à une ci-devant marquise dénoncée comme suspecte. « Elle me dit, poursuit M^mo de Lage, que Thérésia avait envie depuis plusieurs jours d'un antique monté en bandeau qui était chez un marchand qu'elle m'indiqua, et qu'on voulait vendre mille écus. » Quelques jours après, l'antique monté en bandeau avait passé sur la tête de Thérésia et la marquise de Lage avait son passeport. « Quelle folie vous avez faite, disait l'heureuse poupée en se regardant à la glace avec son nouveau bijou sur la tête, il est vraiment charmant! »

Quant au comte d'Allonville, qui était reçu chez Tallien dans les derniers temps de la Convention, et qui y dînait à côté de Thérésia, on s'explique aisément son enthousiasme pour elle, mais, au point de vue historique, on fera bien de ne pas le partager.

Il y a des témoignages plus graves encore que celui de la marquise de Lage. Les *Mémoires* de Sénar qui, de l'aveu de M. Ernest Hamel, l'éminent historien de Saint-Just et de Robespierre, peuvent être considérés comme exacts en ce qui concerne Tallien, disent que ce commissaire de la Convention, à Bordeaux, « avait défendu de s'intéresser à aucun détenu, sous peine d'arrestation, mais il paraît que cette peine n'était exécutée qu'à l'égard de ceux qui ne pouvaient pas payer... Il écrivait aux deux comités de salut public et de sûreté générale et aux Jacobins que la guillotine produirait en peu de temps quarante millions.

« La Cabarrus avait chez elle un bureau dans lequel on vendait les grâces et les libertés et où l'on

traitait à des prix excessifs : pour racheter leur tête,
les riches payaient avec empressement des cent mille
livres ; l'un d'eux, ayant eu la faiblesse de s'en vanter,
fut repris le lendemain et guillotiné tout de suite. »

Ce dernier point expliquerait un passage des
Mémoires du comte de Paroy, inexplicable sans cela.
Pendant que « la Cabarrus » était emprisonnée à
Paris, son fils était à Bordeaux, confié aux soins d'un
valet de chambre. Celui-ci, n'ayant plus d'argent pour
payer sa pension dans l'hôtel garni qu'il habitait avec
lui, eut la pensée d'en aller demander à un négociant,
« M. Legris, très riche, que Mme de Fontenay avait
sauvé de la guillotine..., ayant obtenu sa grâce de
Tallien, qui l'avait fait rentrer dans ses biens moyen-
nant une amende pour les hôpitaux [1]. » Le négociant
refusa de prêter les trois cents francs qu'on venait lui
demander pour payer la pension du fils de sa bien-

1. « Sur les 6,940,000 francs d'amendes infligées par la *Commission militaire*, 1,000,000 fut attribué aux sans-culottes et
1,325,000 francs à la construction d'un hospice qui ne fut jamais
commencé : ces fonds paraissent avoir été dilapidés... Il faut lire
à cet égard les philippiques de Cambon, l'austère financier de la
Convention nationale. » (A. **de** Vivie, *la Terreur à Bordeaux*,
t. II, p. 402.).

Indépendamment de cet argent qui fut dilapidé *administrativement*, il est hors de doute que Tallien ait traité directement,
de gré à gré, avec les malheureux à qui il vendait la liberté et
la vie, disant que c'était une amende pour les hôpitaux.

Thérésia n'a pas démenti ce qu'elle appelle les « atroces calomnies » portées contre elle et Tallien. Elle s'est contentée d'en
gémir, de dire que Tallien « sauva la France au 9 thermidor »,
que « c'est un peu par sa petite main à elle que la guillotine a
été renversée » et finalement, elle se demande, la pauvre femme :
« Qu'ai-je donc fait à ce Sénar ?... » tant elle est désolée de ce
qu'il ait parlé de choses qu'elle eût mieux aimé qu'on laissât
dans l'oubli. Et, au fait, Mme de Chimay n'était plus la femme de
Bordeaux, non plus que celle du Directoire, et ces bribes du
passé, qu'on lui jetait pour ainsi dire à la face, devaient cruellement la faire souffrir.

faitrice. Il est infiniment probable que sa bourse avait essuyé une trop forte saignée pour *les hôpitaux* et qu'il se considérait comme quitte envers le conventionnel et sa maîtresse. Il ne le dit pas, car il était dangereux alors d'avoir la langue trop longue, mais il refusa net.

D'ailleurs, menant grand train, ne se refusant aucun luxe, Tallien et Thérésia avaient d'incessants besoins d'argent, et ce n'est pas la modeste indemnité de représentant du peuple qui pouvait suffire à leurs dépenses : quant à la fortune de Thérésia, elle avait été fortement entamée par M. de Fontenay et, dans ces temps difficiles, la jeune femme avait de la peine à percevoir le revenu de ce qui en était resté.

Le faux ménage passait joyeusement son temps : on donnait des dîners où, parmi la misère générale et la disette de toutes subsistances, la chère était exquise, accompagnée des vins les plus renommés du département et de *pain blanc*, le seul qui fût dans Bordeaux et qui était fait exprès pour la table de Tallien : on l'appelait *le pain des représentants*. Le jeune couple ne sortait qu'en voiture et les Bordelais ne parlaient que du « char de Tallien dans lequel la Cabarrus, appelée Dona Thérésia, se faisait traîner avec son amant dans un pompeux étalage, courrier devant, courrier derrière : la Cabarrus était affublée d'un bonnet rouge sur la tête. Souvent il allait en voiture découverte, et la Cabarrus, connue pour prostituée, était promenée en déesse, tenant une pique d'une main, et mettant l'autre sur l'épaule du représentant Tallien.[1] »

Cette brillante existence est une bien vilaine page

1. *Mémoires de Sénar*, p. 206.

dans la vie de Thérésia. La morale n'est pas son fort. D'ailleurs elle l'ignore totalement. Hâtons-nous de montrer cette jeune dévoyée dans une attitude qui lui sied mieux que la mascarade morale et extérieure dont elle donne le honteux spectacle.

C'est aux mémorialistes du temps qu'il faut demander le récit de ses bienfaits. Ecoutons d'abord la duchesse d'Abrantès. Elle raconte que la baronne de Lavauret avait été jetée dans les prisons de Bordeaux. Pourquoi? Parce qu'elle avait un fils abbé. Elle attendait avec angoisse le moment de comparaître devant la commission militaire que présidait le terrible Lacombe, lorsqu'on lui donna l'idée, peut-être l'eut-elle elle-même, d'écrire à « la femme parfaite, à la femme incomparable qui fut l'ange libérateur de la ville de Bordeaux. » Thérésia, qui connaissait, pour les avoir éprouvées elle-même, les angoisses de la prison et pour laquelle, en cette circonstance comme en plusieurs autres, le beau vers de Virgile semble avoir été fait :

Haud ignara mali, miseris succurrere disco.

Thérésia prit aussitôt fait et cause pour la malheureuse femme et réussit à la faire mettre en liberté. Mais le bonheur de Mme de Lavauret était loin d'être complet : son fils, prêtre non assermenté, était poursuivi. Elle parla de ses craintes pour lui à celle qui lui avait déjà fait donner la liberté, peut-être la vie, et Thérésia fut heureuse de lui remettre quelques jours après l'annulation du *ban* contre son fils[1].

Voici un autre trait de sa bonté. Cette fois, ce fut

1. Duchesse D'ABRANTÈS, *Mémoires*, t. I, p. 272-274. (Ed. Garnier.)

une bonté militante, qui ne se borna pas à quelques démarches et à quelques sourires ,influents, mais qui ne laissa pas que de lui faire courir des risques. Il s'agit encore d'une marquise. Elle avait poussé le dévouement jusqu'à prendre celle-ci chez elle et l'y avait cachée sans même que sa propre femme de chambre le sût. Elle la garda ainsi trois semaines, paraît-il, lui portant elle-même ses repas et tout ce qui lui était nécessaire. Elle réussit ensuite à mettre sa protégée dans un asile sûr, où elle put attendre la fin de la crise. Comment cette bonté fut-elle récompensée? Oh! mon Dieu, de la façon la plus simple et la plus ordinaire : par la plus complète ingratitude!... Ah! comme Mme de Sévigné avait raison en disant que « quand on est obligé à quelqu'un à un certain point, il n'y a que l'ingratitude qui puisse tirer d'affaire ».

Cette marquise ne fut pas la seule personne qui se crut dégagée, par la conduite excentrique de Thérésia, de la reconnaissance qu'elle lui devait pour sa belle conduite envers elle. A en croire le comte d'Allonville, Mme Tallien, pour prix de ses services, n'aurait guère recueilli que de l'ingratitude. Nous savons qu'elle ne recueillit pas que cela; mais il ne faut pas croire l'humanité si mauvaise et si oublieuse des services rendus. Beaucoup oublièrent, c'est certain, mais ils avaient peut-être payé Tallien des grâces que Thérésia obtenait de lui sans se douter qu'un marché intervenait après sa démarche : c'est infiniment probable et Tallien était très capable de cette canaillerie. Il paraît aussi que, lorsqu'elle rencontrait oubli et ingratitude, Thérésia « ne s'en plaignait point, mais elle se parait avec bonheur d'un simple médaillon renfermant des

---

1. *Mémoires sur l'impératrice Joséphine*, t. I, p. 265.

cheveux de toute une famille qui lui dut la vie et s'en ressouvenait encore[1]. »

Il ne faut pas croire que les libertés qu'elle obtenait, que les têtes qu'elle arrachait à la dévorante guillotine ne coûtaient à la belle Thérésia qu'une câlinerie, quelques caresses ou une gracieuse bouderie à son ami Tallien. Loin de là. Il lui fallut parfois lutter, surmonter d'insurmontables obstables, mettre en jeu des influences réfractaires et en mouvement des hommes répugnants. Voici un épisode inédit de sa vie de soldat de la charité : nous le tenons de M. Aurélien de Vivie, que le lecteur connaît par les nombreux emprunts que nous avons faits à sa belle *Histoire de la Terreur à Bordeaux ;* M. de Vivie la tient lui-même du fils du héros de cet épisode, un vieux conseiller à la Cour de Bordeaux, mort depuis longtemps, et qui l'entendit souvent raconter à son père.

« Honoré Louvet, né à Honfleur, âgé de trente-huit ans, et négociant à Bordeaux, avait connu à Rouen Mme de Fontenay, dont il avait fréquenté le salon. Il la retrouva à Bordeaux, lui fit visite et reçut d'elle un excellent et très aimable accueil. Louvet était homme du monde et homme d'esprit, aimable, d'une séduisante prestance, et était très répandu dans la haute société bordelaise. Il était fort lié avec les membres du club de la *Jeunesse bordelaise*[2] que présidait le digne et éminent Ravez, et qui avaient, à l'occasion de la levée en masse ordonnée par la Convention, organisé une sorte d'insurrection contre l'assemblée régicide. Grand amateur d'équitation, Louvet s'était enrôlé dans la cavalerie de la garde

---

1. Comte d'ALLONVILLE, *Mémoires secrets*, t. VI, p. 115.
2. C'était le club des libéraux de Bordeaux.

nationale bordelaise, corps essentiellement aristocratique et qui avait Dudon fils pour colonel ; il passa par tous les grades et avait été élu chef d'escadron par ses concitoyens à l'époque des événements qui marquèrent le séjour très mouvementé des conventionnels Ysabeau et Baudot, envoyés à Bordeaux pour soumettre la ville, et qu'on en expulsa purement et simplement. Plus tard, quand Bordeaux fut rentré dans la loi, Louvet se trouva naturellement compromis. Un mandat d'arrestation fut lancé contre lui: il se cacha.

« Un soir, étant en visite chez Thérésia, il venait de lui raconter les dangers de sa situation et d'implorer son secours, lorsqu'un *officieux*[1] vint annoncer le président du tribunal révolutionnaire, le citoyen Lacombe. Thérésia, sans perdre son sang-froid, fit cacher Louvet dans un cabinet de toilette et reçut avec la plus grande amabilité le terrible président qui, dit-on, était fort touché de la grâce et de la beauté de Mme Tallien. On causa quelques instants de choses indifférentes, puis Thérésia parla à Lacombe de Louvet, qu'elle connaissait et dont elle affirmait le patriotisme, et elle lui demanda d'être indulgent pour son protégé s'il venait à être arrêté et conduit à son tribunal. Lacombe répondit que ce qu'elle lui demandait était bien difficile, que Louvet s'était soustrait par la fuite à l'ordre d'arrestation décerné contre lui et que, dans une pareille situation, la Commission militaire (c'était le nom légal du tribunal révolutionnaire) ne pouvait se montrer indulgente. Thérésia insista et employa toutes les chatteries de son éloquence féminine pour convaincre le président.

---

1. C'était le nom qu'on donnait aux domestiques sous la Révolution.

« Lacombe résista longtemps, mais séduit enfin par son interlocutrice, qui régnait après tout sur l'esprit et le cœur de Tallien à qui il devait sa situation présente, il promit de sauver la tête de Louvet s'il se constituait prisonnier.

« Louvet avait tout entendu et remercia chaleureusement Thérésia.

« Toutefois il hésita longtemps. Las enfin de la vie précaire où le mettait l'obligation de se tenir caché, il se constitua prisonnier.

« Son procès s'instruisit et l'affaire fut appelée. De l'audience même, où les débats avaient été assez vifs, Louvet put envoyer quelques mots à Mme Tallien : « Je suis perdu si vous m'abandonnez ! »

« Thérésia n'hésita pas. Elle se rendit au tribunal. On délibérait sur le sort de Louvet. Thérésia entra dans le cabinet de Lacombe et le fit demander. Le président répondit que le tribunal délibérait et qu'il ne pouvait sortir.

« Thérésia insista. Lacombe vint.

« — Tu n'as pas oublié, je l'espère, lui dit-elle, la promesse que tu m'as faite pour Louvet. Dans tous les cas, je viens te la rappeler. Tu m'as promis de le sauver...

« — Mais les faits sont graves, dit Lacombe, et je ne sais si je pourrai...

« — Il ne s'agit pas de cela, dit Thérésia avec résolution, tu as promis de le sauver, sauve-le.

« Puis elle ajouta d'un ton plus bas et d'une voix stridente :

— Je te préviens que ta tête me répond de la sienne !

« Elle se retira sur ces paroles menaçantes.

« Lacombe rentra à l'audience : deux voix étaient

pour la mort, deux pour l'amende : la voix du président fit pencher la balance et Louvet fut sauvé. Il eut seulement trois mois de prison et vingt-cinq mille francs d'amende. »

Nous avons tenu à reproduire le récit de cet épisode tel que nous l'a communiqué M. de Vivie. Le tempérament de Mme Tallien, son caractère, son énergie s'y détachent à merveille. On peut voir que, si elle n'était pas précisément ce qu'on nomme une gaillarde, elle était loin aussi d'être une femmelette, et que, pour faire le bien, elle savait mener haut la main les hommes les plus farouches, comme ce Lacombe. On voit également qu'elle n'hésitait pas à se déranger pour une œuvre d'humanité et qu'elle n'avait point de cesse qu'elle ne l'eût accomplie. Mais que de volonté dans cette jolie tête ! et que de cœur dans cet admirable corps de femme !

Cette fois, la belle Thérésia ne recueillit pas d'ingratitude : la preuve s'en trouve dans une lettre qu'elle écrivit après le 9 thermidor, à une amie de Bordeaux, Mme Constance Nairac, cousine germaine du girondin Ducos. Elle y exprime sa reconnaissance pour elle et sa famille et aussi pour une offre que lui fait M. Louvet ; elle se dit pénétrée de sa bonté et ajoute qu'elle se réserve de l'en remercier. Cette lettre confirme par là même, l'exactitude du récit qui nous a été si aimablement envoyé de Bordeaux[1]. Elle confirme aussi la bonté de Thérésia, car nous y voyons le nom d'une autre personne qu'elle a arrachée à la prison. « Je n'ai jamais craint de me compromettre pour l'innocence opprimée, dit-elle ; ton mari en est la preuve... »

---

1. Voir cette lettre à l'*Appendice*.

M. Laurent-Paul Nairac, ancien député à la Constituante, mari de l'amie de Thérésia, n'a pas comparu devant le tribunal révolutionnaire ; son nom ne figure pas parmi ceux des personnes qu'il a jugées : c'est probablement parce que l'influence de Thérésia lui a évité d'y paraître[1] ; on ne pouvait, en effet, être mis en jugement sans la signature de Tallien.

Il faut observer ici que cette lettre est écrite au lendemain de sa sortie de prison, après thermidor. La jeune femme n'avait pas encore la réputation de bonté qui lui a été faite depuis, et ne songeait encore ni à se faire cette réputation, ni à la maintenir ; c'est spontanément et tout naturellement qu'elle dit qu'elle n'a « jamais craint de se compromettre pour l'innocence opprimée », et ce qu'elle dit là mérite toute confiance. Plus tard, elle fera toujours le bien, mais son goût naturel pour le faire se compliquera d'un goût non moins naturel pour qu'on le sache ; elle aura à conserver et à augmenter sa réputation de bonté : la vanité s'en mêlera un peu, — et ce sera tant mieux pour l'humanité, puisqu'elle en fera davantage.

Pendant que nous sommes encore à Bordeaux et bien que le récit qui va suivre allonge encore la partie anecdotique de ce livre, nous ne pouvons nous dispenser de le rapporter. C'est le plus connu des épisodes du règne de la bonté de Mme Tallien à Bordeaux. Villenave, qui était détenteur des Mémoires inédits du héros de l'histoire, l'a raconté longuement dans la *Biographie Michaud*[2] ; le comte Dufort de Cheverny en a égale-

---

1. On y trouve un autre Nairac (Jean-Baptiste), parent probablement de celui-là, raffineur, 39 ans, qui fut acquitté le 16 messidor an II, peu de temps avant le 9 thermidor, par conséquent lorsque Thérésia était en prison à Paris. Son influence ne fut donc pour rien dans l'acquittement de celui-là.

2. Tome 61, article : *princesse de Chimay.*

ment parlé[1] ; enfin, les Mémoires du comte de Paroy, récemment publiés, ont achevé de le faire connaître dans tous ses détails. Il faut le raconter, puisqu'il est tout à l'honneur de Thérésia.

Le comte de Paroy avait été amené à Bordeaux par les incidents divers de la vie tourmentée de cette époque. Il avait un véritable talent sur la peinture et la gravure. Ce talent lui donnait alors de quoi vivre. C'est à lui également, comme on va le voir, qu'il dut le salut de son père, emprisonné comme suspect à La Réole. Ayant entendu dire que Mme de Fontenay, qu'il avait connue petite jeune fille à Paris, chez le comte Bertin, se trouvait à Bordeaux et que Tallien allait souvent dîner chez elle[2], il eût l'idée d'envoyer une pétition à la belle Thérésia et d'y joindre une petite gravure au lavis qui avait pour titre : *L'Amour sans-culotte.* C'était un amour tenant d'une main une pique surmontée d'un bonnet phrygien et de l'autre main un cœur posé sur un niveau, lequel niveau était placé sur un autel.

Cela ne signifiait pas grand'chose, non plus que la légende naïvement égrillarde placée sous cette sorte de rébus :

> Quand l'amour en bonnet se trouve sans culotte,
> La liberté lui plaît, il en fait sa marotte.

Mais dans ces sortes de choses, il ne faut pas se montrer difficile ; l'amabilité de l'intention fait tout.

C'est à la faveur de ce passeport illustré, de ce rébus, que le comte de Paroy fit parvenir à Mme de Fontenay une lettre qui la priait d'intervenir de toute son

1. *Mémoires*, t. II, p. 327-329.
2. Il paraît bien probable, pourtant, que Thérésia était allée habiter l'hôtel du commissaire de la Convention, place Dauphine : peut-être se partageait-elle entre les deux habitations.

influence auprès du représentant Tallien pour obtenir l'élargissement de son père.

Le domestique de Mme de Fontenay, autrefois au service de Mme Le Brun, chez laquelle il avait souvent vu venir M. de Paroy, se chargea de porter la pétition. Une demi-heure après, il revenait et disait que sa maîtresse l'attendait. On pense avec quel empressement Paroy se rendit chez la jeune femme. Il trouva le salon rempli d'une foule de solliciteurs qui, la plupart, avaient des pétitions à la main. « Un instant après, raconte M. de Paroy, on ouvrit les deux battants de la porte à une jeune dame très jolie, vêtue très élégamment. Un salut respectueux fut l'hommage de tout le salon ; elle y répondit par un gracieux signe de tête et dit : « Le citoyen Paroy est-il parmi vous ? » Je m'avançai... elle m'invita de passer avec elle dans son cabinet. »

Continuons à écouter le comte de Paroy : il va nous donner un petit croquis du cabinet, de l'atelier plutôt, de la citoyenne Cabarrus. Ce croquis aidera à nous former une idée de ses goûts et de ses occupations en ces temps de terreur. Du reste, l'intérieur d'une jolie femme est, de tout temps, intéressant à détailler, ne serait-ce que pour satisfaire ce sentiment d'indiscrète curiosité qui est au fond de chacun lorsqu'il s'agit de surprendre les secrets de ses occupations et de sa vie intime.

« En entrant dans son cabinet, dit-il, je me crus dans le boudoir des Muses réunies : un forte-piano entr'ouvert avec de la musique sur le pupitre et beaucoup de cahiers de musique sur une chaise, une guitare[1] sur un canapé, une harpe dans un coin, le pupitre

____

1. Thérésia la vendit en 1794, après sa sortie de prison ainsi

à côté et de la musique, un chevalet avec un tableau commencé, la boîte de couleurs à l'huile, des pinceaux sur une espèce d'escabeau, une table à dessins, portant un petit pupitre avec une miniature, une boîte anglaise, une palette d'ivoire et des pinceaux, un secrétaire ouvert rempli de papiers, de mémoires et de pétitions ; une bibliothèque dont les livres paraissaient en désordre, comme si on y touchait souvent ; enfin un métier à broder avec du satin monté. Je lui dis : « Vos talents, madame, sont universels, à en « juger par ce que je vois ; mais votre bonté égale les « agréments de votre personne. »

M. de Paroy ne pouvait la flatter davantage : c'était, en effet, un de ses traits distinctifs que le désir de briller en tout, d'être considérée comme une femme supérieure, la première même de toutes les femmes ! Ce désir, très louable quand il est contenu dans de certaines bornes, se changea vite chez elle en manie, et, comme elle n'avait pas l'étoffe assez solide pour la façon qu'elle voulut lui donner, sa prétention ne fit que démasquer une insuffisance passablement vaniteuse. « C'est à cette manie de briller, dit un journal du temps, qu'il faut s'en prendre de la médiocrité en tout genre qui est le partage de Mme Tallien. Elle sait tout et ne sait rien. Si vous voulez, elle va vous parler anglais, italien, espagnol ; mais, fussiez-vous natif de Londres ou de Naples, je vous défie de rien comprendre à ce baragouin qu'elle appelle langue anglaise, langue italienne. Dans un concert, elle est bonne à tout, elle chante, touche le piano, pince la harpe ; et l'on est étonné, à la fin, de ce qu'une femme, avec

que le secrétaire dont il est question quelques lignes plus bas (voir, à l'*Appendice*, une lettre à la citoyenne Nairac.

tant de talents, ait trouvé le secret d'ennuyer tout le monde[1]. »

Poseuse ! c'est là un des défauts de Thérésia ; poseuse sous la Terreur, elle sera plus poseuse encore sous le Directoire, ce qui lui vaudra le malicieux article qu'on vient de lire ; elle en sera enchantée, car que veut-elle avant tout, cette charmante cabotine de la politique ? Faire parler d'elle. Et elle a dû être bien heureuse toute sa vie, car il est peu de femmes qui aient tant occupé les conversations de son temps.

Thérésia remercia M. de Paroy ; son aimable compliment lui avait été au cœur. En fait de compliments, ceux que nous savons mériter le moins sont ceux que nous aimons le plus ; et comme les femmes ne sont pas bâties autrement que les hommes, du moins quant à la vanité, la sottise et la petite hypocrisie usuelle, Thérésia se sentait délicieusement caressée dans son orgueil, qui était de paraître avoir tous les talents qu'elle n'avait pas. Le compliment du jeune homme lui donna de la mémoire ; elle répondit en souriant : « Je crois me rappeler vous avoir vu chez M. Bertin avec mon père. J'espère que vous viendrez me voir le plus souvent que vous pourrez, mais parlons de M. votre père. Où est-il ? En prison ? J'espère obtenir du citoyen Tallien sa sortie ; je lui remettrai moi-même votre pétition et je veux vous présenter à lui. »

On a déjà vu de quelle façon impérieuse avait su parler la citoyenne Cabarrus au président du tribunal révolutionnaire ; on voit comme elle savait, quand elle voulait, être aimablement accueillante dans son atelier.

M. de Paroy lui exprima sa reconnaissance avec

1. *Tableau de Paris*, 18 ventôse an IV (8 mars 1796).

une profonde émotion. « En la quittant, dit-il, j'étais comme un homme émerveillé, ayant de la peine à ajouter foi à ce qu'il voyait, et je m'estimai heureux de ne pas m'en sentir amoureux. » Mais aussi, la jeune femme lui avait dit de ces choses qui sont comme des gouttes d'espérance qui vous tombent sur le cœur, et elle les avait dites avec tant de grâce, avec un son de voix si musical, avec des yeux si délicieusement veloutés, que le pauvre jeune homme voyait déjà son père en liberté.

Il ne l'était cependant pas encore. On le transféra de La Réole à Bordeaux. C'était mauvais signe. Mais Tallien, qui s'intéressait maintenant à M. de Paroy, parce que Thérésia lui avait présenté son fils, et que celui-ci gravait leur portrait à tous deux, disait : « Attendez encore, il faut qu'on l'oublie quelque temps pour le sauver. »

Le temps se passait au milieu d'alternatives de crainte et d'espoir. Un jour, la citoyenne Cabarrus dit à M. de Paroy : « Je suis désolée que votre père n'ait pas pu sortir de prison avant que Tallien soit obligé de partir pour Paris, mais je connais un peu Ysabeau, qui est son collègue ici ; je vais prier à souper une dame avec laquelle il est fort lié, et je l'engagerai à amener Ysabeau avec elle. Vous pourrez faire connaissance ; il a de l'esprit et est très instruit. »

Paroy accepta avec reconnaissance. Au souper, il fut placé à côté de cette dame, Mme Delpré, qui le présenta à Ysabeau. Il y avait là quelques autres députés, envoyés en mission aux Pyrénées, et qui passaient par Bordeaux. La réunion fut fort gaie et Mme Delpré si enchantée de la petite fête, qu'elle invita tous les convives à se retrouver chez elle à souper, le lendemain.

Il faut laisser raconter ce souper à Paroy pour se faire une juste idée de ce qu'étaient les invités : « Cette dame, dit-il, me trouvant de meilleure compagnie que ses convives, qui ne parlaient que par b... et par f..., accepta mon bras pour aller à table et me mit à côté d'elle et Ysabeau près de Mme de Fontenay, qui lui avait beaucoup parlé de moi. Le souper fut d'une gaieté un peu grasse; des comédiens, des membres du Comité, les députés y assistaient; l'un d'eux, nommé Lequinio, s'écria : « Allons ! Vive la République ! Et buvons à la santé des braves républicains qui ont voté la mort du tyran ! »

Lequinio, qui prenait ses ignobles instincts pour des sentiments républicains, était cet affreux gredin qui faisait dîner le bourreau à sa table; c'était aussi cet imbécile qui proposa, pour enrichir la nation, de détruire tous les monuments en bronze qui existaient en France et d'en faire des gros sous.

On voit ce que Thérésia, avec ses instincts raffinés et ses goûts distingués, devait souffrir en cette compagnie qui ne rappelait que par le plus éclatant contraste les cercles de la princesse de Beauvau et de la maréchale de Luxembourg. Il lui fallait cependant faire bonne mine à toutes ces mauvaises mines; la nécessité était là ! Mais, comme elle était aussi un peu reine, même dans ce monde-là, elle en avait pris bravement son parti et se consolait en trônant. Le comte de Paroy, lui, l'ancien défenseur de Louis XVI au 10 août, bouillait dans sa peau en entendant le toast de Lequinio. Écoutons la suite de son récit : « Je dis à ma voisine, par contenance et pour cacher mon embarras : « J'aurais bien plus de plaisir, étant « à côté de vous, de boire à votre santé. » Ce Lequinio reprit : « Bois donc, et passe la bouteille ! »

Mes sentiments se reflétaient sur mon visage à un tel
point que ce même Lequinio, se levant, dit : « Le
« citoyen qui tient la bouteille est sûrement un aris-
« tocrate ; je m'y connais et vous le dénonce ! J'en
« découvris un à Saintes qui s'était glissé parmi
« nous ; le lendemain je le fis arrêter et guillotiner
« de suite ; il faut en faire autant de celui-ci. »

C'était vraiment un convive charmant que ce député du Morbihan, et ces vers d'André Chénier semblent inspirés par ce souper et par tous ces Lequinio :

> Attablés, le bordeaux de chaleurs plus brutales
>   Allumant leurs fronts impudents,
> Ivres et bégayant la crapule et les crimes,
>   Ils rappellent avec des ris
> Leurs meurtres d'aujourd'hui, leurs futures victimes :
>   Et parmi les chansons, les cris,
> Trouvent de çà, de là, sous leur main, sous leur bouche,
>   De femmes un vénal essaim,
> Dépouilles du vaincu, transfuges de sa couche,
>   Pour la couche de l'assassin.

Thérésia parla de M. de Paroy à Ysabeau et le lui
recommanda pour le jour prochain où Tallien, obligé
d'aller à Paris, ne pourrait plus s'intéresser à son
père. Ysabeau promit, et c'est à son intervention que
le marquis de Paroy dut sa sortie de prison. « Il était
temps ; sur trente-quatre détenus dans les cachots, il
restait le sixième[1]. »

C'est là quelques échantillons des façons diverses
dont Thérésia s'ingéniait à faire le bien. Si, à côté de
cette belle passion de la charité, la plus noble qui
soit, elle eut quelques erreurs, dues à l'extrême facilité des mœurs de son temps et à son manque d'éducation morale, il faut les lui pardonner en raison de

____

1 Comte Dufort de Cheverny, *Mémoires*, t. II, p. 329.

sa bonté de cœur. Son biographe est obligé d'en parler, il n'a pas la force de les lui reprocher; c'est si beau, d'être bon, et c'est si rare de l'être autrement qu'en paroles ! « Que celui de vous qui est sans péché lui jette la première pierre! » disait Jésus, à propos d'une Thérésia de son temps qui n'avait certainement pas à son actif les états de service et les campagnes charitables de celle qui nous occupe. Pourquoi les hommes seraient-ils plus sévères que Jésus ?... Madeleine, cette bonne Madeleine a eu aussi bien des erreurs, et elles lui ont été remises ; elle n'avait cependant sauvé aucune vie humaine. Thérésia, comme Madeleine, reconnut plus tard ses erreurs, et le fait de les reconnaître ne lui enleva rien de sa bonté indulgente ; elle demeura bonne après avoir reconnu qu'elle aurait dû être plus sévère à elle-même et ne se fit pas de sa vertu toute fraîche un piédestal pour mépriser les vertus qui n'étaient pas encore sorties de chrysalide. Une trop grande facilité pour les choses d'argent, prix d'une trop grande facilité sur certaines autres choses où la complaisance et les usages du temps avaient plus de place que le cœur, voilà ce qu'il faut sévèrement blâmer chez cette belle et fragile pécheresse; mais ne la condamnons pas; les condamnés qu'elle a sauvés de l'échafaud se lèveraient de leurs tombeaux, à la façon des morts de la ballade allemande, ils se rangeraient autour d'elle comme une garde d'honneur et nous reprocheraient justement une injuste sévérité.

Tallien mérite lui aussi quelque indulgence. Il a été atroce pendant quelque temps, mais il reconnut qu'il avait été trop loin. Thérésia le prépara à la modération, et lorsque « des représentations furent faites aux proconsuls par quelques citoyens courageux, que

Thérésia Cabarrus secondait en secret, tant sur les agissements du Comité que sur les condamnations iniques prononcées par le tribunal révolutionnaire[1] », Tallien eut le mérite de ne pas s'entêter dans son erreur et de changer totalement son orientation. Et, certes, il risquait beaucoup à ce changement de politique; que de dénonciations allaient en être la conséquence !

Beaucoup de ces dénonciations assurément étaient fondées. Tallien n'était qu'un coquin à qui les facilités de satisfaire ses instincts de proie n'ont pas manqué pendant son proconsulat de Bordeaux. Mais peut-être aussi lui en a-t-on attribué plus que son compte et a-t-on mis sur son dos les infamies de ses collaborateurs et de ses agents. Car, comme l'a écrit un contemporain, habitant de Bordeaux, « l'arbitraire en était arrivé à ce point, sous le Comité de surveillance du 2 frimaire, que les mandats d'arrêt étaient lancés par les *agents* mêmes du Comité[2] ». Le désarroi, l'anarchie étaient tels, on le voit, qu'il était facile aux malhonnêtes gens, et c'étaient eux qui gouvernaient cette anarchie, de faire tout ce qu'ils voulaient : ils pêchaient en eau trouble. Nous avons déjà dit que sur la somme de 6,940,000 francs, total des amendes prononcées par la commission militaire, 1,000,000 de francs fut attribué aux sans-culottes et 1,325,000 francs à la construction d'un hospice qui ne fut jamais commencé. On n'a retrouvé aucune trace de cette dernière somme. Peut-être une partie en fut-elle attribuée à Tallien qui, non encore satisfait, fit trafic des passeports et des grâces. Il était assailli de pétitions,

1. Aurélien DE VIVIE, *La Terreur à Bordeaux*, t. II, p. 166.
2. SAINTE-LUCE OUDAILLE, *Histoire de Bordeaux pendant dix-huit mois*, etc. — A. DE VIVIE, t. II, p. 167.

d'offres d'argent aussi sans doute : peut-être en accepta-t-il sans les avoir provoquées. Mais c'est douteux. On peut citer de lui certaines lettres qui, quand on connaît le personnage et son peu de préjugés en matière de probité, laissent voir qu'il avait le champ largement ouvert à ses louches spéculations. Il adressait, le 30 novembre 1793, au ministre de l'Intérieur, cette lettre signée de lui et d'Ysabeau : « Cette nuit, plus de *deux cents* gros négociants ont été arrêtés, les scellés mis sur leurs papiers, et la Commission militaire ne va pas tarder à en faire justice. La guillotine et de fortes amendes vont opérer le scrutin épuratoire du commerce et exterminer les agioteurs et les accapareurs. » Dans une autre lettre, ils écrivent : « Les modérés, les insouciants, les égoïstes sont punis par la bourse... l'argenterie arrive en abondance à la Monnaie... » Voici une note, signée Tallien, qui est aussi bien suggestive : « Les représentants du peuple en séance à Bordeaux requère (*sic*) les administrateurs du district de La Réole, département du Bec-d'Ambès, de leur présenter dans le délai de quinzaine l'état nominatif de tous les gens riches, aristocrates et hommes suspects et accapareurs qui doivent, en ce moment, être taxés révolutionnairement pour subvenir aux dépenses extraordinaires, ainsi que l'indication précise des sommes qui peuvent être imposées. » — *Signé :* TALLIEN [1].

Au milieu de telles affaires, avec le désordre administratif qui régnait alors et qu'on avait sans doute, à tous les degrés de la hiérarchie, intérêt à maintenir, avec le peu de scrupules et de probité qu'on con-

---

1. *Archives de la Gironde,* série L.. — A. DE VIVIE, t. II, p. 482.

naît à Tallien, on peut se convaincre qu'il ne devait pas lui être difficile de donner aux deniers publics telle destination qui lui convenait sans qu'il restât trace de leur emploi.

D'ailleurs, à cette époque, toutes les autorités de Bordeaux volaient plus ou moins ouvertement : c'était Dorgueil, membre du Comité de surveillance, qui s'adjugeait une partie des objets d'or et d'argent armoriés que, pour obéir aux décrets, les particuliers étaient tenus de déposer chez les bijoutiers afin qu'on en grattât les écussons ; c'était Endron, membre du même Comité de surveillance, qui, plus modeste, se contentait de voler un jour treize habits de livrée ; c'étaient les autres membres et agents du même Comité qui pillaient le trésor de chacune des églises de Bordeaux ; c'était le maire même de la ville, Bertrand, qui « s'adjugeait les objets d'or et d'argent que la Terreur arrachait aux familles riches... et faisait payer jusqu'à quinze cents et dix-huit cents francs des certificats de civisme »[1] ; c'était Courtin, secrétaire du maire ; c'était Lacombe, cet ancien escroc, président du Comité militaire, qui avait retrouvé ses instincts de voleur depuis qu'il était devenu magistrat et assassin patenté...

Tallien, qui avait de grands besoins d'argent pour satisfaire à son luxe, a dû s'adresser de préférence à une source spéciale où les agents subalternes ne pouvaient pas puiser, c'étaient les fonds provenant des *taxes arbitraires imposées aux détenus pour obtenir leur liberté.* Ces taxes étaient employées sous la haute direction des conventionnels en mission[2]. Michelet

---

1. A. DE VIVIE, *La Terreur à Bordeaux*, t. II, p. 195. — *Le Barreau de Bordeaux.*

2. A. DE VIVIE, *La Terreur à Bordeaux*, t. II, p. 200.

fait évidemment allusion à des détournements opérés sur ces taxes, quand il dit que la guillotine, qu'il avait fait dresser devant ses fenêtres, « lui fut d'un excellent rapport »[1]. Et ce que Marc-Antoine Jullien, agent du Comité de salut public, écrit à Robespierre sur Thérésia, le touche bien évidemment aussi, par la plus naturelle association d'idées :

« Il y a sur la Fontenay, dit-il, des détails politiques bien singuliers, et Bordeaux semble avoir été jusqu'à présent un labyrinthe d'intrigues et de gaspillages. Il est bien difficile de démêler le républicanisme et la probité. Je fais tout le travail d'un comité de surveillance et passe les nuits avec des hommes précieux que j'ai découverts, mais que j'étudie encore. J'ai des renseignements dont le résultat doit arracher Bordeaux à la classe des fripons qui en faisaient leur proie et rendre le peuple à l'amour sincère des vertus et de la République. »

Cependant Tallien avait écouté les représentations que certains citoyens courageux, poussés à bout par cette manière de convertir bon gré mal gré les gens à la Révolution, étaient allés lui faire. La réflexion lui vint enfin, et il se rendit compte qu'il était temps, plus que temps d'enrayer. Le 4 février 1794, un décret signé de lui et d'Ysabeau destitua en masse le Comité de surveillance et ordonna l'arrestation de tous ses membres.

Thérésia avait joué un rôle en cet acte de vigueur : c'est elle qui avait encouragé les citoyens qui pouvaient avoir quelque influence sur les représentants à leur ouvrir les yeux ; elle s'y était employée, c'est certain. Elle travailla d'une façon constante à ra-

---

1. MICHELET, *Révolution française*, t. VII.

mener Tallien à la modération, et c'est bien évidemment à son influence que l'on voit, à partir du mois de janvier 1794, le chiffre des exécutions diminuer d'une façon très sensible : il marque, comme un thermomètre enregistreur, le pouvoir de plus en plus grand que sa bonté prenait sur le commissaire de la Convention et, par contre-coup, sur le tribunal révolutionnaire. En revanche, le nombre des condamnations à l'amende augmente, et ces amendes, généralement de 100,000 et de 200,000 francs, variaient entre 10,000 et 1,200,000 francs ; ce sont les armateurs, les commerçants, les banquiers qui, par un singulier hasard, se trouvent avoir commis des crimes et délits qui s'expient par ces amendes écrasantes ; les pauvres diables, eux, sont envoyés à la guillotine.

Nous avons relevé, mois par mois, toutes les condamnations à mort et à l'amende, prononcées par le tribunal révolutionnaire de Bordeaux. C'est au mois de décembre que Thérésia fit la connaissance intime de Tallien : on pourra, par la simple lecture des chiffres qui suivent, se rendre compte de sa bienfaisante influence.

		CONDAMNATIONS	
		à mort.	à l'amende.
1793. —	Octobre	5	1
	Novembre	19	28
	Décembre	33	14
1794. —	Janvier	16	13
	Février	10	24
	Mars	7	12
	Avril	10	4
	Mai	»	»
	Juin	72	1
	Juillet	129	2

Tallien quitta Bordeaux le **22** février, mais Thérésia y resta jusqu'au **4** mai et conserva un peu de son influence. Elle partie, les exécutions se multiplient d'une façon effrayante, en juin et surtout en juillet.

Cependant la situation de Tallien, ses actes, lui avaient fait beaucoup d'ennemis ; son luxe, ses voitures, le luxe de sa maîtresse, lui en avaient fait davantage. La destitution des membres du *Comité de surveillance* lui en fit de nouveaux, mais pas les mêmes. Les passions étaient d'autant plus excitées contre lui, parmi les membres et les amis du Comité, que bien des intérêts privés, mais inavouables, étaient compromis. Aussi les dénonciations contre Tallien se mirent-elles à pleuvoir au Comité de salut public. On l'accusa de modérantisme : on dut l'accuser aussi, bien probablement, de corruption... Averti sans doute par quelque ami du Comité, Tallien se sentit menacé. Il voulut aller se justifier à la Convention. Aussi, le 22 février 1794, partait-il pour Paris, laissant Ysabeau à Bordeaux pour faire tête à leurs ennemis communs.

Est-ce pour le même motif qu'il y laissa Thérésia ? On ne sait, mais elle ne partit pas avec lui. La raison en est probablement que Tallien pensait bientôt revenir après s'être justifié des accusations lancées contre lui.

Sur ces entrefaites, vers la fin de mars ou le commencement d'avril, un jeune homme, se disant agent du Comité de salut public, était arrivé à Bordeaux. Il s'était mis aussitôt en relation avec les ennemis de Tallien et d'Ysabeau et entretenait avec Paris une correspondance très active. Ce jeune homme, nommé Marc-Antoine Jullien, fils du député à la Convention Jullien (de Toulouse), et qui se fit lui-même appeler plus tard Jullien de Paris, était alors âgé de dix-neuf ans. Le Comité de salut public lui avait trouvé assez de maturité pour l'envoyer comme agent de confiance à Bordeaux : il s'agissait de le renseigner sur la conduite *vraie* des deux conventionnels en mission. Tallien ne s'était pas suffisamment justifié devant la Convention, et les Comités de salut public et de sûreté générale avaient été chargés par elle de faire une enquête et un prompt rapport sur sa conduite à Bordeaux.

Le jeune Jullien, le *petit Jullien*, comme on l'appela bientôt, était souple et habile. Il ne fut pas long, grâce aux terribles influences qu'on lui savait, à se créer une petite cour et à miner, par des manœuvres souterraines, l'autorité d'Ysabeau. Il écrivait à Robespierre, qu'il admirait comme un dieu, ses impressions tant sur la conduite d'Ysabeau et de Tallien que sur la maîtresse de celui-ci dont il avait fait la connaissance, la conquête aussi, si l'on en croit Senar[1], et que, avec son accent méridional il appelait «la belle Cabarrus »[2]. Les papiers de Robespierre publiés après sa mort montrent que le petit Jullien n'avait pas dû laisser ignorer à l'inventeur de l'Être suprême que le modérantisme dont on accusait Tallien était l'œuvre de la belle Thérésia, mais qu'il se compliquait aussi d'influences moins éthérées. Le représentant Courtois dit, dans l'emphatique rapport qui précède la publication de cette infime partie des papiers de

---

1. « Ce Jullien avait envoyé au Comité de sûreté générale une copie de la lettre que la prostituée Cabarrus lui avait écrite, et dans laquelle elle l'invitait à passer dans l'Amérique septentrionale avec elle, parce qu'elle voulait fuir ce Tallien couvert de crimes et qui l'avait compromise : elle lui offrait de partager avec lui sa fortune qui serait plus que suffisante pour eux deux » (SÉNAR, *Révélations puisées*, etc., p. 219).

2. Notes inédites du baron Larrey, chirurgien en chef de la Grande Armée. Ces notes sont en notre possession.

Robespierre, qu' « il lui dénonce jusqu'à des femmes » dont il détaille les charmes. C'est évidemment un portrait de Thérésia, peut-être un peu décolleté, tracé par Jullien fils à l'*Incorruptible*, auquel Courtois fait allusion.

Il est très regrettable que ces papiers n'aient pas été imprimés dans leur totalité. Mais le représentant Courtois, qui avait été chargé de les inventorier et qui avait eu de bonnes raisons pour réclamer cette mission, ayant eu le malheur, comme tant d'autres, d'écrire fort obséquieusement à Robespierre au temps de sa puissance, avait commencé par reprendre et brûler ses lettres ; il en rendit aussi beaucoup à leurs auteurs qui eurent bien soin de ne pas les conserver, et ne se gêna pas pour garder le reste, c'est-à-dire presque tout : il en fit argent plus tard.

Dans plus d'une lettre publiée, Jullien, par des insinuations et des réticences, laisse entendre que Tallien n'est pas à l'abri de tout soupçon quant à la probité : « Bordeaux semble avoir été jusqu'à présent un labyrinthe d'intrigues et de gaspillages. Il est bien difficile de démêler le républicanisme et la probité[1]. » « Ysabeau, qui me vit hier, me dit Tallien arrêté... La punition des intrigants de Bordeaux, dont les uns n'avaient en vue, comme Chabot, qu'un intérêt[2]... » A Saint-Just, il propose entre autres choses de « distinguer par un arrêté ceux qui ont donné de l'argent (à Bordeaux) pour racheter une vie que beaucoup n'avaient point mérité de perdre, et les infâmes qui ont exigé de l'argent pour vendre la loi : les premiers, ne craignant plus, parleront ; les autres seront découverts et punis ».

1. Lettre du 11 prairial an II (30 mai 1794).
2. Lettre du 15 prairial an II (3 juin 1794).

Tallien est évidemment visé par ces mots : *Les infâmes qui ont exigé de l'argent...*

Ces lettres montrent — et beaucoup d'autres existaient qui ont été détruites par l'intéressé après le 9 thermidor, — que l'orage se formait contre Tallien, à Paris, et que, comme Danton, il aurait bientôt à entrer en lutte avec Robespierre.

En attendant, comme Thérésia voyait que Tallien serait obligé de rester à Paris plus longtemps qu'il ne l'avait pensé en partant, qu'il ne serait peut-être pas maintenu dans sa mission de Bordeaux, qu'elle-même se sentait mal vue du puissant Jullien, elle se décida à aller retrouver son amant à Paris. Par amour? C'est peu probable : n'avait-elle pas dit elle-même à Bordeaux « que ce n'était pas du tout la passion qui l'attachait à Tallien, mais une sorte d'honneur et de devoir, puisque c'était elle qui était cause des dangers qu'il courait » [1].

D'un autre côté, elle avait un ami qui connaissait un certain Taschereau, homme taré, agent secret du Comité de salut public, à genoux devant Robespierre, qu'il devait trahir ignominieusement dès qu'il fut abattu. Taschereau, qui était au courant de bien des intrigues, dit à son ami qu'il se tramait quelque chose contre elle et qu'elle ferait bien de quitter Bordeaux. Cet ami manda immédiatement une si importante nouvelle à Thérésia, en l'engageant à s'arrêter quelque temps dans une ville des bords de la Loire. D'un autre côté, une loi toute récente du 27-28 germinal an II (16-17 avril 1794) interdisait aux ci-devant nobles le séjour des villes frontières et maritimes.

1. Ch. Nauroy, *Le Curieux.*

Thérésia était donc, pour plusieurs motifs, obligée de quitter Bordeaux.

La nouvelle loi contre les ci-devant nobles fut mise immédiatement en vigueur. A Bordeaux, Ysabeau chargea le Comité de surveillance de son exécution. Le Comité convoqua les ci-devant des deux sexes et leur délivra des *ordres de passe* pour quitter Bordeaux. Chaque ordre portait naturellement le nom du lieu où le porteur fixait son domicile.

Le registre des *ordres de passe* a été conservé aux Archives de Bordeaux. A la date du 15 floréal an II (4 mai 1794), on trouve l'indication suivante :

« Cabarrus-Fontenay (Thérésia, femme Fontenay), vingt ans, demeurant cours de Tourny, native de Madrid, dirigée sur Orléans. »

C'est donc le 4 mai au plus tôt, mais plus vraisemblablement le 5 ou le 6 mai, que Thérésia quitta Bordeaux. Comme ce n'était pas encore la mode, chez les femmes, d'être bonnes mères, elle laissa son fils dans un hôtel garni, sous la garde d'un domestique nommé Joseph. Elle n'allait pas directement à Paris, mais à Orléans : peut-être ne voulait-elle pas faire connaître à Jullien, qu'elle savait ne lui être pas favorable, qu'elle allait rejoindre son amant à Paris, et cherchait-elle à lui donner le change. Mais, une fois à Orléans, elle saurait bien se faire délivrer un passeport pour Paris et l'aller retrouver.

L'ordre de passe délivré à Thérésia est assez curieux pour être reproduit ici ; en voici le texte intégral :

« Délivré à la citoyenne Thérésia Cabarrus-Fontenay, épouse divorcée Fontenay, âgée de vingt ans, ayant joui ci-devant des privilèges de noblesse, native de Madrid, en France depuis quatorze ans, domiciliée à Bordeaux, cours de Tourny, laquelle nous a déclaré aller dans la commune d'Orléans, où elle déclare vouloir se retirer conformément à la loi des 27 et 28 germinal dernier.

« Signalement :

« Taille cinq pieds deux pouces, visage blanc et joli, cheveux noirs, front bien fait, sourcils clairs, yeux bruns, nez bien fait, bouche petite, menton rond.

« Fait en séance, le 15 floréal an II[1]. »

Conformément à son ordre de passe, Thérésia s'arrêta à Orléans, comme en fait foi le rapport du citoyen Boulanger, général de brigade de l'armée révolutionnaire[2]. Là, elle se fit donner un passeport pour Fontenay-aux-Roses, et c'est dans la maison de son ancien mari que son amant vint la voir. Mais en secret, car ce pauvre Tallien, dont la position était assez ébranlée auprès du Comité de salut public et qui savait que Thérésia était encore moins en faveur que lui, qui, de plus, se doutait qu'il était épié, ne voulait pas qu'on sût où il allait. Et c'est à ce moment que le petit Jullien, qui poussait Robespierre à les

----

1. *Archives de la Gironde*, série L, 2170. Registre des ordres de passe, f° 135. — Nous devons cet intéressant document, qui fixe la date du départ de Thérésia de Bordeaux, et la cause réelle de ce départ, à la bienveillance de M. A. de Vivie, qui nous a communiqué quelques autres documents et nous a guidé de son érudition et de ses recherches en tout ce qui concerne le séjour de Tallien et de Thérésia à Bordeaux. Nous sommes heureux de lui renouveler ici l'expression de notre gratitude. Son bel ouvrage sur *La Terreur à Bordeaux* nous a été aussi de la plus grande utilité.

2. Voir ce rapport à l'*Appendice*.

faire arrêter tous les deux, lui écrivait (11 prairial–30 mai) : « Je crois devoir t'envoyer copie de l'extrait d'une lettre de Tallien au Club national ; elle coïncide avec le départ de la Fontenai, que le Comité de salut public aura sans doute fait arrêter. Il y a sur elle des détails politiques bien singuliers...[1]. »

. Quelques jours après, le 15 prairial, il écrivait : « Ysabeau, qui me vit hier, me dit Tallien arrêté... La Fontenai doit maintenant être en état d'arrestation[2]. »

On voit que cette double arrestation était décidée, en principe par Robespierre. Il s'y était décidé sur les conseils de Jullien qui avait confirmé, dans ses lettres, les dénonciations diverses dont Tallien était l'objet. Mais, en attendant le rapport que le Comité de salut public était chargé de présenter à la Convention, à la suite de l'enquête à laquelle se livrait Jullien sur les agissements de Tallien à Bordeaux, on devait s'assurer de Thérésia.

Tallien sentait vaguement tout cela.

1. *Papiers inédits trouvés chez Robespierre, Saint-Just, Payan, etc., supprimés ou omis par Courtois*, t. III, p. 31.
2. *Ibid.*, p. 35.

CHAPITRE IV

Tallien à Paris. — Il cherche à justifier devant la Convention sa conduite à Bordeaux. — Tallien président de la Convention. — Ses platitudes devant Robespierre. — Il fait écrire par Thérésia une pétition à la Convention. — Robespierre n'est pas dupe de cette comédie. — Il lance un ordre d'arrestation contre Thérésia. — Taschereau, agent de Robespierre. — Thérésia est conduite à la Force. — Tallien signataire de son ordre d'arrestation : pourquoi ? — Nouvelles platitudes de Tallien devant Robespierre. — Le syndicat du crime et de la peur. — Thérésia en prison. — Elle n'est pour rien dans le coup d'État du 9 thermidor. — Récit de cette journée.

On se rappelle que Tallien avait quitté Bordeaux le 22 février 1794 pour aller se justifier à Paris. Les défiances l'y accueillirent. Il ne put parvenir à se faire entendre du Comité de salut public[1]. Après plusieurs tentatives infructueuses, il fallut bien se rendre à l'évidence : il était en suspicion. Dès le 12 mars, il montait à la tribune de la Convention et, voulant aller au devant de l'accusation, il disait : « Depuis longtemps, la calomnie s'attache sur les pas des patriotes. Les représentants du peuple envoyés dans les départements sont aujourd'hui en butte à toutes les persécutions, à toutes les contrariétés. Rien sans

1. *Lettre de Tallien à Ysabeau*, 3 mars. — *Archives de la Gironde*, série L. — A. DE VIVIE.

doute d'étonnant dans cette conduite de la part des intrigants, car leurs complots ont été déjoués, car le masque a été arraché à tous les hypocrites. Les représentants du peuple envoyés à Bordeaux devaient s'attendre à n'être pas épargnés. Cette commune était devenue l'un des principaux foyers du fédéralisme ; les esprits y étaient agités, égarés par des hommes astucieux ; les girondins de Bordeaux et de Paris s'entendaient parfaitement ; la conspiration s'étendait sur toute la République ; et si nous n'eussions pas agi avec cette sagesse énergique qui convenait aux localités et aux circonstances, Bordeaux aurait éprouvé le même sort que Lyon. Nous avons été assez heureux pour rendre cette importante commune à la République sans qu'une goutte de sang patriote ait coulé. Nous avons détruit le fédéralisme jusque dans ses racines ; nous avons relevé le courage abattu des patriotes ; nous les avons appelés aux fonctions publiques ; nous avons poursuivi avec courage les aristocrates, les fédéralistes et tous les hommes suspects ; nous devions donc être dénoncés par leurs partisans ; notre espoir n'a pas été trompé. Les calomnies les plus atroces se sont répandues contre nous. Votre Comité de sûreté générale a reçu hier une lettre par laquelle on lui annonce qu'Ysabeau et moi devons nous embarquer pour fuir en Amérique sur un navire chargé de plusieurs millions. Tous les journaux publient aujourd'hui que Bordeaux est en contre-révolution, que les gens suspects s'y promènent audacieusement et que le patriotisme y est opprimé. Eh bien ! citoyens, tous ces faits sont faux.

« ... Un grand nombre d'intrigants bordelais sont en ce moment à Paris et vont partout calomniant Bordeaux et les représentants du peuple qui y ont été envoyés. S'il ne s'agissait que de moi, je ne serais pas venu aujourd'hui fixer l'attention de la Convention nationale ; mais ces calomnies sont, je le déclare, répandues par des hommes perfides...

« ... Il faut que la Convention nationale rende justice à ceux qui ont rempli leur devoir ; il faut que les bons citoyens soient rassurés, que les intrigants soient réduits au silence, et que les hommes qui n'ont jamais varié dans leurs principes soient encouragés par ceux qui savent les apprécier.

« Je suis bien loin de redouter l'examen le plus sévère de ma conduite et de celle de mon collègue ; je le provoque au contraire ; j'attends avec impatience le moment où je pourrai faire à vos Comités le rapport de toutes nos opérations, et ils seront, comme vous, étonnés des immenses travaux auxquels nous nous sommes livrés avec une infatigable activité. »

Ce discours ne fit pas tomber les défiances. Pourtant, dix jours après qu'il fut prononcé, Tallien présida la Convention (22 mars) jusqu'au jour où les têtes de Danton et de Camille Desmoulins tombèrent par suite de l'application du programme systématique de Robespierre (16 germinal-5 avril)[1].

Cependant, Tallien sentait que les suspicions se ravivaient contre lui. La façon dont Robespierre s'était débarrassé de Camille et de Danton lui faisait terriblement appréhender qu'il ne méditât pour lui un sort pareil. Pour le conjurer, il crut utile de monter encore une fois à la tribune et de flatter habilement celui à qui toute la Convention obéissait : « ... S'il reste encore parmi nous, dit-il, des hommes dont les principes politiques soient condamnables, des hommes

---

1. Les présidents de la Convention n'étaient élus que pour quinze jours.

sans probité, sans honneur, sans vertu, qu'on nous les fasse connaître franchement, et, si les accusations sont vraies, nous nous lèverons tous pour les faire traduire au tribunal révolutionnaire.

« Mais il faut aussi que les défiances particulières cessent, que des hommes faits pour s'estimer mutuellement s'examinent et sachent attacher leur confiance à ceux qui la méritent... Il faut que les patriotes de la Montagne, qui n'ont jamais dévié des vrais principes, qui, au nombre de cinquante seulement, ont longtemps lutté contre le parti droit et ses abominables machinations, il faut que ces mêmes patriotes se réunissent aujourd'hui. Et s'il en est d'autres qui soient revenus de leur égarement, qui veuillent sincèrement marcher avec nous, qui soient purs comme le peuple qu'ils représentent, qui n'aient point trempé dans les complots que nous avons punis, nous marcherons avec eux par la voie des sacrifices, nous ferons avec eux le bonheur du peuple. »

On voit que Tallien recherche l'appui des montagnards, qu'il compte sur eux et qu'il fait des avances aux autres en les assurant qu'ils seront les bienvenus dans son parti. Car il veut aussi se concilier leurs sympathies. A part cela, pas une idée pratique, rien que des mots vagues : ... la voie des sacrifices... le bonheur du peuple... Mais ces phrases vides plaisent au peuple qui depuis longtemps s'en contente.

Après cette déclaration, Tallien sent le besoin de rassurer la Montagne sur la pureté de ses intentions et l'intransigeance de ses principes. Pour lui plaire davantage, il va lui parler de ses ennemis, de ceux qui s'opposent au bonheur du peuple ; il excite à la haine après avoir pleuré de tendresse. « Mais, ajoute-t-il, nous ne voulons pas de ceux qui n'ont pas paru dans les premiers jours de la Révolution, qui étaient cachés dans leurs caves quand nous étions à la Bastille, qui se sont montrés sur la brèche quand il n'y avait plus de danger, et qui ne se montrent aujourd'hui que pour nous demander une part des dépouilles de l'ennemi vaincu. »

Ah ! les dépouilles de l'ennemi vaincu ! C'est là la grande affaire et c'est, en fait d'affaires, ce qu'il connaît le mieux ; c'est là ce qui le touche le plus, et, il le sait, ce qui touche le plus un certain nombre de ses collègues. C'est le point capital de son discours ; en deux mots il cherche à se justifier, mais fort vaguement, des vagues accusations qui, il le sait, circulent sur lui parmi les représentants et parmi le peuple.

« Ces dépouilles de l'ennemi vaincu, poursuit-il, nous ne les lui avons enlevées que pour les donner au peuple. Vous l'avez décrété sur le rapport du Comité de salut public, et la distribution en sera faite selon le vœu que nous portons dans notre cœur ; elles amélioreront le sort des patriotes infortunés. Voilà le fruit des victoires que nous avons remportées ; voilà tout ce que nous voulons. »

Le peuple des tribunes devait applaudir à ce langage : prendre la fortune de ceux qui l'avaient gagnée par leur travail, leurs talents, leurs économies, leurs services au pays, leurs privations, leurs dangers souvent, et cela pour la distribuer à ceux qui, au lieu de travailler et d'économiser, aimaient mieux passer leurs journées aux séances de l'Assemblée, leurs soirées au cabaret et au club, c'était assurément une idée merveilleuse et celui qui l'exprimait un grand homme. Le peuple applaudit ceux qui le flattent et caressent ses instincts, pas les bons, mais les mauvais. Tallien le savait et cherchait à se tirer d'une situation désagréable par un compliment au peuple, qui l'amnistiait par ses applaudissements. Mais il dépasse un peu la note quand, entraîné par son amour de la phrase, il ajoute : « Nous reviendrons ensuite dans nos chaumières, dans nos greniers, et là nous savourerons le plaisir d'avoir rempli notre tâche glorieuse, d'avoir répondu à l'attente de la nation, d'avoir justifié la confiance qu'elle avait mise en nous ; là, nous jouirons en paix du bonheur d'avoir fait celui du peuple : c'est un bien que nous préférons à tous les trésors de la terre. »

Est-ce bien sûr? On en peut douter, car ce n'est pas dans un grenier que l'aurait suivi sa belle maîtresse, qui voulait jouir de toutes les satisfactions matérielles de la vie, qui ne voulait se priver de rien, à qui il fallait des chevaux, des voitures, des domestiques, des bijoux... Il habita bien la *Chaumière* plus tard ; mais, si le chaume couvrait cette habitation, le plus grand luxe régnait à l'intérieur et elle ne rappelait en rien les maisons des paysans pauvres. C'était donc une dérision à lui de dire qu'il se retirerait dans une chaumière ou dans un grenier, alors qu'il avait, à Bordeaux, déployé un véritable faste dans son hôtel de la place Dauphine, alors qu'il ne sortait qu'en voiture, qu'il mangeait du pain blanc, tandis que toute la ville n'en mangeait que du noir, et ne buvait que les vins les plus renommés du Bordelais. Ce qu'il disait, ce n'était que pour flatter les bas sentiments d'envie que pouvaient avoir ses auditeurs ; cette flagornerie était aussi lâche qu'hypocrite.

Robespierre n'aimait pas Tallien : il n'avait que du mépris pour cet être brouillon et faux, sans l'ombre de caractère, à genoux devant un jupon comme devant

un écu et prêt à tout trahir pour l'amour de l'un
comme pour l'amour de l'autre. Tallien n'ignorait pas
cette antipathie. Il se sentait gêné par le regard in-
vestigateur, froid comme le bistouri du chirurgien,
que Robespierre attachait parfois sur lui, à travers
ses bésicles, comme pour le scruter jusqu'au fond de
la conscience. Devant lui, il était embarrassé à l'égal
d'un coupable devant un juge. Aussi ne l'aimait-il
pas ; mais, faible et sans consistance, il le craignait ;
faux et rampant, il essayait de le flatter. Figé dans
un dédain glacial, Robespierre n'accueillait pas ses
avances. A la séance du 1er germinal an II (21 mars
1794), Tallien, qui n'était rentré à Paris que depuis
un mois, donna lecture à la tribune de la Convention
d'un discours extraordinairement violent contre les
aristocrates et les modérés. C'était moins dans l'intérêt de la République que pour faire sa cour à Robespierre qui le tenait en disgrâce, il le voyait bien, à la
suite des rapports qui lui avaient été faits sur sa conduite à Bordeaux. Pour plaire également à Robespierre,
d'autres Talliens demandèrent l'affichage du discours.
Robespierre s'y opposa énergiquement : « Je m'oppose,
dit-il, à l'impression de ce discours, à cause des
expressions inexactes qu'il renferme. Il n'est pas vrai
que les aristocrates et les modérés soient en joie et
lèvent la tête ; jamais au contraire ils n'ont été si
consternés... » Tallien ne le fut pas moins devant
cette fin de non-recevoir à laquelle se heurtaient ses
avances ; mais, plat et obséquieux, il déclare que
Robespierre a raison, reconnaît que lui-même tout à
l'heure n'a dit que des sottises et que ce serait en
faire une que de les afficher dans toutes les communes
de France.

Une si basse flagornerie ne lui concilie pas les

bonnes grâces de celui qu'il s'évertue à gagner. Il le sent et cherche des appuis contre cette mauvaise volonté menaçante. Voici à quoi il s'arrête :

A la façon de tous les amants passés, présents et futurs, Tallien racontait à Thérésia tout ce qu'il faisait et tout ce qu'on lui faisait. Parce que sa maîtresse l'écoute afin d'en tirer profit, l'homme croit qu'elle lui témoigne la plus grande confiance. Thérésia était donc mise par Tallien au courant de la mauvaise volonté flagrante de Robespierre : je vous demande un peu de quoi se mêlait ce fâcheux en voulant les empêcher de jouir en paix de leurs économies de Bordeaux! Eh! s'il tenait tant que cela, ce poseur, à être *incorruptible*, personne ne l'en empêchait; mais, pour Dieu! qu'il ne vînt pas empêcher les autres de vivre à leur guise! Aussi, d'un commun accord on décida que, pour ramener à Tallien l'opinion de la Convention qui, par suite des menées de Robespierre, menaçait de l'abandonner; pour faire connaître en même temps Thérésia comme une bonne citoyenne, puisqu'elle aussi avait été dénoncée, celle-ci adresserait à la Convention, sous la forme d'une pétition, un *factum* qui, inspiré des plus purs principes, serait une manière de profession de foi républicaine selon la formule du jour et mettrait au-dessus de tout soupçon d'incivisme celle qui l'avait écrit et, par suite, son amant. C'était le renouvellement, au sein de la Convention, de la petite comédie jouée le 30 décembre précédent dans l'église des Récollets de Bordeaux; seulement, cette fois, ce n'est pas Thérésia qui ferait la lecture. Et c'était grand dommage, car alors elle aurait eu tout de suite cause gagnée. Mais ne fallait-il pas employer tous les moyens pour consolider la situation de Tallien menacée? Ne lui devait-elle pas cela, à lui qui l'avait tirée de prison à Bordeaux et qui, s'il était maintenant accusé d'avoir saigné quelques bourses réactionnaires, ne l'avait fait que pour elle, pour fournir à son luxe?

La pétition fut donc écrite, copiée sans doute sur le brouillon que Tallien lui adressa de Paris et envoyée à la Convention. Tallien n'était plus au fauteuil de la présidence : c'est dommage ; il eût été piquant de lui voir donner lecture de la pétition de sa maîtresse.

C'est Robert Lindet qui eut cet honneur.

Quelle singulière comédie! La Convention nationale écoutant une élucubration indigeste, envoyée par la maîtresse d'un représentant, connue pour son extrême facilité de mœurs, et parlant de « la morale qui est plus que jamais à l'ordre du jour », de « la pudeur et son heureuse influence » ; disant : « Qui peut enseigner la pudeur, si ce n'est la voix d'une femme? Qui peut la persuader, si ce n'est son exemple? » Et, pour dire tout cela, la jolie prêcheuse n'était appuyée que sur l'expérience de ses vingt ans et la moralité de sa conduite. Quant à prêcher d'exemple, il ne fallait pas le lui demander.

Personne ne se méprit sur le but visé par la belle pétitionnaire, mais pas une protestation ne s'éleva contre le gaspillage qu'on faisait du temps de l'Assemblée. La pétition fut renvoyée aux Comités d'instruction et de salut public. Si, au lieu d'avoir été écrite par une femme que l'on savait jeune et admirablement belle, cette pétition eût été l'œuvre d'une vieille institutrice, pauvre et vertueuse, lui eût-on fait le même accueil ?

On trouvera à l'*Appendice* le texte entier de la pétition de Thérésia, copié dans le *Moniteur* du 26 avril 1794. Bornons-nous à dire ici que ce *factum*

réclamait *pour les femmes l'honorable avantage* d'être
appelées dans les hôpitaux et hospices pour y donner
des soins et des consolations aux malheureux ; il
réclamait aussi, *pour les jeunes filles*, un apprentissage dans les mêmes asiles de la souffrance. De cette
façon — et ceci n'est pas mal pensé du tout, mais
détonne dans la bouche de Thérésia — elles n'arri-
veraient pas au mariage seulement avec des idées de
plaisir et de dissipation, ce qui cause le malheur de
tant de maris ; elles verraient par elles-mêmes que
les souffrances sont une des conditions de la vie et
qu'il faut être armé d'autre chose que de diamants et
de belles robes pour les surmonter.

Robespierre ne fut pas dupe de la comédie de Tallien ; il démasqua fort bien le *coup* de la pétition et
vit que cette manœuvre tendait à donner le change,
tant au Comité de salut public et à la Convention
qu'au peuple. Son « incorruptible » et intransigeant
programme ne pouvait admettre les compromissions
de Tallien. Il voyait en lui un corrompu qui l'accablait de serviles protestations de dévouement, mais
il n'était dupe ni de lui ni de ses protestations, et se
croyait assez fort pour triompher quand il le voudrait
de cet obséquieux ennemi.

Mais il voyait aussi que ce faible, à genoux devant
une maîtresse, ne pouvait être complètement responsable de ses actes. Il est des hommes à qui l'amour
fait abdiquer toute pensée personnelle et qui sont réduits à l'état de vil instrument entre les mains de la
femme qui s'en sert. Robespierre voyait que Tallien
n'était plus, comme ces jouets d'enfants, ces pantins
dont les bras et les jambes, reliés par des ficelles à
une tige centrale, ne font que les mouvements qu'on
leur commande, qu'il n'était plus que la chose de Thé-

résia Cabarrus. C'est celle-ci qu'il rendit en partie responsable des concussions et des tripotages de Tallien, — et il se trompait dans ses calculs de psychologue, car, à Tours, Tallien ne connaissait pas Thérésia et il n'y avait pas brillé par un plus vif désintéressement qu'à Bordeaux. Aussi voua-t-il à Thérésia une rancune toute particulière, presque une haine de famille, d'abord parce qu'elle était une ci-devant aristocrate dont la conversion à la République était assez sujette à caution ; ensuite, parce que sa facilité de mœurs ne cadrait pas avec les austères principes qu'il affichait ; enfin, parce qu'elle avait déployé à Bordeaux un luxe alimenté par les concussions et les trafics de son amant, luxe que lui, Robespierre, ne se permettait pas à Paris. C'est de tous ces griefs qu'il songeait à envoyer Thérésia se justifier devant le tribunal révolutionnaire.

De la pensée à l'exécution, il n'y avait pas chez lui un long intervalle. C'est le 24 avril qu'on avait lu la pétition de Thérésia à la Convention ; c'est le 4 ou le 5 mai que celle-ci avait quitté Bordeaux ; le 10 mai, vraisemblablement, qu'elle était arrivée à Fontenay-aux-Roses, et douze jours après, le 22 mai, le Comité de salut public prenait un arrêté ordonnant son arrestation immédiate. Chose bien significative, cet arrêté était entièrement écrit de la main de Robespierre [1].

C'est à lui que revient la responsabilité presque entière de l'arrestation de Thérésia, malgré les signatures de Billaud-Varennes, Barère et Collot d'Herbois, qui accompagnent la sienne sur le mandat d'amener. Voici, en effet, ce que dit plus tard Collot d'Herbois, se justifiant à la tribune de la Convention d'avoir

---

1. Voir à l'*Appendice* le texte de cet arrêté.

signé cet ordre d'arrestation : « Quant au mandat d'arrêt décerné contre la citoyenne Cabarrus, il n'en est pas que Robespierre ait présenté avec des formes qui nous obligeassent davantage à le signer. Il nous dit qu'elle était fille d'un comte espagnol, ministre d'Espagne, et née à Valence. Aucun de nous n'a signé par ressentiment, car nous ne la connaissions pas [1]. »

Collot d'Herbois ne dit pas tout, et il ne pouvait, après le triomphe des thermidoriens, dire les autres motifs, les seuls sérieux, que Robespierre lui avait donnés pour avoir sa signature. Il faut cependant remarquer que la signature de Robespierre eût suffi. Seul des quatre signataires, il faisait partie du Comité de salut public, et, aux termes de la loi du 17 septembre 1793, la signature d'un membre de ce Comité suffisait pour faire arrêter un étranger : or, Thérésia était regardée comme étrangère et l'Espagne était en guerre avec la France.

Il y avait alors à Paris un agent du Comité de salut public assez peu recommandable par lui-même et pas beaucoup plus par ses fonctions, qui consistaient à renseigner secrètement le Comité sur les personnes qu'il faisait surveiller. Il se nommait Taschereau. Nous avons déjà parlé de lui. Il était alors le très humble serviteur de Robespierre, en attendant qu'il devînt, après le 9 thermidor, son très acharné détracteur [2]. Il est des gens qui éprouvent le besoin de s'aplatir devant les puissants et d'insulter ceux qui ne peuvent plus rien, quelques services d'ailleurs qu'ils en aient reçus. Taschereau était de ceux-là. Comment connut-il Thérésia ? Nous ne pouvons le

1. *Moniteur* du 9 germinal an III (29 mars 1795).
2. Voir sa répugnante brochure : *A Maximilien Robespierre aux Enfers*, par Taschereau-Fargues.

dire, mais voici ce qu'il a écrit à propos de son arrestation, et ces détails, malgré le peu de foi qu'on doive
ajouter aux écrits d'un homme comme lui, paraissent
vrais : « Jamais victime ne fut poursuivie par Robespierre avec plus d'acharnement. Il était question de
la faire arrêter et juger à Bordeaux par la commission
militaire. Elle avait à Paris un ami qui était aussi le
mien ; je lui fis part de ce qui se tramait contre elle ;
il lui écrivit, l'engagea de partir sur-le-champ, de
s'arrêter dans quelque ville sur les bords de la Loire
et que là nous irions la joindre, afin de nous concerter
ensemble. Dix jours après cette lettre, elle arrive à
Fontenay-aux-Roses ; nous nous rendons près d'elle.
Je ne l'avais jamais vue et mes démarches en sa faveur n'avaient d'autre but que d'obliger mon ami ;
mais, aussitôt qu'elle m'eut raconté ses malheurs, le
sentiment qui me faisait agir se porta volontairement
vers elle et je lui promis de ne rien négliger pour la
soustraire à ses persécuteurs.

« Le lendemain, elle vint à Paris et se rendit chez
mon ami ; le danger croissait. On écrit de Bordeaux
qu'elle est partie [1], que toute recherche est du temps
perdu. Les émissaires de Robespierre, Lavalette et
Boulanger, se mirent en campagne ; nous sommes
observés de près. Il ne restait d'autre parti à prendre
que de fuir pour essayer de se cacher à Versailles ;
mais Boulanger arrive au moment où elle entre chez
mon ami. L'ordre porte d'arrêter la citoyenne Cabarrus-Fontenay et tous ceux qui se trouveraient avec

---

1. Taschereau fait évidemment allusion à la lettre de Marc-
Antoine Jullien à Robespierre, datée du 30 mai 1794 : « Je crois
devoir t'envoyer copie de l'extrait d'une lettre de Tallien au Club
national ; elle coïncide avec le départ de la Fontenai, que le
Comité de salut public aura sans doute fait arrêter. »

elle. Mon ami et sa femme furent donc compris dans l'arrestation, et ce fut avec grand'peine que, s'étant réclamés de moi, on consentit à les laisser chez eux avec deux gardiens. Grand bruit chez la famille Duplay : cette maison leur appartenait [1] ; je l'avais fait louer à mon ami. La citoyenne Cabarrus-Fontenay s'y était d'abord réfugiée : j'étais donc un conspirateur ! Quelle nuit affreuse ! Vers minuit, la principale victime est arrêtée à Versailles, conduite à la section des Champs-Élysées et de là à la Force. »

C'était vrai. Dix jours après que Robespierre avait lancé le mandat d'arrêt contre Thérésia, le citoyen Boulanger, général de brigade, l'arrêtait à Versailles. On arrêtait en même temps « le jeune homme qui demeure avec elle », comme l'indique le mandat, un citoyen Guéry qui, on ne sait pourquoi, pour charmer peut-être les ennuis d'un long voyage, tenait, depuis Bordeaux, compagnie à la maîtresse de Tallien [2]. Son domestique, nommé Guillaume Bidos, était arrêté, de son côté, dans la maison du citoyen Desmousseau, rue de l'Union, n° 6, quartier des Champs-Élysées. De plus, cette excellente Frenelle, la femme de chambre à qui Thérésia devait d'avoir fait les premiers pas dans la charité, avait été arrêtée à Fontenay-aux-Roses et essayait, la brave fille, de se faire prendre pour sa maîtresse afin de la sauver.

Cet événement se passa dans la nuit du 11 au

1. On sait que Robespierre habitait avec la famille Duplay la maison qui porte actuellement le n° 398 de la rue Saint-Honoré et qui appartenait à M. Duplay. Cette maison est encore telle qu'elle était en 1794, sauf qu'elle a été surélevée d'un étage (voir à ce sujet le très intéressant ouvrage du Dr Cabanès, *Le Cabinet secret de l'histoire*, 2° série, pp. 196-199).

2. Voir le rapport du général Boulanger sur l'arrestation de Thérésia à l'*Appendice*.

12 prairial (30 au 31 mai 1794). D'après le rapport du général Boulanger, « la citoyenne Fontenay a été conduite à la Petite-Force, où elle a été mise au secret, le citoyen Guéry au Luxembourg, le domestique et la femme de chambre, l'un au Luxembourg, l'autre à la Petite-Force ».

La Petite-Force, annexe de la Force, autrement dit l'ancien hôtel de M. de Caumont, duc de la Force, était située dans la rue Pavée-au-Marais. Elle touchait à l'hôtel de Lamoignon, sur un emplacement compris entre cet hôtel, au nord, et la rue du Roi-de-Sicile, au sud. Le registre d'écrou de la Force mentionne l'entrée de Thérésia à la prison : comment se fait-il qu'avec ce renseignement l'on ait dit qu'elle avait été incarcérée aux Carmes ?

Voici l'extrait du registre d'écrou de la Force en ce qui concerne Thérésia : il est daté du 8 prairial an II (27 mai 1794) et non du 22 mars, comme on l'a dit par erreur manifeste, puisque, à cette date, Thérésia était toujours à Bordeaux. D'ailleurs, cette date même du 27 mai est inexacte, car, arrêtée dans la nuit du 30 au 31 mai, à Versailles, comment Thérésia aurait-elle pu être incarcérée à Paris le 27 mai ? Mais les guichetiers, en l'an II, n'étaient pas encore très familiarisés avec le calendrier républicain et, comme tout le monde, faisaient chaque jour des erreurs. Cet extrait devrait porter la date du 12 prairial (31 mai), comme l'ordre du Comité de surveillance des Champs-Élysées en vertu duquel Thérésia était écrouée.

Voici donc l'extrait du registre d'écrou :

« Thérèse Cabarrus, femme Fontenay, âgée de vingt ans, native de Madrid, en Espagne, sans état, demeurant à Versailles, taille quatre pieds onze pouces, cheveux et sourcils bruns, front ordinaire, yeux bruns, nez moyen, bouche petite, menton rond.

« Envoyée dans cette maison pour y être détenue au secret, en vertu de l'ordonnance du Comité de salut public en date du 3 prairial. »

Maintenant, en exécution de quel ordre fut-elle conduite et admise à la Petite-Force?

En exécution de celui-ci :

« Ordre du Comité de surveillance révolutionnaire de la section des Champs-Élysées de conduire, en vertu d'un arrêté du Comité de salut public de la Convention, en la maison d'arrêt du Luxembourg ou toute autre, le nommé Jean Guéry, désigné comme le jeune homme accompagnant la nommée Thérèse Cabarrus, femme Fontenay. 12 prairial an II. »

Et de qui était signé cet ordre? Oh! l'étrange chose! Outre la signature du président Dumas et celles de six membres du Comité, il y avait celle de Tallien!

On se demande en quelle qualité Tallien apposait sa griffe sur cette pièce. Quant à ses motifs pour le faire, ils peuvent s'expliquer. On se rappelle que Thérésia était venue de Bordeaux avec un jeune homme, M. Jean Guéry. Était-ce le fils de cet individu qui, au dire du rapport de Boulanger, l'avait intéressée dans une affaire de salpêtre? On l'ignore. On ne sait pas davantage s'il fut question de salpêtre entre elle et son compagnon, mais il est possible que les beaux yeux de Thérésia aient mis le feu aux poudres chez le jeune Guéry. Le tête-à-tête capiteux d'un voyage en chaise de poste entre un jeune homme et une jeune femme de vingt ans, romanesque, divorcée par-dessus le marché, qui ne se laissait guère gêner par des principes, qui n'aimait pas l'homme qu'elle avait pris pour amant[1] et qui était séparée de lui depuis plus de deux mois; l'excitation du voyage, les beaux jours de mai et, comme dit La Fontaine :

> La faim, l'occasion, l'herbe tendre, et, je pense,
> Quelque diable aussi la poussant,

il est possible que sa conduite ait donné à Tallien quelque sujet de jalousie. Car il devait être, non moins bien que Robespierre, instruit de ce que faisait sa belle maîtresse ; et, à la suite d'une explication qui ne lui aura pas donné satisfaction, peut-être a-t-il, dans un accès de dépit amoureux, de jalousie furieuse plutôt, donné cette singulière signature qui le venge à la fois de Thérésia et de Jean Guéry?

Peut-être aussi avait-il vu dans les cartons, au Comité de salut public, la lettre dans laquelle Jullien disait que Thérésia lui avait offert de s'enfuir avec lui en Amérique?

Peut-être enfin, avec le caractère lâche et obséquieux qu'on lui connaît — et sans que cela soit une raison d'exclure les autres motifs — Tallien eut-il la pensée de sacrifier lui-même sa maîtresse, puisqu'il la voyait perdue, et de se faire auprès de Robespierre un mérite de son sacrifice, afin de rentrer dans ses bonnes grâces? Avec ces natures-là, tout est possible. On va voir, du reste, que, en fait de platitudes devant Robespierre, Tallien n'était pas au bout de son rouleau.

---

1. Il faut se rappeler, sur ce point, ces mots que nous avons déjà cités et qu'on trouve dans une lettre d'elle, écrite sous la Restauration : « Quand on traverse la tempête, on ne choisit pas sa planche de salut. »

Le lendemain de l'arrestation de Thérésia, Tasche-reau raconte qu'il rencontra Tallien se promenant aux Champs-Élysées, triste et abattu. Il alla à lui. « Tu n'as rien à craindre pour la citoyenne Cabarrus, lui dit-il ; ton amie ne sera pas encore aujourd'hui tra-duite au tribunal révolutionnaire. »

En effet, Thérésia avait été interrogée par Coffinhal, que Robespierre lui avait envoyé ; et il semble bien que c'est Taschereau, ami de Desmousseau, que Thé-résia connaissait, qui fit une démarche en faveur de la belle prisonnière auprès du citoyen Boulanger, qui l'avait arrêtée, auprès de La Valette et de l'ex-fermier général Verdun : ces trois hommes allèrent trouver Coffinhal et obtinrent de lui qu'elle ne serait pas encore envoyée au tribunal révolutionnaire. Il fallait, avant tout, gagner du temps...

Que fit Tallien après l'arrestation de Thérésia ? Fut-il parmi les solliciteurs de Coffinhal pour faire ajourner sa comparution devant le tribunal ? On ne sait, mais il est probable que, comme il se sentait très suspecté, il chercha tout d'abord à se faire oublier de ceux qui distribuaient les billets de guillotine avec la même libéralité qu'il les avait délivrés lui-même à Bordeaux. Et puis il avait besoin de rassembler ses idées, de se ressaisir... L'idée d'une action hardie, d'une attaque directe contre Robespierre ne paraît pas lui être venue dans les premiers temps de l'incarcération de Thé-résia. Peut-être même est-ce à ce moment qu'il fit une visite à Robespierre ? « Robespierre, a écrit Barras, était devenu dans la Convention une espèce de tri-bunal auquel chacun croyait devoir se référer pour obtenir un jugement sur les choses dont il pouvait être accusé ; on imaginait se mettre en sûreté dès que

Robespierre aurait prononcé l'absolution [1]. » Tallien se
présenta donc, comme Fréron, comme Barras l'avaient
fait à leur retour de Toulon, à la maison de la rue
Saint-Honoré : pas plus que ces corrompus, il ne
reçut de l'Incorruptible un accueil satisfaisant. Grave
imprudence de la part de Robespierre : dans sa situation, il ne devait mécontenter personne et ne pas
compter sur sa popularité d'une façon trop absolue.
Mais il savait qu'on lui avait reproché d'avoir serré
la main à Danton le jour même où il le faisait envoyer
au tribunal révolutionnaire : est-ce dédain pour Tallien, comme pour Barras et Fréron? est-ce pour ne pas
être accusé d'hypocrisie comme on l'avait fait au sujet
de la mise en accusation de son ami Danton? Robespierre l'éconduisit avec une politesse glaciale.

Tallien ne se tint pas pour battu et riposta par de
nouvelles platitudes. A la séance du 24 prairial (12 juin),
douze jours après l'arrestation de Thérésia, deux jours
après le vote de la loi connue sous le nom de loi du
22 prairial, que Robespierre avait fait voter pour
atteindre d'une façon sûre et rapide ces hommes,
disait-il, « gorgés de sang et de rapines », et qui ne
fut qu'un coup de bâton dans l'eau, Tallien avait été
convaincu de mensonge par Robespierre qui, en pleine
séance de la Convention, l'avait traité de manière à le
couvrir de honte et de confusion devant ses collègues.
Et, le lendemain, Robespierre recevait de lui une lettre
des plus plates, d'autant plus inconcevable qu'il savait
que c'était lui qui avait, au Comité de salut public,
écrit l'ordre d'arrestation de Thérésia : il est vrai que
lui-même, Tallien, avait signé celui de conduire son
ami Guéry en prison. « L'imposture soutenue par le

1. Barras, *Mémoires*, t. I, p. 146.

crime..., lui disait-il, ces mots terribles et injustes, Robespierre, retentissent encore dans mon âme ulcérée. Je viens, avec la franchise d'un homme de bien, te donner quelques éclaircissements... » Comme si un *homme de bien* donne des éclaircissements, autrement que l'épée à la main, à un homme qui l'a traité de menteur et de criminel! Mais l'épée, la noble et loyale épée, Tallien ne connaissait pas cela...

Non content de s'être ainsi aplati une fois de plus devant Robespierre, il éprouve le besoin d'en faire autant devant Couthon. Ah! si Tallien était à genoux devant l'argent et devant une maîtresse, il faut convenir qu'il ne l'était pas moins devant les hommes dont il avait quelque chose à craindre — ou à espérer — quitte à leur en vouloir ensuite mortellement de sa propre bassesse. Hélas! est-ce que ce caractère n'a pas fait école?

C'est dans ces coups de cravache, infligés par Robespierre à ces « hommes gorgés de sang et de rapines », c'est à sa volonté nettement exprimée de les atteindre, qu'il faut chercher les causes premières et décisives du coup d'État du 9 thermidor. C'est à cette séance du 24 prairial que remonte la conspiration des crimes et de la peur contre celui qui voulait les châtier. « Ce serait outrager la patrie, avait dit Robespierre, que de souffrir que quelques intrigants, plus méprisables que les autres parce qu'ils sont plus hypocrites, s'efforçassent d'entraîner une partie de cette Montagne et de s'y faire les chefs d'un parti. » A ce moment, Bourdon (de l'Oise) l'interrompit : « On vient de dire assez clairement que j'étais un scélérat. » Ce qui lui valut cette sanglante réplique : « Je n'ai pas nommé Bourdon; malheur à qui se nomme lui-même!... Les intrigants ne sont pas de la Montagne! » — « Nommez-les ! » — « Je les nommerai quand il le faudra », conclut Robespierre.

Et il laissa cette épée de Damoclès suspendue sur la tête de ceux qui n'avaient pas les mains nettes. De là, le rapprochement instinctif, le syndicat de toutes ces consciences véreuses et leur alliance contre cet empêcheur de danser en rond, ce Caton intempestif qui avait la singulière prétention de vouloir qu'il n'y eût, comme représentants du peuple, que des hommes honnêtes. Si, au lieu de laisser peser son accusation sur un nombre indéterminé de députés, Robespierre avait dit franchement : « Toi, Tallien, je t'accuse d'avoir trafiqué des vies humaines à Bordeaux ; toi, Barras, je t'accuse, et toi aussi, Fréron, d'avoir pillé à votre profit les églises de Marseille et de Toulon et d'avoir empoché 800,000 francs au détriment des caisses de l'État ; toi, Rovère, je t'accuse d'avoir été le complice des vols et des crimes de Jourdan Coupe-Têtes, à Avignon ; toi, Courtois, je t'accuse d'avoir volé dans ta mission en Belgique ; toi, André Dumont, je t'accuse d'avoir fait toutes sortes de brigandages à Amiens ; toi, Fouché, je t'accuse d'avoir fait les mêmes choses à Lyon... » ; si Robespierre s'était exprimé avec cette franchise, tous ces coquins — tous ces « révolutionnaires dans le sens du crime », comme les appelait un autre révolutionnaire qui ne l'était guère autrement, Saint-Just, mais qui, au moins, était intègre — auraient été sur l'heure décrétés d'accusation et le tribunal révolutionnaire en eût fait prompte justice ; l'ère sanglante de la Révolution était peut-être terminée et il n'y eût pas eu de 9 thermidor. Mais la menace de Robespierre amena la concentration des représentants qui avaient les plus gros excès à se reprocher ; d'autres, qui sans être aussi criminels n'avaient pas la conscience très nette, se crurent visés également par les paroles de Robespierre et se rapprochèrent du noyau des grands coupables. Ceux-ci surent exploiter la situation comme ils avaient su exploiter leurs missions. Ils dressèrent des listes et les firent circuler en disant tout bas qu'elles contenaient les noms des représentants que Robespierre voulait envoyer rendre compte de leurs actes au tribunal révolutionnaire. De là une Terreur au milieu de ceux qui faisaient la Terreur. De là cette coalition du crime et de la peur. De là la journée du 9 thermidor qui ne fut pas seulement, on le voit, « la punition de l'ambition dictatoriale », comme veut le faire croire Barère, ce faux frère doublé d'un faux bonhomme, mais une simple querelle, une « brouillerie de famille », selon l'expression de Mallet du Pan.

Cependant Robespierre faisait surveiller Tallien par les agents du Comité de salut public. On a des rapports de police sur ses faits et gestes. Depuis l'arrestation de Thérésia, il était suivi pas à pas et ses moindres actions épiées et rapportées[1]. Il s'était aperçu de cette surveillance et en avait parlé, mais fort maladroitement, à la Convention, et, depuis, il ne sortait plus qu'armé et ne marchait qu'avec la plus grande circonspection. Habitait-il déjà la rue de la Perle, au Marais? Y vint-il pour être plus près de la prison de la Force où, bien qu'il ait peut-être essayé de l'oublier, était enfermée sa belle maîtresse? C'est difficile à savoir ; mais ce dont on se doute bien, c'est qu'il n'y vécut pas l'esprit tranquille pendant le court intervalle qui s'écoula jusqu'au 9 thermidor.

1. Voir ces rapports de police à l'*Appendice*.

Pendant ce temps-là, que faisait Thérésia? Ce qu'avaient fait les autres femmes qui, avant elle, avaient été incarcérées. On se désolait d'abord, on était désespéré, puis on s'habituait... Elle fit comme les autres.

On a dit et on a beaucoup répété qu'elle avait été enfermée aux Carmes, que c'est dans cette prison qu'elle fit la connaissance de Mme de Beauharnais, qui eut une si prodigieuse fortune, et de Mme d'Aiguillon, qui devait plus tard épouser le comte Louis de Girardin et devenir dame d'honneur de la reine de Naples. Mais c'est une erreur. Le rapport du général Boulanger est formel [1] et ce point a déjà été établi par M. Alexandre Sorel dans son ouvrage sur le *Couvent des Carmes*. Il y a là une page qu'il faut citer entièrement : « Il existe, dit-il, à la *prison* des Carmes, une pièce éclairée sur jardin par une fenêtre, située au-dessus d'une petite salle qui fait suite à la sacristie ; on y arrive par un escalier qui ne compte guère qu'une quinzaine de marches. C'est à cet endroit que les prêtres détenus dans l'église venaient décliner leurs noms, etc., avant d'être envoyés à la mort. Il y a quelques années, les murs de cette chambre en question, connue sous le nom de *Chambre aux épées*, conservait les traces de nombreuses inscriptions que l'abbé Guérin a copiées et qu'il a décrites dans une lettre publiée par le journal *La Vérité*, etc. Toutes ces inscriptions ont disparu à la suite d'un badigeonnage dont la chambre a été l'objet depuis qu'elle est habitée. La première qu'on remarque dans la chambre est située sur le mur du fond, en face de la fenêtre. Elle est écrite au crayon : « Oh! liberté, quand cesseras-tu d'être un vain mot? Voilà dix-sept

---

1. Voir ce rapport à l'*Appendice*.

jours que nous sommes enfermés : on nous dit que nous sortirons demain, mais n'est-ce pas là un vain espoir ?

« Citoyenne Tallien, Joséphine Vve Beauharnais, d'Aiguillon. »

« Ces trois noms mis au bas de l'inscription étaient certainement de nature à commander le respect et, pour éviter toute dégradation, Mme de Soyecourt fit recouvrir cette partie de la muraille d'un petit châssis vitré.

« Mais il faut se demander si c'est bien authentique, d'abord le mot *enfermés* au masculin ? puis les signatures [1] ? »

Il n'y a pas à s'arrêter à une faute d'orthographe : les lettres de Mme Tallien, comme celles de Joséphine, en fourmillent. Celles de Voltaire en étaient pleines. Tout le monde alors en faisait, plus ou moins. Mais on peut remarquer que Thérésia n'a jamais signé *Citoyenne Tallien* : à ce moment, elle n'était pas encore mariée avec le représentant Tallien et signait Cabarrus-Fontenay. Et puis, jamais Thérésia ne mit les pieds, comme prisonnière, à la maison des Carmes. Cette inscription ne peut donc en aucune façon être considérée comme l'œuvre d'une seule des trois femmes dont elle porte la signature.

Enfermée à la Petite-Force et au secret, combien elle dut souffrir, la pauvre jeune femme, habituée comme elle l'était à tous les raffinements du luxe et jetée tout à coup dans un lieu qui n'offrait pas plus de confortable qu'un cul de basse-fosse ! Enfin, nos pères, moins difficiles que nous, estimaient que, comme

---

1. Alexandre Sorel, *Le couvent des Carmes pendant la Terreur*, pp. 317-325 (Paris, Didier, 1863).

antichambre de la mort, c'était suffisant. Taine fait, de cette prison primitivement destinée aux assassins et aux voleurs, une description qui est à donner la nausée : « Au pied de l'escalier, et sous les lucarnes qui servent de fenêtres, sont deux loges à cochons ; des latrines communes au bout de la salle et le baquet de nuit achèvent d'empoisonner l'air... Les lits sont des sacs de paille fourmillant de vermine... On impose aux prisonniers la nourriture et la gamelle des forçats. » Tout cela était répugnant au dernier point, mais on n'a pas oublié que Thérésia avait du courage et qu'elle savait surmonter ses répugnances. D'ailleurs, à vingt ans, quelle misère n'accepte-t-on pas joyeusement? Elle souffrit, sans doute, mais en bonne compagnie. Les débris de l'ancien régime, hommes et femmes, enfermés avec elle, n'étaient, pas plus qu'elle, habitués à ce nouveau régime et en souffraient tout autant ; il y avait entre autres le maréchal de Ségur, le glorieux blessé de Rocoux et de Lawfelt, l'ancien ministre de la guerre de Louis XVI, qui, amputé d'un bras par le canon autrichien, s'attendait chaque jour à subir une amputation plus grave...

Il fallait avoir l'âme solidement trempée ou singulièrement frivole pour ne pas se laisser aller au découragement dans un pareil endroit, avec la guillotine toujours en perspective. Quelques prisonniers étaient pris d'une invincible torpeur au milieu de cette oisiveté forcée et cherchaient à oublier leurs angoisses dans le sommeil ; d'autres réagissaient contre le malheur et contre la privation, plus sensible encore, de ces mille riens qui sont tout dans certaines existences et cherchaient à communiquer à leurs compagnons et compagnes d'infortune la fermeté qu'ils n'avaient peut-être pas tant qu'ils voulaient bien le dire. C'est là que le caractère et la nature de chacun se montraient sans fard et ce n'était pas toujours à l'honneur de notre pauvre nature humaine, malgré bien des exemples de stoïque et virile résignation, malgré d'admirables dévouements. André Chénier, qui vécut ses derniers mois en prison, nous a laissé de la vie qu'on y menait un tableau empreint d'un méprisant et amer dédain :

> On vit, on vit infâme. Eh bien ! il fallut l'être.
> L'infâme, après tout, mange et dort.
> Ici même, en ces parcs où la mort nous fait paître,
> Où la hache nous tire au sort,
> Beaux poulets sont écrits, maris, amants sont dupes ;
> Caquetages intrigues de sots ;
> On y chante, on y joue, on y lève des jupes ;
> On y fait chansons et bons mots.

On s'accoutume à tout. Le docile troupeau des prisonniers s'était, dans chaque prison, habitué à cette vie de misères et d'angoisses. Il le fallait bien, d'ailleurs : le moyen de faire autrement ? Thérésia fit donc comme les autres et prit son mal en patience. Peu à peu on adoucit la rigueur première avec laquelle elle était traitée ; on lui donna de la paille fraîche et l'on se relâcha de la surveillance du secret.

On sait peu de choses sur sa détention à la Force et la légende a vite poussé ses branches fleuries, après le 9 Thermidor, sur le terrain nu, mais non stérile, de la vérité. Aussi ne faut-il pas s'attarder à redire et discuter toutes les fantaisies que l'imagination et la flatterie ont imprimées sur cet épisode de la vie de Mme Tallien.

Mais il faut revenir à Tallien et voir ce qu'il faisait pendant que sa maîtresse gisait à la Force, sur une paillasse bourrée de vermine. Il menait naturellement

une campagne contre Robespierre ; il réunissait en fais-
ceau tous les amours-propres froissés, toutes les peurs,
toutes les ambitions de second ordre et les groupait,
aidé en cela par tous ceux qui avaient à redouter la
lumière sur leurs actes, contre celui qui voulait qu'on
la fit.

Robespierre savait bien que ses ennemis organi-
saient de sourdes menées contre lui. S'il avait eu une
plus grande connaissance des passions humaines, s'il
avait eu le flair plus subtil, il aurait senti que, après
avoir manqué le moment d'agir, le 24 prairial, il
était de la dernière imprudence à lui de laisser à ses
ennemis tout loisir pour s'organiser et se défendre.
Il comptait trop sur sa popularité pour avoir des inquiétudes. Il méprisait trop aussi ses ennemis : il eût
mieux fait de s'en méfier. Mais, comme le dit Bossuet,
« la sagesse humaine est toujours courte par quelque
endroit. » Robespierre allait bientôt en faire la cruelle
expérience. Il reconnut pourtant que la situation, extraordinairement tendue, ne pouvait se prolonger
davantage. A la séance des jacobins du 6 thermidor,
il s'éleva contre ceux qui divisaient les citoyens par
leurs odieuses menées. Couthon, le remplaçant à la
tribune, précisa davantage : il déclara que les meneurs
siégeaient à la Convention, qu'il y avait là « cinq ou
six représentants... dont les mains sont pleines des
richesses de la République et dégouttantes du sang
des innocents qu'ils ont immolés. »

C'était là une nouvelle menace : elle précipita les
événements. Barras, Fréron, qu'une révocation avec
improbation était allée chercher en Provence et que
le Comité de salut public refusa de recevoir à leur
retour ; Tallien, qui se trouvait dans un cas analogue,
Rovère, etc., etc., ne voulurent pas se laisser devancer :

comme à la guerre, le succès devait appartenir à celui qui attaquerait. L'audace et la rapidité des coups pouvaient seules sauver les conjurés. Ils mirent de leur côté la droite de l'Assemblée en lui promettant tolérance et modération, et se rivèrent l'extrême gauche en lui montrant que Robespierre n'était qu'un modéré, qu'avec son invention de l'Être suprême il faisait marcher la Révolution à reculons et qu'il ne visait, en définitive, qu'à la dictature. Flatteries, menaces, tout fut mis en œuvre, et le 8 thermidor, Fouché pouvait dire : « La division est complète, demain il faut frapper[1]. »

Avant de raconter la fameuse journée du 9 thermidor, il faut revenir à Thérésia.

Il paraîtrait qu'elle avait réussi à correspondre avec Tallien, tout au moins à lui faire parvenir quelque billet. C'est possible : on s'était peu à peu relâché de la surveillance étroite dont elle avait été l'objet tout d'abord, et beaucoup d'autres détenus avaient trouvé le moyen de faire passer de leurs nouvelles à leurs parents et à leurs amis[2].

On a beaucoup dit et redit que c'est à une lettre de

1. Paroles de Tallien, séance de la Convention du 22 thermidor an III.

2. Si elle pouvait envoyer des lettres, elle n'en pouvait pas recevoir, du moins par la voie régulière. « Voici en effet ce qu'on trouve aux Archives, dans les papiers du Comité de salut public (bureau de la surveillance administrative, rapport du 5 messidor an II) :

« Le Comité révolutionnaire de la section de la Fraternité fait passer deux nouvelles lettres adressées à la citoyenne Cabarrus, femme divorcée de Devins (*sic*).

« L'une, insignifiante est datée de Bordeaux ; l'autre, même timbre, est signée Manoury. Ce dernier est allé à Rouen.

Note de Robespierre. — « Donner une idée précise de ces lettres et tâcher de découvrir Manoury. »

« Le Comité révolutionnaire fait passer au Comité dix nouvelles lettres adressées à la citoyenne Cabarrus, femme Devin,

Thérésia qu'est due, en réalité, la chute de Robespierre et du gouvernement de la guillotine. Cette lettre, écrite sous l'impérieux instinct de la conservation, aurait été le coup de fouet que, du fond de sa prison, Thérésia aurait allongé à son amant pour le faire sortir de sa torpeur.

Mais celui-ci, qui sentait tout autant que Thérésia l'aiguillon de la crainte et qui se voyait tout aussi près qu'elle de la « coupeuse de têtes », n'avait pas eu besoin de ce coup de fouet pour agir. On n'improvise pas un 9 Thermidor : un acte de vigueur comme celui-là demande une longue préparation. Tallien avait concerté tout un plan d'attaque avec ceux que l'on a depuis appelé les thermidoriens; il avait formé la colonne d'assaut, assuré ses flancs et ses derrières, composé une réserve et, quand tout fut prêt, il livra bataille.

La lettre de Thérésia n'y fut pour rien.

Cette lettre a-t-elle même été écrite?

M. de Lacretelle, dans son *Histoire de France*, exprime sous forme d'éloges la reconnaissance personnelle qu'il doit à Mme Tallien pour avoir fait des démarches en sa faveur après le 18 fructidor. Si cette lettre avait existé, il en aurait eu certainement connaissance et eût été enchanté de la citer; mais il n'en parle pas. Il a dû connaître la fable que faisaient circuler les thermidoriens, mais sans se douter que l'on voulait faire à cette galanterie de salon l'honneur de la présenter comme histoire à la postérité.

Plus tard, en 1824, la princesse de Chimay, écrivant à M. de Pougens, se plaint de ce silence : « Rendez-

divorcée. Elles ne contiennent rien de suspect, les sujets sont tous en *amoroso*.

De la main de Robespierre. — « Il faut réunir toutes les pièces relatives à la Cabarrus. »

(Ch. Nauroy, Le Curieux.)

moi le service, lui dit-elle, d'exprimer à M. de Lacretelle ma reconnaissance pour la manière dont il a
bien voulu parler de moi dans le onzième volume (de
son *Histoire de France*). J'aurais sans doute voulu qu'il
mentionnât ma lettre du 7 thermidor à M. Tallien... »

Cette réclamation est pour nous une présomption
de plus qui nous fait incliner à croire que Thérésia
pense encore à substituer, en ce qui la concerne, la
légende à l'Histoire.

Et, bien qu'il nous en coûte de le dire, cette lettre
existerait, que rien ne prouverait qu'elle n'a pas été
faite après coup, pour étayer la légende, lorsque Tallien se rendit compte de l'immensité des résultats de
sa victoire — car dans de telles convulsions, les questions sont infiniment plus grandes que ne le croient
les acteurs — et que, par amabilité, il en fit remonter
le mérite à Thérésia. Les autres thermidoriens étaient
trop galants pour ne pas faire chorus avec Tallien et,
tout en sachant parfaitement comme quoi tout cela
n'était pas, ils en répandirent la fable. D'ailleurs, tout
parti veut une héroïne : on en avait une là, sous la
main, tout fraîchement sortie de prison... Il était
impossible d'en trouver une plus belle : aussi la saluat-
t-on unanimement, à un souper, du titre de Notre-
Dame de Thermidor.

Au reste, voici cette lettre, considérée bien à tort,
selon nous, comme monument historique sérieux et
probant.

De la Force, le 7 thermidor.

Madame de Fontenay à M. Tallien.

« L'administrateur de la police sort d'ici ; il est venu
m'annoncer que demain je monterai au tribunal,
c'est-à-dire sur l'échafaud. Cela ressemble bien peu au

rêve que j'ai fait cette nuit. Robespierre n'existait plus et les prisons étaient ouvertes. Mais grâce à votre insigne lâcheté, il ne se trouvera bientôt plus personne en France capable de le réaliser. »

Comme les correspondances avec le dehors n'é-taient pas faciles, on a imaginé de dire, et Mme Tal-lien a raconté souvent elle-même que cette lettre par-vint à son adresse par des moyens extraordinaires. Tantôt on voulait que Tallien eût loué un grenier, dans une maison dominant la cour de la prison où elle faisait sa promenade du soir, et que, du haut de son grenier, il lui lançât, dès qu'il l'apercevait seule, un caillou enveloppé dans un papier sur lequel il avait écrit tout ce qu'il voulait lui dire. Tantôt on disait sérieusement que c'était au moyen d'un trognon de chou évidé, dans l'intérieur duquel elle plaçait un billet, et qu'elle lançait par-dessus le mur, que Thé-résia avait trouvé le moyen de correspondre avec son amant et de lui envoyer cette lettre décisive.

Voilà des folies. Pour nous résumer, que Thérésia ait écrit ce fameux billet le 7 thermidor, ou seulement plus tard, après sa sortie de prison, pour donner un corps à la légende dont elle voulait pavoiser son nom, et pour hausser encore le piédestal sur lequel elle voulait prendre une « attitude » devant la postérité, il est certain que, avec ou sans lettre d'elle, Tallien aurait attaqué quand même Robespierre.

Thérésia ne fut donc pour rien dans la journée qui amena la chute de Robespierre ; et, pour aller à la postérité, les légèretés de sa vie, ses bontés aussi, la servent mieux que ses services au 9 thermidor.

Le soleil se leva, le dimanche 9 thermidor (27 juillet 1794), dans une de ces brumes lourdes et torrides qui sont fréquentes à Paris vers la fin de l'été. A l'Assemblée régnait l'anxiété. Le groupe des « pourris » était décidé à brusquer la fortune et à renverser, coûte que coûte, un pouvoir qui avait déclaré son intention de les châtier ; les groupes de droite et d'extrême gauche étaient décidés à les appuyer, le groupe des trembleurs à les suivre. Une bonne carte dans le jeu des conjurés : soixante-huit députés, tous dévoués à Robespierre, étaient en mission dans les départements.

On ne peut, pour savoir exactement les péripéties de cette fameuse séance, s'en rapporter au *Moniteur.* Le compte rendu en a été fait par les vainqueurs et l'on sait que le scrupule de dire vrai était le moindre de leurs soucis. Et pourtant il n'en existe pas d'autre relation, du moins d'à peu près digne de foi. Celle de Barère est assez sujette à caution ; on ne peut évidemment parler de celle de Barras. Il y a bien celle de Levasseur (de la Sarthe), mais ce représentant, absent de Paris à ce moment, ne parle que par ouï dire. Cependant son récit peut être considéré comme se rapprochant le plus de la vérité.

Il faut donc, pour avoir une idée juste de cette séance, débrouiller les traits vrais de chacune de ces relations. Nous allons essayer de le faire. On verra que le rôle de Tallien y fut prépondérant, en ce sens que c'est lui qui attacha le grelot : comme la chose était prévue, la masse des hésitants, qui est toujours de l'avis du plus fort, le suivit ; elle aurait suivi tout aussi bien Robespierre si les chances s'étaient montrées d'abord en sa faveur.

La séance commença comme à l'ordinaire par la lecture du procès-verbal de la séance précédente. Le procès-verbal adopté, Saint-Just monta à la tribune. Il se mit à lire, scandant ses phrases du poing, selon le geste qui lui était habituel, un écrit dans lequel il attaquait les membres du Comité de salut public.

Tallien l'interrompit. Il dit que, comme lui, il n'était d'aucune faction, qu'il n'avait en vue que le bien de la patrie et l'intérêt de la liberté; la preuve, c'est qu'il demandait que le voile fût entièrement déchiré.

Ces mots furent accueillis par une triple salve d'applaudissements : chacun des conjurés savait ce que cela voulait dire. Là se borna — c'est Barère qui l'affirme dans ses *Mémoires* et son affirmation paraît, sur ce point, à peu de chose près exacte — là se borna le rôle de Tallien en cette journée. « C'est ce discours, dit-il, que Tallien interrompit un instant, unique service qu'il rendit dans cette journée dont il a voulu ensuite s'attribuer les honneurs... Voilà, je le répète, la seule part que Tallien ait eue aux événements du 9 thermidor. Ce fait simple était trop connu alors pour qu'on lui attribuât la grande influence que les agents de Coblentz arrivés à Paris, et ses amis de contre-révolution ont cherché à lui prêter depuis, avec l'intention de le rendre puissant dans l'opinion et les passions du parti réacteur qui domina jusqu'au 13 vendémiaire [1]. »

Billaud-Varennes s'élança à la tribune quand Tallien en descendit et fit un long discours. Robespierre voulut l'y remplacer; mais le branle était donné, les conjurés ne le laissèrent pas parler; les cris de : *A bas le tyran !* l'empêchèrent de se faire entendre.

---

1. BARÈRE, *Mémoires*, t. III, p. 221. — Ce fut là, en effet, le rôle de Tallien, mais il ne faut pas oublier qu'il avait tout préparé par une campagne active, où il avait déployé des qualités de chef de parti et montré du coup d'œil et de la prévoyance.

Voyant que les affaires prenaient une fâcheuse tournure pour Robespierre, Tallien prend de nouveau la parole. Cette fois, il y va plus hardiment — il sent qu'il est soutenu — et il déclare avec de grands gestes qu'il s'est armé d'un poignard pour percer le sein du nouveau Cromwell, dans le cas où l'Assemblée n'aurait pas le courage de le décréter d'accusation.

C'est sur ces paroles, violemment applaudies, que la Convention vote l'arrestation d'Hanriot et de son état-major et qu'elle se déclare en permanence « jusqu'à ce que le glaive de la loi ait assuré la Révolution ».

Billaud-Varennes réclame l'arrestation du général Boulanger : on l'accorde.

Robespierre veut parler : un tonnerre d'imprécations couvre sa voix. La partie semble gagnée, les Tallien, les Fouché, les Rovère, les Barras, etc., ne veulent pas la compromettre.

Barère, qui ne veut pas, lui, se compromettre, et qui sent chanceler la fortune de Robespierre, juge prudent de prononcer un discours ni chair ni poisson, qui lui permette à un moment donné de se retourner contre celui que, deux jours auparavant, il portait aux nues ; mais il ne l'accable pas encore. Le vieux Vadier s'en charge. Tallien, voyant le loup à terre, lui porte encore un coup : il lui reproche l'arrestation des membres du Comité révolutionnaire de la section de l'*Indivisibilité*, des calomnies contre les sauveurs de la patrie, des actes d'oppression sur les simples particuliers. Ceci visait évidemment l'arrestation de Thérésia Cabarrus.

Il allait poursuivre lorsque Robespierre l'interrompit : « C'est faux, dit-il, je... »

Les passions surexcitées, surchauffées dans cette atmosphère de haines délirantes, éclatent de nouveau en mille cris et l'empêchent de se faire entendre : les cris redoublent, ils se prolongent et ne finissent pas... Et la sonnette du président, dans ce débordement de toutes les fureurs humaines, tintait et tintait sans relâche, furieuse elle-même, désespérée, impuissante...

Saisissant un moment d'accalmie, saisissant aussi toutes ses forces, Robespierre s'écrie d'une voix vibrante qui perce le tonnerre des imprécations et des hurlements, comme un appel de clairon perce les mille fracas de la bataille : « Pour la dernière fois, président d'assassins, je te demande la parole!... Accorde-la moi ou décrète que tu veux m'assassiner[1]! »

Le malheureux a deviné où l'on en veut venir avec lui ; il débrouille en ce moment, d'un coup d'œil, tous les fils de la conjuration et se juge perdu. Il ne s'imagine pas cependant qu'on ira jusqu'à vouloir l'assassiner d'un coup de pistolet, mais il voit, comme dans cet instant de lucidité suprême qui illumine les derniers râles d'un mourant, que la machine du tribunal révolutionnaire va se retourner contre lui ; il voit que, après Danton, après tant d'autres, son heure est venue, qu'il portera lui aussi sa tête sur l'échafaud...

Il lutte pourtant, il veut se faire entendre et ne cesse de réclamer la parole au milieu de cet ouragan de toutes les rages et de toutes les haines de l'enfer. « Tu ne l'auras qu'à ton tour ! » lui répond Thuriot, qui vient de remplacer Collot d'Herbois au fauteuil et qui prélude ainsi, par un déni de justice, à la carrière qu'il fera dans la magistrature impériale.

Il lutte encore et répond à cette parole qu'on lui

---

1. LEVASSEUR (de la Sarthe), *Mémoires*, t. III, p. 146.

lance comme une flèche empoisonnée : « C'est le sang de Danton qui t'étouffe ! » par cette autre, qui démasque les sentiments vrais de ses bourreaux : « Lâches ! pourquoi ne l'avez-vous pas défendu [1] ? »

Oh ! non, ce n'est pas pour venger Danton, dont ils ont voté le renvoi devant le tribunal révolutionnaire, ce n'est pas pour renverser l'échafaud et ce régime de sang et de terreur que Tallien, Barras, Rovère, Fréron, Fouché, etc., renversent Robespierre ; ce n'est pas parce qu'il fut sans pitié qu'ils sont sans pitié pour lui. C'est simplement pour s'assurer l'impunité de leurs crimes, pour conserver le produit de leurs vols et de leurs rapines, c'est pour prendre le pouvoir à sa place. « Ote-toi de là que je m'y mette » a dit Barère, voilà en définitive toute la politique qui a inspiré les Thermidoriens ; cela leur tenait bien plus à cœur que de défendre la République [2]. »

Dans le cercle des haines grouillantes qui l'étreignent, Robespierre ressemble à un de ces scorpions que des gamins cruels, en Espagne, entourent d'un cercle de charbons ardents : de quelque côté qu'il cherche à fuir, le malheureux insecte se heurte à une barrière de feu et, impuissant à sortir de cet enfer, finit par darder sur lui-même son aiguillon meurtrier. Robespierre lutte cependant jusqu'au bout.

Enfin, l'épuisement de tous amène le silence : il se fait solennel, absolu... La sonnette du président a cessé de sonner... Le moment est poignant.

— Je demande le décret d'arrestation contre Robespierre ! dit Louchet [3].

1. LEVASSEUR (de la Sarthe), *Mémoires*, t. III, p. 147.
2. BARÈRE, *Mémoires*, t. II, p. 239.
3. Député de l'Aveyron, terroriste effréné, plus tard fonctionnaire de l'Empire. Il fit une grosse fortune comme trésorier général de la Somme.

— Je demande un décret d'accusation contre Robespierre, ajoute Lozeau.

On les vote.

C'est alors que Robespierre jeune, dans un mouvement d'amour fraternel que l'on n'a pas assez admiré[1], demande à partager le sort de Maximilien.

On l'accorde.

Fréron, que cette simplicité dans le dévouement a fait un instant trembler pour le résultat de la journée, — comme si la générosité était aussi contagieuse que les mauvaises passions! — dit, en s'essuyant le front que l'effroi a fait perler non moins que la chaleur : « Ah! qu'un tyran est dur à abattre! »

Et ce Fréron, qui a mitraillé Toulon et noyé Marseille dans le sang, crie : Vive la Liberté! vive la République!

Maximilien et Augustin Robespierre, Saint-Just, Couthon, Le Bas, décrétés d'accusation, sont traduits à la barre et emmenés par une brigade de gendarmes.

La séance était terminée, mais la journée ne l'était pas. La Commune, au fait des événements, était réunie. Elle rendit arrêté sur arrêté, défendant aux directeurs de prisons d'écrouer un seul nouvel individu sans un ordre formel du maire Fleuriot-Lescot,... ordonnant qu'une députation du conseil général irait, avec la force armée, délivrer Robespierre et ses collègues décrétés d'accusation,... appelant le peuple aux armes...

Les nouveaux maîtres de la France, non moins actifs que la Commune, avaient repris séance à sept heures. Ils rendaient à la Commune coup pour coup

1. Quelle différence avec la conduite des deux frères du malheureux Louis XVI, qui filèrent à l'étranger dès que la place devint dangereuse pour le roi à Paris !

et ripostaient à ses arrêtés par des décrets les annulant. La victoire leur demeura.

Conduit de prison en prison — car toutes les portes, conformément à l'ordre de la Commune, se fermaient devant lui, — Robespierre fut amené à l'administration de la police sur le quai des Orfèvres et conduit enfin à l'Hôtel de Ville par une députation de la Commune.

Il était huit heures et demie du soir. Peut-être aurait-il pu, grâce à sa popularité, rétablir ses affaires. Mais il n'était pas homme d'action. Il hésita, perdit du temps et, consentant enfin à signer un appel à la section des Piques que venait de rédiger le représentant Lerebours, il avait écrit les deux premières lettres de son nom, Ro...., lorsqu'il s'interrompit brusquement : un coup de pistolet, tiré par un assassin soldé [1], lui fit tomber la plume des mains. La balle l'avait atteint à la joue, lui déchirant les chairs, brisant l'os maxillaire inférieur et éclaboussant de taches de sang le papier sur lequel il écrivait [2].

Robespierre abattu, la lutte était finie. La victoire définitive restait à ceux que l'on a appelés les Thermidoriens. C'était un triomphe d'intérêts personnels sur d'autres intérêts personnels : c'est pour cela que l'acharnement avait été si sauvage. Mais de doctrines, d'idées, point.

---

1. C'est Léonard Bourdon, à en croire E. Hamel, le très érudit historien de Robespierre et de Saint-Just, qui recruta cet assassin de vingt ans, nommé Merda. Ce vilain drôle devint colonel, baron de l'Empire et eut l'honneur, qu'il ne méritait pas, d'être tué à la tête du 1er régiment de chasseurs à cheval le jour de la bataille de la Moskowa. (Voir à ce sujet *Le général Curély*, par le général Thoumas, p. 22.)

2. Un fac-simile de ce papier, photographié à demi-grandeur de l'original, document saisissant s'il en fut, est annexé aux *Mémoires* de Barras, t. I, p. 191.

C'était le cas, pour les vainqueurs, de montrer leurs sentiments de modération et d'humanité, — s'ils en avaient eu. Comme si elles avaient attendu un contre-ordre, les charrettes chargées de porter à la place du Trône-Renversé la pâture journalière de la guillotine s'attardaient dans la cour du palais de justice; elles attendaient... et elles parurent ne s'ébranler qu'à regret pour leur lugubre destination. Il était cinq heures. La Convention aurait eu le temps d'envoyer, par un exprès, l'ordre de surseoir aux exécutions : elle ne le fit pas. Ceci n'est-il pas une preuve que les Thermidoriens ne songeaient nullement à abolir le régime du sang? Ils n'eurent pas non plus la moindre idée de clémence, le lendemain, et la guillotine régla définitivement leurs démêlés avec Robespierre, son parti et la Commune de Paris; soixante-dix victimes portèrent ce jour-là leurs têtes sur l'échafaud, et c'est dans le sang, sur un lit de cadavres, que s'inaugura le règne des Thermidoriens.

Ce ne fut que quelques jours après, et sous la pression de l'opinion publique, que les exécutions furent suspendues, les prisons ouvertes peu à peu et la Terreur mitigée. Mais les Thermidoriens, qui bénéficièrent ainsi d'une réputation de clémence, et dont l'histoire a fait des soldats de l'humanité, méritaient tout autant que ceux qu'ils venaient de jeter à bas qu'on leur appliquât les dernières et vengeresses imprécations de Chénier que le tribunal révolutionnaire, ce

> ...tribunal impie
> Qui mange, boit, rote du sang

venait d'envoyer à la mort; de Chénier qui écrivait, au

moment où l'on vint le prendre pour le faire monter
sur la fatale charrette :

> Mourir sans vider mon carquois !
> Sans percer, sans fouler, sans pétrir dans leur fange
> Ces bourreaux barbouilleurs de lois !

Quant à Robespierre, sans chercher à faire de lui
une innocente victime, comme quelques amis pos-
thumes l'ont essayé, on peut en penser ce que disait
plus tard son ami le docteur Souberbielle : « Un
homme de sang, lui, le plus probe des citoyens ; un
homme de sang, jamais! Écoutez ceci : Henriot, son
ami, lui dit : « Pour en finir d'un seul coup, il faut
« faire tomber cent mille têtes. » Que fit Robespierre?
Il fit guillotiner son ami Henriot. Et vous me direz
après cela que c'était un homme de sang [1]! »

1. Docteur CABANÈS, *Cabinet secret de l'Histoire*, 1ᵉ série,
p. 129. — Extrait d'une lettre du docteur Garat, de Bordeaux,
qui avait connu Souberbielle. — Il n'y a qu'un petit malheur à
cette jolie boutade de Souberbielle, c'est que Hanriot (et non Henriot) fut décrété d'accusation le 9 thermidor en même temps que
Robespierre et que les Thermidoriens les envoyèrent tous les
deux à la mort en même temps, le 10 thermidor.

CHAPITRE V

Triomphe des Thermidoriens. — Thérésia sort de prison. — Popularité colossale de Tallien. — Fermeture du Club des jacobins. — Tableau de Paris après le 9 thermidor. — Mariage de Thérésia et de Tallien. — La Chaumière. — Luxe et extravagances de toilette de Mme Tallien. — Ses déceptions d'ambition. — Agissements louches de Tallien. — Tiraillements dans le ménage. — Mme Tallien inspiratrice de son mari. — Reine de la mode. — Le salon de la Chaumière. — Politicien et agioteur. — Luxe et misère. — Tallien à Quiberon. — Ses intrigues royalistes. — Anniversaire du 9 thermidor. — Toasts. — Exécutions de Quiberon. — Le général Bonaparte chez Mme Tallien.

Après leur triomphe, les Thermidoriens eurent un moment d'étonnement. Tallien n'était pas parmi les moins étonnés. Il se voyait devenu l'homme du jour pour avoir osé attaquer Robespierre en face et avoir entraîné la masse des indécis. Il entrevoyait vaguement qu'il y avait pour lui une grande situation à prendre dans la Convention après cet acte qui le mettait tellement en évidence, et c'est à lui que les flatteurs, qui lui voyaient déjà une grande autorité, rapportaient tout l'honneur de la journée. Croyant aisément ce qui le flattait, Tallien n'avait garde de les contredire. En politicien avisé, il chercha à tirer le plus grand parti possible de son succès. L'intérêt personnel l'avait seul poussé à attaquer Robespierre, l'intérêt personnel seul continua à dicter sa conduite : il n'y faut chercher ni un plan, ni une idée politique, ni l'amour du bien public et du pays; on ne trouverait rien de tout cela, — mais seulement le désir de jouir, dans son débraillement moral, des richesses et de la maîtresse qu'il avait scandaleusement acquises à Bordeaux; il faut y voir aussi, et avant tout, le désir de supprimer ou de faire taire les témoins de ses crimes. Il cherche à faire monter les uns à l'échafaud [1]; il fait envoyer les autres en prison [2] dans l'espérance qu'ils n'en sortiront pas.

Il semble s'être pénétré de cette détestable maxime de Machiavel : « Il ne faut pas que celui qui gouverne soit honnête homme, mais il faut qu'il ait grand soin de le paraître. » Car maintenant son coup d'État lui a ouvert des horizons nouveaux : l'ambition le mord au cœur, il se croit appelé à jouer un grand rôle, à prendre une grande place, et il ne faut pas, pour cela, avoir un passé trop gênant qu'on pourrait à l'occasion lui jeter à la face.

Aussi, les premières mesures prises pour assurer la durée de leur triomphe, leurs vengeances personnelles assouvies, les Thermidoriens respirent; ils peuvent se mettre à leurs petites affaires, les seules d'ailleurs qui préoccupent ces petits hommes. Ah! comme Mallet du Pan les a bien dépeints en disant : « Ce sont

---

1. Dans le premier numéro du journal qu'il fonde après le 9 thermidor, l'*Ami des citoyens*, Tallien dénonce un agent des Comités de Salut public et de Sûreté générale, qui connaît ses méfaits, comme complice de Robespierre. Il espère se débarrasser ainsi d'un témoin gênant.

On voit que l'*Ami des citoyens* était cousin germain de l'*Ami du peuple*.

2. Comme Marc-Antoine Jullien, par exemple. — Voir, à l'*Appendice*, une lettre de lui fort curieuse à ce sujet.

des valets qui ont pris le sceptre des mains de leurs maîtres après les avoir assassinés. » Ils ne voulaient, en effet, ces comparses, que continuer, mais à leur propre profit, le régime de la Terreur, sans avoir l'audace entreprenante, le patriotisme, les talents, les aspirations de ceux qui avaient joué les premiers rôles, sans avoir pour excuse la situation critique de la France prise entre la guerre civile et l'invasion. Et s'ils furent obligés d'enrayer, au lendemain même de leurs premières vengeances, ce fut à cause du mouvement général et irrésistible de la France entière qui fit voir qu'elle ne tolérerait plus le gouvernement de la guillotine.

Un des premiers soins de Tallien fut de faire mettre en liberté sa maîtresse. Si elle avait eu des torts à son égard, si elle avait commis quelque inconséquence dont son extrème coquetterie était seule coupable — et, coupable, comment l'aurait-elle été puisqu'elle ne lui avait pas encore juré fidélité? — sa longue détention l'en avait assez cruellement punie. De son côté, Tallien n'était pas blanc comme neige : n'avait-il pas, on s'en souvient, signé l'ordre d'incarcération de son ami Guéry? Thérésia ne s'en douta jamais. Mais tous deux avaient expié leurs torts réciproques, tout grief était oublié et, le 12, la belle Thérésia sortait de prison.

Le petit Jullien, lui, y entrait. « Haine aux satellites de Robespierre! avait dit Tallien, le 11 thermidor, à la tribune de la Convention ; on avait mis à la tête de l'instruction publique un jeune homme de dix-neuf ans, un jeune homme que son âge appelle à la défense de la patrie aux frontières. On ne s'est pas contenté de cela; on a envoyé ce jeune homme dans un département du midi ; là, il a exercé un pouvoir révoltant; il a fait couler le sang pour s'applaudir ensuite de ses actes arbitraires auprès de Robespierre et lui envoyer la liste de ses victimes. » C'était habile à Tallien de parler ainsi, mais c'était canaille : c'était une manière de rejeter sur le petit Jullien les crimes dont il s'était couvert lui-même. Toute sa conduite, depuis ce temps, consista à en charger ce malheureux qui n'avait cependant pas besoin d'endosser ceux des autres.

A quoi Thérésia employa-t-elle les premiers temps de sa liberté? A mettre tout d'abord un peu d'ordre dans ses affaires que deux mois de détention et le malheur des temps avaient passablement dérangées. Elle avait besoin d'argent : une lettre qu'elle adressa à une de ses amies de Bordeaux nous montre, dans le menu, ses préoccupations [1].

Tous ces détails de la vie matérielle réglés, elle envoya de l'argent à son domestique Joseph, resté à Bordeaux avec son fils : c'était pour payer leur pension passablement arriérée par suite de force majeure. Puis, la direction des travaux à faire et les soins de son installation à la Chaumière du Cours-la-Reine, ancienne habitation de Mlle Raucourt, lui prirent quelque temps. Après cela elle n'eut plus qu'à jouir de la popularité immense qui entourait Tallien et dont elle avait une bonne part. « L'homme auquel l'opinion publique attribue le mérite de la réaction dont on sentait le bienfait, a écrit le chancelier Pasquier, c'est Tallien..... la France oublie le proconsul cruel qui a tyrannisé Bordeaux, l'un des promoteurs des massacres de septembre, le régicide. Il y a des sentiments qui effacent ou surmontent tous les autres : tel est celui de la reconnaissance qu'on porte à cet homme.

1. Voir cette lettre à l'*Appendice*.

« Je l'ai vu, après le bruit d'un assassinat dont il avait paru menacé, après une retraite de quelques jours dont le motif n'était pas bien connu, reparaître au théâtre de l'Odéon. On savait qu'il devait y venir, on l'y attendait. Jamais salle de spectacle ne fut aussi remplie. L'intérieur n'avait pas suffi ; les escaliers mêmes étaient pleins comme le parterre. Il paraît enfin : quel accueil ! Quelles acclamations ! Les spectateurs des loges, du parterre, les hommes, les femmes, tous montent sur les bancs, on ne peut assez les regarder. Il était jeune, assez beau ; il avait l'air calme et serein. Mme Tallien était à ses côtés, elle partageait son triomphe. Pour elle aussi tout était effacé, et l'opinion ne savait pas avoir de rigueurs [1]. »

Oui, il faut le répéter après le duc Pasquier, l'homme qui a fait ouvrir les prisons à ses semblables opprimés, mérite qu'on lui pardonne beaucoup, quels qu'aient été les mobiles qui l'ont poussé à agir ; il mérite aussi de la reconnaissance, quelque fortuit qu'ait été le bien qui découla de son acte.

Les premiers mois qui suivirent le 9 thermidor ne furent pas pour Tallien un temps de désœuvrement et de seuls plaisirs. La vie politique n'était pas calme à la Convention et, tandis que la population, pour se consoler des ruines et des deuils de la Terreur, se jetait à corps perdu dans les plaisirs et les débauches, bien des colères couvaient sous la cendre. Il fallait avant tout museler les comités. Tallien, avec Cambon, fit décréter qu'ils ne seraient plus permanents, mais renouvelés par quart tous les mois. Le comité de salut public, décimé par la guillotine, fut complété ; l'homme qui avait osé attaquer en face Saint-Just et Robespierre

---

1. Chancelier P\textsc{asquier}, *Mémoires*, t. I, p. 114.

en fit partie. La puissance dictatoriale des comités se trouva ainsi détruite. C'est dans l'intérêt de leur conservation personnelle que les Thermidoriens avaient pris ces mesures énergiques : la France, elle, n'y vit que le bien qui en découla ; elle l'attribua à leur sagesse et c'est pour cela qu'elle les applaudissait en toute occasion.

Tallien et les autres Thermidoriens qui ne pouvaient se méprendre à la popularité qui les entourait que la France ne tolérerait plus un régime de sang, se rendirent aux prisons en personne, en ouvrirent largement les portes et se firent encore acclamer.

Mais le parti de Robespierre ne les acclamait pas. Une foule de mécontents, entre autres les quelques milliers de citoyens qui recevaient quarante sous par jour pour assister aux assemblées des sections et à qui les Thermidoriens avaient supprimé cette prime à la fainéantise, se réunissaient à la société des Jacobins. Ils y déclamaient avec fureur contre la nouvelle orientation de la politique conventionnelle et lançaient des menaces contre les nouveaux maîtres de la France. Le 23 fructidor même (9 septembre), Tallien faillit, à ce qu'on assura, être assassiné. La Convention s'émut de cet attentat. Merlin de Thionville dit que le peuple « voulait que le règne des assassins finît » et rejeta sur le club des Jacobins la responsabilité de cette tentative criminelle. Mais ce n'est que le 21 brumaire (11 novembre) que les comités de la Convention décidèrent la suspension des séances des Jacobins, la fermeture de leur salle et le dépôt de la clef de cette salle au secrétariat du comité de sûreté générale.

Thérésia, dans une lettre [1], s'attribue le mérite de la fermeture de ce club. Il est probable qu'elle n'y fut

1. A M. de Pougens, datée de Bruxelles, 16 novembre 1824.

pas étrangère, Après l'attentat dont Tallien (qui n'était pas encore son mari) avait failli être victime, et dont celui-ci attribua la responsabilité aux rancunes des Jacobins, Thérésia l'engagea sans doute à provoquer, à la Convention, un décret de dissolution de cette société. Mais elle s'attribue un rôle actif dans l'affaire : « Ce fut aussi moi, dit-elle, qui fus dans la rue Saint-Honoré, accompagnée de Fréron et de Merlin de Thionville, enlever les clefs de la porte du club des Jacobins, ce qui empêcha leur réunion ce jour-là et donna ainsi le temps au parti contraire de provoquer leur clôture définitive avant qu'ils ne se fûssent concertés pour l'empêcher. »

La chose a dû se passer ainsi, puisque Mme Tallien le dit. Mais il est curieux de voir que deux membres de l'Assemblée, accompagnés d'une femme, se donnaient mission d'attenter au droit de réunion, au moment où la Convention le faisait elle-même par une loi de circonstance.

Ce petit incident est une des mille preuves de l'anarchie qui régna en France après le 9 thermidor et qui se prolongea, sous le Directoire, jusqu'au 18 brumaire. Cette anarchie n'était pas seulement dans l'Administration, mais aussi dans les esprits. L'atonie des affaires avait amené une misère générale et les mémorialistes du temps ont tous fait le tableau des souffrances de la population. Donnons celui-ci, qui montre en même temps ce qu'était alors la vie à Paris : « La disette était affreuse, dit l'un d'eux, la misère au comble, et ce souverain déchu (le peuple) osait à peine se plaindre. Ce n'était plus qu'une vile populace sans énergie, rugissant encore sous la main qui la châtiait, mais n'ayant plus même la pensée d'une révolte. Tous les matins, la ville entière présentait le déplorable spectacle de milliers de femmes et d'enfants accroupis sur le pavé, aux portes des boulangers, pour y recevoir, en payant, un morceau de pain ! Plus de la moitié de Paris ne se nourrissait que de pommes de terre. Le papier-monnaie était sans valeur, l'argent sans circulation ; cette situation a duré plus d'une année. Un spectacle plus étrange frappait encore les yeux de l'observateur : les infortunés qui avaient gémi dans les prisons, étaient rendus à la liberté, et comme ils avaient échappé au supplice, ils jouissaient de leur bonheur avec transport ; les dangers auxquels ils avaient été exposés si longtemps excitaient un grand intérêt. Mais la vanité. si ingénieuse en France, en sut tirer parti ; c'était à qui prétendrait avoir le plus souffert, et comme il était de bon goût d'avoir été persécuté, une foule de gens qui s'étaient cachés ou avaient acheté leur tranquillité à force de bassesses, se vantaient d'avoir gémi dans les prisons. Des milliers d'innocents avaient péri sur l'échafaud ; mais si l'on s'en fût rapporté aux récits de la haine et de la vanité, la moitié de Paris eût emprisonné ou massacré l'autre moitié. A cette époque, le désordre de la société était porté à son comble ; les rangs avaient disparu, les richesses avaient changé de mains : comme il était encore dangereux de se vanter de sa naissance et de rappeler une ancienne existence, les nouveaux enrichis voulaient donner le ton et joignaient à tous les travers d'une mauvaise éducation tous les ridicules d'un patronage sans dignité. Une autre classe, plus recommandable, les artistes, trouva de la considération dans le besoin que beaucoup de gens éprouvaient de chercher des distractions et même des ressources dans les arts de l'imagination. Ce goût des arts généralement répandu, acheva de jeter dans les modes et jusque dans les mœurs de la capitale un dévergondage inconcevable ; les jeunes gens se coiffaient en victimes, les cheveux relevés sur le sommet de la tête, pour rappeler les infortunés qu'on conduisait au supplice ; les femmes, au contraire, imitaient dans leurs vêtements les usages de l'ancienne Grèce. On ne croirait pas, sans l'avoir vu, que des femmes charmantes, bien élevées et d'une naissance distinguée, portaient des pantalons couleur de chair, se couvraient les pieds de cothurnes, étaient à peine vêtues de robes de gaze transparentes et le sein découvert, les bras nus jusqu'aux épaules, se présentaient dans les lieux publics, et loin de révolter la pudeur, n'excitaient que l'admiration et les applaudissements. Les anciens palais, les jardins particuliers étaient transformés en asiles de plaisirs : c'était l'Élysée, c'était Paphos, Tivoli, Idalie, etc.; et partout une cohue, une étourderie turbulente, un débordement de mauvais ton et un mépris de toutes les bienséances qui excitaient la honte et le dégoût[1]. »

La citoyenne Thérésia n'était pas étrangère à cette corruption des mœurs ni à ces licences de la mode. Dans ce renouveau de la société parisienne, c'est elle qui, en sa qualité de femme en vue, de grande coquette et de beauté hors de pair, donnait le ton aux autres femmes, comme le fait la reine dans une monarchie. Elle n'allait cependant pas tarder, parmi bien des mauvais exemples, à en donner un bon : celui du mariage.

Thérésia devait à Tallien de l'avoir arrachée à l'échafaud, à Bordeaux : de cela, elle l'en avait payé, et, de part et d'autre, les conditions du marché avaient été tenues. Ils étaient quittes. Si elle lui devait aussi

----

1. Comte LAVALETTE, *Mémoires et souvenirs*, t. I, p. 156.

un peu, puisqu'il en avait signé l'ordre, l'incarcération de son ami Guéry, c'est bien à lui qu'elle devait sa mise en liberté. De son côté, Tallien, pour lui être agréable, avait la courtoisie de lui dire que, sans son amour, sans sa lettre, il n'aurait pas eu l'énergie d'attaquer Robespierre. On se devait donc réciproquement beaucoup de reconnaissance. N'y avait-il pas lieu de faire sanctionner ces sentiments et l'irrégularité de leur situation par le mariage[1] ? Bien des convenances se trouveraient réunies — du moins tous deux le crurent — dans une union où il en avait d'abord été si peu question. On ne sait si le souci de la morale, celui de la dignité de leur vie privée, entra dans les calculs de chacun. C'est peu probable : à cette époque, à leur âge, dans les classes sociales si opposées d'où ils sortaient l'un et l'autre, on ne se préoccupait pas de pareilles niaiseries. Tallien aimait Thérésia et en était aimé, ou du moins il le croyait, ce qui revient au même. Il n'ignorait sans doute aucune des légèretés de cette coquette. En véritable amoureux, il oubliait celles qui avaient précédé le moment où il l'avait connue et ne pensait pas que de nouvelles coquetteries pourraient suivre celles-là. Pour ce qui est de la façon dont elle avait, pour lui, oublié les lois de la morale et de l'honneur, elle était toute amnistiée : Tallien oubliait assez volontiers qu'il lui avait imposé lui-même cette conduite, il s'imaginait peut-être aussi qu'il avait fait sa conquête : sa vanité y trouvait doublement son compte, car Thérésia était fort jolie et puis, pensez donc, elle était marquise ! Pour le fils d'un domestique ce n'était pas là une mince considération, et, pour tout

1. Il y avait aussi une autre raison. Peut-être Thérésia était-elle déjà enceinte de celle de ses filles qui devint la comtesse de Narbonne-Pelet.

le monde, que serait l'amour si la vanité ne venait pas en pimenter un peu l'éternelle banalité?

Et le pauvre aveugle qui, sans rappeler de trop près l'enfant au bandeau et au carquois, n'était pas mal de sa personne et comptait peut-être sur ses avantages extérieurs pour conserver sa conquête, ne pouvait s'imaginer que Thérésia, un beau jour, lassée de lui ou tout simplement curieuse d'un autre homme, pourrait se permettre avec celui-là ce qu'elle s'était permis avec lui. De cela, l'idée ne lui vint pas; ou, si elle lui vint, il se dit peut-être qu'elle avait une jolie fortune et que, lorsque amour et beauté viennent à nous faire banqueroute, c'est toujours une compensation. Mais cette cruelle éventualité pouvait arriver à d'autres, à lui jamais! Il aimait, il était aimé et il avait peut-être eu vent de cette parole de l'Écriture : « *Fortis est ut mors dilectio*[1] » (l'amour est fort comme la mort).

L'avenir devait lui montrer bien vite que l'Écriture ne se connaissait pas plus que lui à ces choses chez les femmes. Et c'est en toute confiance qu'il s'embarqua dans l'aventure du mariage.

De son côté, Thérésia ne manquait pas d'y apporter une bonne provision d'illusions. Mais pas les mêmes. L'enivrement du triomphe de thermidor, les exagérations qu'elle entendait de toutes parts sur les mérites de Tallien, les applaudissements qui, durant plusieurs mois[2], saluaient l'entrée de son amant dans tout lieu public, lui firent croire qu'elle s'était trompée sur son compte et qu'il était réellement un homme de valeur.

Ambitieuse, elle pensa qu'avec les qualités qu'elle lui prêtait depuis qu'on l'applaudissait partout, Tal-

---

1. *Cant.* VIII, 6.
2. Chancelier Pasquier, *Mémoires*, t. I, p. 114.

lien ne s'arrêterait pas là. Il était fort jeune, vingt-
cinq ans, pas davantage : avec un peu de savoir-faire
on pouvait espérer pour lui les plus hautes destinées.
Tout était à créer dans la société nouvelle qui s'élevait
sur les ruines de l'ancienne. Il y avait de grandes situations à prendre pour des hommes jeunes et entre-
prenants. Tallien avait fait ses preuves, il était l'idole
du public parisien : elle saurait bien le pousser en se
poussant elle-même. L'avenir, devant lui, s'ouvrait
donc immense. Elle aimait les nobles et délicates jouissances du pouvoir; elle adorait le luxe : elle crut que
les hautes situations que ne manquerait pas d'occuper
un homme si bien parti lui procureraient toujours les
richesses nécessaires à ses goûts dévorateurs. Et puis,
avec cette facilité que l'on a à prendre ses désirs pour
des réalités, elle se disait qu'à tout prendre elle était
habituée à Tallien. Homme pour homme, autant accepter celui-là. Il n'était pas plus laid qu'un autre et,
depuis qu'il la fréquentait, il s'était assez convenable-
ment formé aux usages extérieurs de la bonne compagnie.

Mais l'aimait-elle? Ceci est une autre question, et
bien oiseuse, car qu'est-ce que l'amour a à faire, je
vous le demande, dans le mariage? Elle trouvait ou
croyait trouver son avantage à épouser Tallien, elle
l'épousait. Quoi de plus simple! et y a-t-il besoin de
s'embarrasser d'autre chose?... Et c'est ainsi qu'elle
se trouva avoir pris pour mari justement l'homme qui
ne pouvait en aucune façon lui convenir, et Tallien,
la femme qu'il ne lui fallait pas.

Et le 26 décembre 1794 la municipalité donnait la
sanction légale à l'union commencée de si cavalière
façon à Bordeaux. De sanction religieuse, il n'en fut
point question. Pas un parent ne signa au mariage.

Après son mariage, Thérésia quitta son appartement
de la Chaussée-d'Antin pour aller s'installer avec son
mari à la Chaumière. C'était une charmante habitation couverte en chaume, située au coin de l'allée des
Veuves (à présent avenue Montaigne) et du Cours-la-
Reine.

La citoyenne Tallien, qui aimait le monde, ce qui
était bien naturel, puisque sa beauté lui valait des succès et que sa gracieuse amabilité lui en procurait
d'autres, voulut, une fois mariée, se mettre à recevoir. Elle eut peine, tout d'abord, à recruter son
salon : l'émigration, la Terreur, encore si récente, les
deuils, la ruine générale en étaient les causes principales. Mais les députés, les banquiers avec lesquels
son père avait été en relation, les fournisseurs des
armées qui commençaient à étaler un grand luxe,
quelques gens de lettres et artistes lui formèrent bientôt un noyau d'habitués fort agréables. On jouait, à
la Chaumière ; on jouait même très gros jeu ; on y
dînait, on y soupait, on y faisait de la musique, mais,
malgré la vogue extraordinaire qu'avaient alors toutes
les danses, on n'y dansait pas.

Toujours aimable, toujours charmante, la belle maîtresse de maison faisait on ne peut mieux les honneurs de chez elle. Quelques femmes commençaient à
y venir et, si elle parlait avec elles plaisirs et toilettes, cela ne l'empêchait pas de suivre attentivement
la politique de couloirs à laquelle était mêlé son mari
et qui venait se continuer dans les soirées de la Chaumière. Elle prenait part à toutes les causeries, même
à celles d'affaires, — les politiciens, on le voit, ont de
tout temps traité les affaires entre les femmes et le
champagne, — et s'évertuait à plaire à chacun, ce qui
ne lui était pas difficile. C'est ainsi qu'elle plantait

les jalons de la carrière qu'elle rêvait pour son mari, et elle savait bien que dans toute carrière, en politique plus encore qu'ailleurs, la femme doit être le collaborateur de son mari. Du reste, n'est-ce pas elle qui en recueille les plus beaux bénéfices? Mais il y en a si peu de capables! Et, par une dérision du sort, ce ne sont jamais celles-là qui occupent la situation où elles pourraient faire briller leurs qualités, leur esprit et leurs talents.

Dans l'anarchie universelle qui suivit le 9 thermidor, Mme Tallien eut un mérite, et bien grand : celui de prêcher la bonté, l'indulgence et l'oubli des discordes passées. Elle recevait des pétitions, comme jadis à Bordeaux; elle les apostillait et se faisait une clientèle de solliciteurs. Les émigrés rentrés, les anciens royalistes, lui rappelant d'anciennes relations, ne craignaient pas de venir s'adresser à elle pour assurer le succès de leurs demandes. Elle s'employait avec une bienveillance infatigable à obliger tout le monde et cette bienveillance, trait distinctif de son caractère, ne la quittera jamais[1].

Malheureusement, la coquetterie, une extrême légèreté, ne la quitteront pas davantage. Les terribles leçons des événements ne lui apportent pas le moindre sérieux dans le caractère; le don de réflexion lui manque totalement; elle est toute de prime-saut, ne fait que ce qui lui plaît et ne s'inquiète pas des conséquences. On pourrait presque croire que, si elle fait le bien, c'est pour s'amuser; si elle oblige les gens, c'est pour se distraire, pour satisfaire un besoin

---

1. Voir, à l'*Appendice*, deux lettres d'elle. On verra que ses recommandations n'étaient pas écrites d'une façon banale et qu'elle mettait de l'esprit dans ses lettres, plus peut-être que dans ses causeries.

d'intriguer, parce qu'elle trouve drôle de se mêler d'affaires et de faire marcher les gens à son commandement, que c'est une chose délicieuse d'être une femme politique. Elle est du reste bien convaincue qu'elle l'est, depuis qu'elle cherche à faire croire que c'est elle qui a renversé Robespierre. N'écrivait-elle pas, en 1824, en faisant, il est vrai, une légère restriction à ce qu'elle disait sans aucune réticence depuis sa sortie de prison : « ... Le 9 thermidor, le plus beau jour de ma vie, puisque c'est un peu par ma petite main que la guillotine a été renversée. » Complice obligeant de ce petit empiètement sur les droits de son mari, le public le croyait alors, ou du moins se plaisait à se le figurer, tant il aime à personnifier en une idole, homme ou femme, ses sentiments, ses préférences, ses affections, comme aussi ses rancunes et ses haines. « On rendait grâces à Mme Tallien, dit un contemporain, de la salutaire influence exercée par elle lors du 9 thermidor, et on ajoutait presque les hommages de la reconnaissance publique au culte rendu à sa beauté[1]. »

Mme Tallien crut un peu trop à la situation de *sainte*, tout au moins d'idole, qu'elle s'était faite, et, dans son admiration pour elle-même, elle ne songea point, en ces temps de misère navrante, à mettre un frein à son goût excessif pour la toilette. Les gazettes du temps ne dédaignent pas de donner parfois les détails de ses extravagances. Mallet du Pan, dans sa *Correspondance avec la Cour de Vienne*, parle d'une robe à la grecque que « la femme d'un député, nommé Tallien, a payée douze mille livres. » Si elle aimait à obliger ceux qui venaient s'adresser à elle, il ne semble pas qu'elle

1. Duc de Raguse, *Mémoires*, t. I, p. 86.

ait beaucoup songé à aider les pauvres, les vrais pauvres qui, par milliers, mouraient de faim et de froid. Sa bonté était plus passive qu'active, c'est-à-dire qu'elle ne refusait rien à ses amis, mais ne pensait pas à aller au-devant des infortunes pour les soulager. Tout le monde, d'ailleurs, était alors ainsi. On ne songeait qu'à s'amuser, qu'à faire la fête à outrance : théâtres, bals, concerts, soupers, se partageaient le temps de ce petit noyau d'enrichis, de banquiers, de fournisseurs des armées, de spéculateurs sur les biens nationaux, d'agioteurs sur les subsistances, de députés, etc., qui formaient alors le Tout-Paris de l'époque et s'étourdissaient dans une orgie sans fin sur les dangers de la patrie et les souffrances des patriotes. Ecoutons sur la façon de vivre de tout ce monde, qui était celui dont s'entourait Mme Tallien, le calviniste et philosophe de Berne, Mallet du Pan. Il écrivait, le 1er février 1795 : « Je craindrais de peindre la vie infâme de trois ou quatre cents de ces députés. Ils étonnent la ville la plus corrompue du monde entier par leurs débordements. C'est du sein de la débauche la plus effrénée qu'ils rendaient l'ordre des massacres ; c'est en sortant des bras des plus viles prostituées qu'ils vont parler de *mœurs* et de *vertus* à la tribune ; c'est au milieu d'orgies qui feraient rougir les plus impudents libertins qu'ils reçoivent les clefs des villes conquises et les propositions de paix. Presque tous ont fait à Paris et dans les départements le commerce des emprisonnements et des délivrances, des morts et des vies ; ils ont mis à prix les têtes et les fortunes ; mille fois ils ont envoyé à l'échafaud celui dont ils avaient reçu des sommes énormes pour le sauver. Partout ils ont forcé des femmes chastes à se prostituer pour racheter leurs jours ou ceux de leurs maris.

Tout ce que l'impiété peut vomir de blasphèmes, tout ce que l'immoralité peut dicter de turpitudes, forme leur habitude et leur conversation. Ils ont acquis les hôtels, les fermes, le mobilier des propriétaires qu'ils ont fait assassiner ; leur luxe est celui des satrapes de l'ancienne Perse. Ils ne prennent pas la peine de dissimuler ces fortunes ; mais le peuple est tellement corrompu que ce spectacle le touche peu, et tellement servile qu'il voit avec indifférence les plus belles demeures, les plus magnifiques maisons de plaisance, les tables les plus exquises, les meubles les plus recherchés, l'or, les diamants devenus la proie de trois cents brigands dont l'opulence insulte à sa misère. La plupart de ces députés sont sortis de la canaille : à ses vices, ils ont ajouté celui d'une hypocrisie plus effrontée que leurs mœurs, et ils donnent le premier exemple connu de l'impudence dans le crime et de la profanation journalière des mots de justice, de vertu, de désintéressement, de clémence[1]. »

Voilà le milieu dans lequel vivait Mme Tallien, jeune femme de vingt et un ans. Après le monde corrompu qu'elle avait vu et fréquenté sous Louis XVI, après les singuliers convives parmi lesquels elles soupait à Bordeaux, il ne faut pas s'étonner qu'elle ne s'en étonnât pas elle-même, qu'elle ne pensât point qu'on pût être autrement et vivre plus honorablement. Les conversations de ces gens aux sentiment si peu élevés n'étaient guère faites pour remonter le niveau de l'honneur et de la dignité, et, dans son salon comme dans ceux qui s'ouvraient peu à peu à Paris, Mme Tallien n'entendait parler que du cours journalier des

---

1. MALLET DU PAN, *Correspondance avec la cour de Vienne*, t. I, p. 97.

assignats et des denrées de consommation, d'agiotage,
de spéculations et d'affaires. Ce n'est qu'après ces
conversations, qui faisaient du salon une succursale
du Perron[1] ou du marché aux blés, que quelques
esprits moins terre à terre parlaient de la Constitution,
de la guerre, de la pacification des esprits, parfois d'art
et de littérature, et alors une aimable pointe de galanterie venait égayer la causerie.

Cependant, Mme Tallien ne semblait pas avoir trouvé
dans son mariage, dans son mari plutôt, tout ce qu'elle
avait paru s'en promettre. L'affection de Tallien
ne lui manquait pas, mais cela ne la touchait que
peu, étant de ces femmes qui aiment mieux être
préférées qu'aimées. Ce qui l'ennuyait, c'est que son
mari, pour qui elle avait rêvé des charges et emplois
extraordinaires, comme il y en avait sous la monarchie, demeurait un simple député, perdu dans la masse
des autres ; que l'avenir qu'elle lui croyait était bien
long à se dessiner, qu'il ne justifiait pas, en somme,
les espérances qu'elle avait placées en lui. Elle avait
beau le pousser à se mettre en avant et à devenir
l'homme indispensable de la Convention, Tallien, qui
paraissait avoir fourni dans la conjuration contre Robespierre la somme de ses capacités, ne réussissait pas
à prendre à la Convention une place prépondérante.
C'est qu'il y avait du subalterne en lui, du valet ; il se
ressentait de son origine : de plus, il n'avait pas assez
d'instruction pour s'occuper utilement des questions
de législation ou d'administration et ses « talents »
n'étaient pas de ceux qu'on peut utiliser souvent dans

1. Le *Perron* était cet escalier aux marches de pierres usées
et disjointes qui était à l'extrémité de la rue Vivienne et sur
lequel se tenaient tous ceux qui vivaient de la Bourse, du change,
et en général de tous les agios.

une assemblée délibérante : on ne fait pas tous les jours un 9 Thermidor. Aussi le voyait-on errer dans les couloirs, se mêler à une foule d'intrigues, s'occuper de spéculations commerciales rabaissantes, s'éparpiller en mille petites affaires. Et, comme il n'avait pas dans sa vie un but élevé et d'intérêt général, il demeurait un médiocre et ne sortait pas de l'ornière des vulgaires politiciens. Il ne mûrissait pas. C'est le défaut des hommes chez qui les passions et le sentiment l'emportent sur le caractère.

Il y avait aussi à cela une autre raison, oh! bien prosaïque et que, comme tous les hommes faibles, il n'osait pas supprimer par un coup d'énergie, par un petit 9 Thermidor de ménage. Le malheureux avait besoin d'argent pour fournir aux dépenses écrasantes de sa femme. C'est pour cela qu'il prostituait son mandat électif dans des affaires commerciales et qu'il ne rougissait pas d'en faire argent. Mais comment aurait-il pu rougir de quelque chose après Tours et Bordeaux? C'est aussi pour de l'argent qu'il trahit la République, lui, enfant de la République, qui lui devait tout, qui n'avait été quelque chose que par elle : oui, il travailla, en 1795, à rétablir la royauté des Bourbons. Incapable de faire sa place au soleil par son travail dans une démocratie, ayant de l'ambition et point de talents, ce chacal de la politique comptait tirer honneurs et profits, profits surtout, de la monarchie. Et c'est ce qui fait tomber l'accusation lancée contre lui d'avoir été « l'empoisonneur du fils de Louis XVI au Temple ». D'abord l'enfant n'a pas été empoisonné; ensuite, comment Tallien aurait-il songé à le supprimer, puisqu'il voulait au contraire le faire proclamer roi, afin d'asseoir solidement sa propre situation pendant la régence?

La mort du jeune prince ruina, pour le moment, ses espérances. Et les jacobins n'avaient pas si tort qu'on pouvait le croire au premier abord en traitant Tallien, Barras et les autres thermidoriens de royalistes, puisque, en préparant par des négociations secrètes le retour de la royauté, ils trahissaient la République. Il est à remarquer, du reste, que Tallien et Barras furent seuls exceptés de la loi dite d'amnistie qui, en 1815, exila les conventionnels régicides. Est-ce la citoyenne Tallien qui les avait l'un et l'autre engagés à entrer en pourparlers avec les Bourbons pour une restauration royaliste? Peut-être. Toujours est-il que, en 1815, ils surent se prévaloir de leur trahison et c'est bien plutôt à cela qu'au souvenir du 9 Thermidor qu'ils durent les ménagements que la Restauration n'eut point pour les autres régicides.

Tallien ignorait l'esprit de devoir comme il ignorait la plus élémentaire probité professionnelle : il manquait aussi d'instruction, nous l'avons déjà dit, et n'avait pas l'ombre de talent ; car on ne peut donner ce nom à une certaine facilité qu'il avait pour dire de grandes phrases et de grands mots. Il manquait surtout de cette chose si rare qui s'appelle le caractère et qui ne se trouve que chez les âmes absolument d'élite. C'était, comme on l'a dit, « un indigne instrument dont la Providence avait daigné se servir une fois pour le bien et qu'elle avait rendu à sa nature perverse [1] ».

Le jeune couple n'avait encore que très peu de mois de mariage et le ménage n'allait déjà plus. Sa lune de miel n'avait été qu'un déjeuner de soleil. Les

1. Chancelier Pasquier, *Mémoires*, t. I, p. 116.

tiraillements étaient fréquents. Tallien pourtant aimait sa femme, il l'aimait sincèrement. Et c'est pour cela qu'il ne pouvait voir avec indifférence les légèretés et inconséquences de plus d'une sorte que Thérésia, charmante si on veut, mais volage et passablement perfide, inventait journellement, comme si elle se fût juré d'excéder et de pousser à bout son mari. Malgré son aveuglement d'amoureux, Tallien commençait à s'apercevoir qu'il ne comptait pas beaucoup chez lui : bientôt on lui fera sentir qu'il y est de trop. Le pauvre homme dut terriblement souffrir en voyant que sa femme ne voulait pas être belle que pour lui. Et belle, elle l'était, en ces années, au delà de ce qu'on peut dire. Sa beauté faisait événement quand elle entrait dans un salon, dans un théâtre ou dans quelque lieu public. Même chez lui, cette beauté empêchait Tallien d'approcher sa femme comme il l'aurait désiré. Et, comme il y avait toujours beaucoup de monde dans sa maison, l'intimité était bannie du foyer. Chaque soir, quand on ne sortait pas, il voyait Thérésia trônant au milieu d'un cercle de jeunes gens à la mode. Ces *inc-oyables*, comme on les appelait, coiffés à l'imbécile jusque sur les yeux, maniant avec mille singeries un énorme lorgnon avant de se le placer sur le nez, se dandinaient avec leurs habits bleus à basques traînant jusqu'à terre, leurs gilets à grands revers et à grands ramages, leurs pantalons jaunes collants. C'était la mode de se dandiner ainsi. Avec leur cliquetis de breloques, de grosses chaînes de montre et de cannes torses, avec leurs chapeaux à deux cornes et leurs cocardes gigantesques, ces incroyables avaient envahi peu à peu la salon de la Chaumière et rien n'était plus curieux que d'entendre, au lieu de langage, le gazouillis de petite maîtresse, fait d'inepties et de fadaises que ces *inc-oyables* jetaient avec une gracieuse étourderie à tous les échos du salon.

Tallien n'aurait pas voulu de tous ces gens-là chez lui. Bien qu'il ne pût s'empêcher d'être flatté, simple enfant du peuple, de voir dans sa maison des hommes de l'ancienne aristocratie venir en solliciteurs, il en était aussi gêné. Mais il n'était pas le maître de signifier une volonté, d'avoir un avis, de faire une observation, de donner même un conseil. On ne lui demandait rien de tout cela et, s'il avait un droit, c'était celui de se taire. Tout amoureux qui n'est pas aimé — et c'est le cas général — en est là : c'est celui des deux qui n'aime pas qui est tout ; l'autre ne compte pas, ou si peu !... Heureusement que la Providence nous a donné le don d'illusion et aussi l'espérance : ces deux viatiques nous permettent d'atteindre, sans trop de désespoir, le moment où il faut dire adieu aux chimères. Tallien ne vivait donc que d'illusions et d'espérances. Il cherchait à s'aveugler sur son triste sort lorsque le voile des illusions se déchirait trop brutalement devant ses yeux ; et c'est ce qui l'excuse de s'être plongé alors, pour s'étourdir, dans toutes les sensualités. Politicien, il cherchait aussi des distractions dans ses éternelles intrigues de couloirs, et, toujours à l'affût des occasions de se mettre en évidence, il essayait de gravir à nouveau les hauteurs où l'avait un instant porté le 9 thermidor. Mais l'étoffe, en lui, faisait absolument défaut, et, après chaque tentative, il retombait dans la désolante réalité de son insuffisance.

Thérésia cependant le menait et il est probable qu'elle fut plus d'une fois son inspiratrice. On peut attribuer un peu à son influence la plaidoirie que fit Tallien, le 5 frimaire, en faveur des fédéralistes bordelais, et aussi l'abrogation du décret du 6 août 1793 qui les avait mis hors la loi ; — à moins que, dans un simple intérêt particulier, une intention électorale peut-être ou le naturel désir de faire oublier les souvenirs fâcheux de son proconsulat, Tallien n'ait cherché à se concilier ainsi des sympathies dans Bordeaux.

Mme Tallien avait une ambition : c'était de réunir dans son salon tous les députés qui avaient voté contre Robespierre le 9 thermidor, d'y amener peu à peu les autres, de les gagner par ses manières gracieuses et d'opérer ainsi une concentration dont son mari serait le chef et elle l'inspiratrice. Le plan était bon, et si Tallien avait eu quelque valeur personnelle, il aurait pu se réaliser facilement. Dans les temps agités, un caractère doublé d'une intelligence et d'une solide instruction parvient toujours à s'imposer. Et il y avait certainement une place à prendre dans l'État, car depuis la chute du Comité de Salut public, le pouvoir était de fait vacant.

On ne saurait blâmer Mme Tallien de cette ambition, bien qu'elle eût trouvé son intérêt à la réaliser. Rien ne saurait donner une idée du point d'exaspération auquel les esprits étaient montés à la Convention, et la femme qui voulait en amener la pacification avait assurément une pensée généreuse. S'efforçant de faire de son rêve une réalité, Mme Tallien essayait de faire prendre goût, par son exemple, à un langage poli et à des manières moins débraillées que celles qui avaient eu cours avant thermidor, et cherchait à nettoyer les taches de sang et de boue dont beaucoup étaient couverts. Elle s'était entourée d'un petit état-major de femmes plus aimables que scrupuleuses, qui l'aidaient à attirer et à retenir chez elle les hommes dont elle voulait former un groupe politique.

Parmi ces femmes se trouvaient Mme Rovère, femme du député montagnard, Mme de Navailles, Mme de Châteaurenault, femme d'un député de Saône-et-Loire, Mme de Beauharnais, dont le mari avait péri sur l'échafaud et qui promenait son deuil dans les bals et les fêtes... Mme Tallien avait connu celle-ci pendant sa détention et la jeune veuve, trouvant chez elle une hospitalité facile qui lui parut devoir être aussi profitable qu'agréable, était vite devenue son intime. Thérésia la présenta à différentes personnes qui l'aidèrent dans la situation embarrassée où elle se trouvait, entre autres à Barras qui, depuis thermidor, fréquentait beaucoup la maison Tallien.

Mais sa facilité de mœurs, celle des femmes de sa cour, le mépris qu'elle affichait de toute pudeur, lui firent un grand tort dans ses ambitions politiques. Le scandale de ses élégants déshabillés défrayait tout Paris. « Je voyais comme bien d'autres, a écrit un contemporain, la belle Mme Tallien arrivant au Ranelagh, habillée en Diane, le buste demi-nu, chaussée de cothurnes et vêtue, si l'on peut employer ce mot, d'une tunique qui ne dépassait pas le genou [1]. » La belle citoyenne, en effet, pour avoir plus de succès que les autres femmes, avait revêtu, comme toujours, les grâces de la jeunesse, mais dépouillé à peu près complètement ce qui aurait pu empêcher le public de les voir. Le mauvais exemple est toujours suivi. Dans les temps d'anarchie et de désarroi moral qui succèdent aux grandes crises, c'est lui qui entraîne les corruptions indécises. Mme Tallien eut le tort de donner ce mauvais exemple, les autres femmes de le suivre. « L'effronterie du luxe, écrivait Mallet du Pan, surtout

1. Duc Victor DE BROGLIE, *Souvenirs*, t. I, p. 23.

celui de la parure, surpasse à Paris tout ce que les temps de la monarchie offraient en ce genre de plus immoral. » Et ces lignes, écrites en janvier 1795, seront encore vraies deux ans après, car on lit dans un journal de 1797 : « Dimanche dernier était le jour de la décade. C'était fête pour toutes les religions et chacun s'était empressé de prendre l'air par un beau temps et après quelques jours de pluie. Les Champs-Elysées regorgeaient d'endimanchés et de décadés. Deux femmes descendent d'un joli cabriolet, l'une mise décemment, l'autre les bras et la gorge nus, avec une seule jupe de gaze, sur un pantalon couleur de chair... [1] » Mme Tallien n'était peut-être pas la femme au pantalon couleur de chair de ce jour-là, mais elle était responsable de la licence qui se voyait partout dans le vêtement des femmes.

Ces excentricités de tenue ne pouvaient plaire à ceux des conventionnels qui affichaient ou avaient vraiment des principes d'austérité. Amenés dans le salon de Tallien, ils se scandalisaient de la mise plus que fantaisiste de la maîtresse de maison, et, s'ils admiraient ses petits pieds, ses bras et « quelques accessoires », ils admiraient moins cette idée de les montrer aux gens. Ils ne revenaient plus et retournaient aux clubs. Là, ils ne craignaient pas de dire franchement leur avis sur la belle impudente. Du haut de la tribune des sociétés populaires, ils tonnaient contre *la Cabarrus* et la corruption qu'elle introduisait dans les mœurs de la République. Ils ne ménageaient pas davantage les aristocrates qu'ils avaient coudoyés chez elle, les fournisseurs et intri-

---

1. *La Petite Poste ou le Prompt Informateur*, 3 messidor an V. — 22 juin 1797.

gants de toute sorte qu'elle traînait à ses trousses. Et
des applaudissements, très justes, il faut le reconnaître, accueillaient leurs virulentes déclamations.

Levasseur (de la Sarthe) avait dit à la tribune des
Jacobins : « Demandons à Tallien un compte exact de
ses liaisons ; qu'il nous dise où il en est avec la femme
d'un émigré qui se trouve être la fille du trésorier
du roi d'Espagne. »

Tallien avait répondu à ce coup droit, gros de sous-
entendus. Mais ses explications n'avaient satisfait
personne et, bien qu'il protestât de sa pureté jacobine,
on le chassa du club.

On ne le chassa pas de la Convention, parce qu'on
ne le pouvait pas, mais on l'y attaqua avec la même
violence. C'était toujours sur le même sujet, sur *la Cabarrus*. Il fut obligé, à la séance du 2 janvier 1795,
d'expliquer à quel point il en était avec elle. Mais
copions le *Moniteur* :

DUHEM. — ... Et nous qui n'avons pas les trésors
de la Cabarrus... (*Grand bruit.*)

TALLIEN réclame avec force la parole.

TALLIEN, *à la tribune*. — Il en coûte à un représentant du peuple d'entretenir de lui une grande Assemblée.
Depuis longtemps je me suis imposé silence, soit par
mes discours, soit par mes écrits. J'ai fait à la patrie
le sacrifice de mon amour-propre blessé ; mais depuis
quelques jours, les calomnies les plus atroces ont
retenti dans cette enceinte. Je mets un terme à mon
silence, parce qu'il deviendrait un aveu tacite des
horreurs qu'on déverse sur un représentant du
peuple.

« On a parlé dans cette Assemblée d'une femme...
Je n'aurais jamais cru qu'elle dût occuper les délibéra-

tions de la Convention nationale[1]. On a parlé de la fille de Cabarrus. Eh bien, je le déclare au milieu de mes collègues, au milieu du peuple qui m'entend, cette femme est ma femme.

. . . .

« ...Quant à la femme dont on a voulu occuper l'Assemblée, je la connais depuis longtemps. Je l'ai sauvée à Bordeaux. Ses malheurs et ses vertus me la firent aimer. Arrivée à Paris dans des temps de tyrannie et d'oppression, elle fut persécutée et jetée dans une prison.

« Un émissaire du tyran lui fut envoyé et lui dit : Ecrivez que vous avez connu Tallien comme un mauvais citoyen; alors on vous donnera la liberté et un passeport pour aller dans les pays étrangers.

« Elle repoussa l'émissaire avec indignation. Voilà pourquoi elle n'est sortie de prison que le 12 thermidor. On a trouvé dans les papiers du tyran une note pour l'envoyer à l'échafaud.

« Voilà, citoyens, voilà celle qui est ma femme. »

Sa femme, elle l'était en effet, mais depuis une semaine seulement.

Combien, ce jour-là, la citoyenne Tallien dut bénir le représentant Duhem ! Il avait parlé d'elle à la Convention ! Pas avec beaucoup de bienveillance, c'est vrai, ni de courtoisie non plus, mais que lui importait? Il avait parlé d'elle, c'est tout ce qu'il lui fallait. Tourmentée du désir d'occuper les conversations de chacun, elle était aux anges de savoir que la Conven-

---

1. Tallien oublie qu'elle occupa déjà, l'année précédente, les délibérations de la Convention. Et la pétition qu'il lui fit écrire de Bordeaux, qui fut lue en pleine Assemblée à la séance du 24 avril 1793, et qui eut les honneurs du renvoi au Comité de l'instruction publique ?...

tion l'avait prise pour objet de ses délibérations ; son
cœur faisait la rose en entendant le récit de ce qui
avait été dit à l'Assemblée; il le faisait le lendemain
en le lisant dans le *Moniteur*... Oh ! ce Duhem, elle
l'aurait embrassé pour lui avoir fait le plaisir de l'insulter à la tribune de la Convention !

Malgré les mœurs licencieuses qu'introduisit cette
grande prêtresse de la mode, il serait injuste de ne pas
reconnaître que Mme Tallien exerça aussi une heureuse
influence : ce fut sur le retour de la sociabilité en
France. Réunissant autour d'elle tous les enrichis du
jour, elle leur donna, par ses prodigalités, le goût de
la dépense. Cela procura du travail aux ouvriers et
ouvrières qui, depuis si longtemps, mouraient de
faim, et fit ainsi renaître la circulation de l'argent
dans le commerce, de l'esprit dans les classes supérieures.

Recevant les plus rustres des conventionnels, elle
s'évertuait à leur faire apprécier le charme d'une
réunion où l'on causait décemment, où l'on faisait de
la musique et où l'on laissait pour quelques moments
de côté l'odieuse politique. Remplie de grâce, mais ayant
« plus de jargon que d'esprit », pour employer une
expression d'une de ses contemporaines, la princesse
Hélène de Ligne, elle s'amusait à plaire, causant, jouant
du piano, chantant à tour de rôle. Elle allait même
jusqu'à dire des vers, plus, sans doute, pour briller elle-
même que pour faire goûter à son auditoire les dou-
ceurs de la poésie. « Un certain soir, dit un journaliste
du temps, Mme Tallien, après avoir brillé tour à tour
auprès d'une harpe et d'un piano, voulant prouver à
ses convives qu'elle n'était étrangère à aucune sorte
de talent, se mit à déclamer quelques vers du rôle

d'Agrippine dans *Britannicus*. — « Ma foi, ma bonne
« amie, dit Merlin de Thionville, vous avez appris le
« rôle d'Agrippine comme moi celui de Brutus, par
« instinct. » Cette saillie fit rire tout le monde ;
Mme Tallien eut le bon esprit de faire comme tout le
monde[1]. »

Tous les banquiers et fournisseurs se mirent eux-
mêmes à recevoir et ouvrirent leurs salons : une société
nouvelle essaya de se constituer, augmentée des débris
et épaves de l'ancienne. « C'était, a écrit Mme de
Staël revenue à Paris au mois de mai 1795, c'était
vraiment alors un spectacle bien bizarre que la société
de Paris... L'on voyait les jours de décade, car les
dimanches n'existaient plus, tous les éléments de
l'ancien et du nouveau régime réunis dans les soirées,
mais non réconciliés. Les élégantes manières des
personnes bien élevées perçaient à travers l'humble
costume qu'elles gardaient encore, comme au temps
de la Terreur. Les hommes convertis du parti jacobin
entraient pour la première fois dans la société du
grand monde, et leur amour-propre était plus ombra-
geux encore sur tout ce qui tient au bon ton, qu'ils
voulaient imiter, que sur aucun autre sujet. Les
femmes de l'ancien régime les entouraient pour en
obtenir la rentrée de leurs frères, de leurs fils, de
leurs époux, et la flatterie gracieuse dont elles savaient se servir venait frapper ces rudes oreilles et
disposait les factieux les plus acerbes à ce que nous
avons vu depuis, c'est-à-dire à refaire une Cour, à
reprendre tous ses abus, mais en ayant soin de se les
appliquer à eux-mêmes[2]. »

1. *Tableau de Paris*, 18 ventôse an V (8 mars 1796).
2. Mme DE STAEL, *Considérations sur la Révolution française.*

Il faut remarquer ici que, malgré l'opinion avan-
tageuse que Mme Tallien aimait assez qu'on eût de son
esprit, elle ne chercha pas à entrer dans les salons où
l'on causait. Peut-être n'y eût-elle pas été admise.
Mais chez Mme de Staël, où se groupaient tous les
genres de supériorités, la chose lui eût été aisée.
Mme de Staël, qui avait bon cœur et ne se laissait
pas arrêter par les préjugés, lui aurait certainement
ouvert toutes grandes les portes de son salon. Elle
ne pouvait avoir oublié que, le 2 septembre 1792,
Tallien était venu lui apporter un passeport, qu'il lui
avait donné, pour sa sûreté, un gendarme chargé de
l'accompagner jusqu'à la frontière, qu'il avait même
poussé la courtoisie jusqu'à dire qu'il oublierait les
noms des personnes qu'il avait trouvées chez elle et
qui s'estimaient fort compromises d'y avoir été vues
par un secrétaire de la commune. Cette conduite
paraît bien naturelle. A ce moment elle le paraissait
moins et était fort rare. Il n'y a pas tant de belles
actions dans la vie de Tallien pour qu'on ne lui tienne
pas compte de celle-là. Mme de Staël ne l'oublia pas
et son bienveillant souvenir se manifeste dans ses
Considérations sur la Révolution française. Mais si
Mme Tallien ne fut pas de ses réunions, c'est qu'elle
ne désirait pas en être. Dans le cercle d'intelligences
d'élite qui gravitaient autour de Mme de Staël, elle
n'eût pas fait très brillante figure; à côté de cette
reine de l'esprit, elle eût été assez effacée, elle qui
n'était que reine de la beauté. Elle n'aurait eu là que
le second rang, tout au plus; aussi n'y alla-t-elle pas.
Plus tard, sous le Directoire, Mme de Staël, qui venait
souvent chez Barras, au Luxembourg et à Grosbois, la
rencontrera plus d'une fois, mais ces deux femmes s'en
tiendront toujours à de simples rapports de politesse.

11.

Mme Tallien cherchait avant tout à s'amuser et à jouir de la vie selon ses goûts, plus matériels qu'é-thérés. Elle contribua cependant à établir sinon le règne de la clémence, tout au moins celui de l'oubli, sur les ruines du règne de la Terreur, et il n'est pas douteux qu'elle ait souvent aiguillé son mari vers la modération politique. Nous l'avons déjà dit. Mais Tallien, incapable de suivre plus de quelques semaines un plan de conduite, retombait trop fréquemment dans l'ornière de la violence. Enfant de la Terreur, il ne concevait pas, en politique, d'autre système de gouvernement. C'est évidemment sous l'influence de sa femme qu'il avait dit : « La Convention ne doit pas souffrir que la République soit plus longtemps divisée en deux classes : les persécuteurs et les persécutés, ceux qui font peur et ceux qui ont peur. » Mais sa conduite démentait bientôt ces sages paroles jusqu'au jour où, rappelé de nouveau à la modération, il prononçait encore des phrases sonores sur la liberté et recevait en récompense quelque sourire de Thérésia. Cela le tirait pour un moment des préoccupations moroses et chagrines qui étaient maintenant son état ordinaire. Car, des deux côtés, on commençait à s'apercevoir que l'on n'était nullement fait l'un pour l'autre. Il en est presque toujours ainsi lorsqu'un entraînement, où certains avantages physiques plus ou moins contestables ont eu plus de part que les froids calculs de la raison, a déterminé un mariage. Le pauvre Tallien commençait à s'en rendre compte et chaque jour lui montrait combien sa femme était le contraire de ce qu'il avait cru et de ce qu'il aurait souhaité qu'elle fût. Ses gaspillages insensés le fai-saient non moins souffrir que ses coquetteries trop accentuées et ses costumes trop déshabillés. Après avoir dépensé pour y pourvoir, les sommes qu'il avait rapportées de Bordeaux, prévoyant le moment très prochain où il ne pourrait plus faire face à de telles dépenses et sachant que certaines femmes n'aiment leur mari — c'est-à-dire ne le supportent — que tant qu'il leur fournit de l'argent, le malheureux se voyait au moment de ne plus être aimé de sa femme. Il y avait si peu de temps cependant qu'ils étaient mariés ! Et c'est cette cruelle perspective qui le jeta, peut-être pour s'étourdir sur les tristesses de son intérieur si brillant, dans le vin et les courtisanes de bas étage. Ils sont plus nombreux qu'on ne le pense les hommes qui ont recours à ces tristes dérivatifs pour oublier les chagrins que leur donnent des femmes trouvées séduisantes et aimables dans le monde. En les voyant se plonger dans les désordres et les dissipations, on leur jette la pierre ; mais si l'on se donnait la peine de rechercher les motifs d'une telle conduite, c'est à la femme qu'on jetterait la pierre, à la femme qui, par ses indifférences, par ses rebuffades souvent, par ses exigences folles et ses dépenses extravagantes, choses dont le public ne voit que le côté brillant, rend la vie commune intenable au meilleur des maris. Tout montre que tel était le sort de Tallien dans son ménage. S'il avait lu Massillon, il aurait pu reconnaître, tout en s'en faisant l'application à lui-même, la justesse de cette réflexion: « C'est un désordre d'aimer ce qui ne peut être ni notre bonheur, ni notre perfection, ni par conséquent notre repos... Et au fond, nous sentons bien nous-mêmes l'injustice de cet amour quelque emporté qu'il puisse être, nous découvrons bientôt dans les créatures qui nous l'inspirent des défauts et des faiblesses qui les en rendent indignes, nous les trouvons bientôt injustes, bizarres, fausses, vaines, inconstantes ; plus nous les approfondissons, plus nous nous disons à nous-mêmes que notre cœur s'est trompé et que ce n'est pas là ce qu'il cherchait. Notre raison rougit tout bas de la faiblesse de nos penchants ; nous ne portons plus nos liens qu'avec peine, notre passion devient notre supplice... » Tallien en était à cette dernière étape de l'amour ; mais, en ce moment, c'était la question pécuniaire qui le tourmentait le plus. Car si sa femme avait une grande qualité, l'horreur de l'avarice et de la mesquinerie, elle avait aussi, faute de réflexion et de mesure, le défaut de cette qualité : c'était un gouffre et tous les trésors de l'Inde eussent filé comme de l'eau à travers ses jolis doigts aux ongles roses. Tallien se mit donc à spéculer, comme chacun d'ailleurs le faisait à cette époque. Après s'être enrichi par les exactions à Bordeaux, il cherche à faire une seconde fortune à Paris par l'agiotage. Comme tout le monde, il se fait marchand de savon, de chandelles, de bonnets de coton... Mais il ne réussit sans doute pas dans ses spéculations, car on le voit, vers la fin du règne de la Convention, faire partie d'une société de fournitures et subsistances militaires, la compagnie Ouen, sise rue Taranne. Fouché en était aussi, Réal également. Il est probable que Tallien chercha à entrer dans d'autres entreprises financières plus ou moins avouables, toujours pour combler le gouffre sans cesse béant des dépenses de sa femme, et ces dépenses n'étaient certainement pas faites pour des fondations d'orphelinats ou d'asiles de vieillards, dont le besoin se faisait alors si terriblement sentir.

Cela ne l'empêchait pas de chercher aussi, comme politicien, la fortune dans les intrigues de couloirs.

Pour ne pas se laisser oublier, il se mêle à tout, il se montre partout. Il fait partie d'une sorte de comité dont l'abbé Sieyès est le chef et qui se tient le plus souvent à la Chaumière, d'autres fois chez Julie Talma. Sa femme, dont le parti thermidorien cherche à faire l'héroïne et la divinité de la République, y siège, y trône plutôt, entourée d'hommages et d'amies complaisantes. Pour donner le change sur de certains bruits qui ont eu cours, il propose de célébrer une fête commémorative du supplice de Louis XVI ; il va à une autre fête donnée par le comte Carletti, ministre plénipotentiaire d'une petite Cour italienne, le jour même où l'on apprend la mort du malheureux fils de Louis XVI. Mme Tallien accompagne son mari ou y va de son côté. Il n'y a pas de fêtes sans elle. Mais à celle-ci, la belle citoyenne eut un succès inouï. Mallet du Pan, très bien renseigné sur ce qui se passait à Paris, écrit que « c'était une fête somptueuse où des femmes, aussi viles par l'infamie de leurs mœurs que par leurs principes, étalèrent le luxe des voitures, des pierreries, de la parure la plus recherchée. Un grand nombre de députés... étaient réunis à ces prostituées, la plupart leurs concubines. La femme Tallien reçut les adorations d'une reine. Mme de Staël y prodigua son impudence et son immoralité ; la joie la plus bruyante distingua cette orgie... [1] »

Et quels temps pour des fêtes pareilles ! C'est au plus fort de la disette, alors que la ruine est générale, que le peuple entier souffre de la faim, que l'avenir est on ne peut plus menaçant... Quel démoralisant spectacle pour les masses ! Mais les masses, est-ce

1. MALLET DU PAN, *Correspondance avec la cour de Vienne*, t. I, p. 233.

que les politiciens s'occupent d'elles ? Sa moralisation, est-ce que cela vaut un instant de leurs plaisirs ou de leurs intérêts particuliers ? Bêtises que tout cela !... Il faut jouir, il faut jouir vite de la fortune malpropre qu'on a amassée en quelques jours : qui sait si demain on le pourra encore ?... Aussi les habitants de Paris sont-ils en proie à un affolement qui a fait perdre à chacun la saine notion des choses ; le peuple finit par être aussi insensé que ses députés : « Un agiotage effréné, des fortunes immenses en papier élevées en un clin d'œil, la corruption la plus vile, le brigandage et l'effronterie des mœurs publiques, un million de familles plongées de l'aisance dans la misère, le luxe le plus impudent contrastant avec l'indigence, et les mots de vertu, de morale, d'humanité, de sagesse dans la bouche de tous les fripons et de tous les imbéciles qui composent les trois quarts de Paris, voilà la situation de cette capitale. » C'est le 21 juin 1795 que Mallet du Pan faisait ce tableau de Paris.

Les grandes crises de la Révolution, les guillotinades, les guerres n'avaient pas réussi à former des caractères : tous les ressorts étaient détendus et ce n'est pas les grands mots dont retentissait la tribune qui étaient capables de retremper les âmes. Il fallait l'exemple, le bon exemple : on a vu comme les députés et leurs femmes le donnaient ; — il fallait l'abnégation, le dévouement, la charité pour les malheureux : on a vu comme ces égoïstes jouisseurs les pratiquaient.

Tout ce luxe, toutes ces jouissances factices se tournaient chez Tallien en amertumes. Et c'est à cet état d'âme particulier, où le jetaient les extravagances inconcevables de son adorable femme, qu'il aimait et qui ne se souciait pas de lui, qu'il faut peut-être attribuer les propositions sanguinaires qu'il fit à la Convention. Le terroriste, le *buveur de sang*, se retrouvait en lui sous l'apprenti homme du monde qui avait le plus brillant salon de Paris, sous le mari malheureux qui en avait la plus jolie femme. Il monta à la tribune le 13 germinal an III pour demander que les députés condamnés à la déportation (Barère était parmi ceux-là) fussent condamnés à mort et exécutés sur-le-champ. Un murmure de réprobation s'éleva sur tous les bancs et l'Assemblée passa à l'ordre du jour.

Moins de deux mois après, le 1er prairial, la Convention est envahie par le peuple. Une fois l'émeute apaisée, quinze députés sont arrêtés comme instigateurs ou complices du mouvement. « Ce n'est point assez d'arrêter quelques hommes, s'écria Tallien ; il faut d'autres meurtres, car il ne faut pas que le soleil se lève et que ces scélérats existent encore! »

Voyant que les lois de sang étaient passées de mode, Tallien se rejeta du côté de la modération. Les principes ne le gênaient guère, puisqu'il n'en avait aucun. Politicien de bas étage, il allait là où il croyait que son intérêt était d'aller, sans même penser qu'il était député pour s'occuper des intérêts du pays et non des siens. Il versa donc dans la modération et cette volte-face fut même l'occasion pour lui d'un succès qui ne lui fit pas grand honneur. Voici le fait : Rœderer, qui, pour sauver sa tête sous la Terreur, s'était retiré au Pecq, village au pied de la côte de Saint-Germain, avait écrit pour se distraire, pendant sa réclusion volontaire ou plutôt forcée, une sorte de discours satirique sur le régime de la Terreur. C'était un morceau tout à fait réactionnaire. Il l'envoya à un rédacteur du journal *le Républicain*, nommé Charles. Celui-ci en prit connaissance et en fit une lecture un soir dans le salon de la Chaumière. Cet article obtint le suffrage de la belle Thérésia et des assistants. Tallien, devant ce succès, eut l'idée peu délicate de s'approprier cet écrit. Il le demanda à M. Charles, le mit dans sa poche, et, plus tard, « le lut comme son ouvrage à la Convention[1]. » Mais ce retour à la modération ne dura pas. Un mois après, comme les Chouans avaient repris la campagne en Bretagne et en Normandie, et que la Convention avait appris qu'un corps d'émigrés de quatre mille hommes venait d'être débarqué sur nos côtes par la flotte anglaise, les membres du Comité de salut public, s'inspirant des traditions de leurs terribles devanciers et se rappelant l'énergie passée de Tallien, le firent réveiller au milieu de la nuit et partir pour l'armée de l'Ouest en qualité de commissaire de la Convention. On lui donnait des pouvoirs illimités.

La Convention avait repris ses anciennes habitudes : elle croyait la République menacée, elle nommait des commissaires. Le représentant Blad fut joint à Tallien. Ils avaient, comme instructions générales, l'ordre de seconder le général Hoche, sans toutefois se mêler des opérations militaires et, au besoin, de faire lever en masse la Normandie et la Bretagne.

Tallien, qui était à la recherche d'un rôle depuis qu'il en avait joué un, fut enchanté de cette mission. De son côté, Hoche n'eut qu'à se louer du concours des deux commissaires. Habitués aux procédés révolutionnaires, ils n'hésitèrent pas, pour procurer à

1. Barère, *Mémoires*, t. IV, p. 105. — Sainte-Beuve, *Causeries du lundi*, t. VIII, p. 350 : « Tallien n'avait fait qu'y adapter un petit préambule... Rœderer, dès ce moment (28 août 1794), travailla secrètement avec Tallien et lui prêta sa rédaction, ses idées. »

l'armée des vivres et des chevaux, à employer des moyens qui répugnaient au général et auxquels il n'eût sans doute pas recouru.

Mais ils ne s'en tinrent pas à cela. Une capitulation avait été arrêtée, verbalement seulement paraît-il, entre le général Hoche et les émigrés débarqués : ceux-ci, moins les chefs, devaient être traités comme prisonniers de guerre. Les commissaires de la Convention surviennent et acceptent la capitulation. « Vous serez, Messieurs, dit Tallien aux prisonniers, traités avec toute l'humanité due au malheur[1]. » Puis Tallien se rend à Paris pour faire part de ces événements à la Convention.

Il n'avait point à ce moment de dispositions sanguinaires à l'égard des prisonniers. Le général Hoche lui avait prêché la clémence et Tallien s'était rendu à ses raisons d'humanité et de bonne politique. « Je serai leur avocat, écrivait-il au général avant de partir, et au besoin je prierai pour ces monstres[2]. »

Il partit donc avec des idées de clémence.

Arrivé à Paris le 8 thermidor, sa femme, qui menait de front les plaisirs de l'intrigue, ceux de l'ambition et les autres, l'avertit, dès sa descente de voiture, qu'il y avait du nouveau : le Comité de salut public avait des preuves de ses relations secrètes avec les royalistes. C'était Sieyès, cette *taupe de la Révolution*, comme l'avait appelé Robespierre, qui avait éventé la mèche, surpris des pièces probantes en Hollande et remis le tout au Comité.

A cette nouvelle, le traître se sentit perdu. Comment se justifier devant le Comité de salut public?... Il n'y

1. Comte d'Allonville, *Mémoires secrets*, t. III, p. 390.
2. Bergounioux, *Vie du général Hoche*, p. 190-191.

avait pas de temps à perdre pour prendre une détermination, car le lendemain même il fallait se présenter à la Convention. Aussi, peut-être d'un commun accord avec sa femme, Tallien décida-t-il de nier tout ce dont on pourrait l'accuser. L'audace tire presque toujours d'affaire. De plus, il fallait afficher un républicanisme plus intransigeant que jamais, se montrer farouche et requérir contre les royalistes de Quiberon les plus terribles châtiments. Mais la capitulation ? il fallait la nier. Mais les paroles échangées ? il fallait nier tout cela. Mais les lettres, les papiers ?... il fallait les détruire.

Ainsi fut-il fait. Des centaines de prisonniers devaient être sacrifiés pour sauver un traître du châtiment que méritait sa trahison !

Le lendemain, 9 thermidor, la Convention tenait une séance solennelle. Tous les députés siégeaient en costume. Des guirlandes de fleurs décoraient les murs, un orchestre faisait entendre des airs patriotiques et des chœurs de jeunes filles habillées de blanc chantaient des hymnes de Marie-Joseph Chénier. La séance commença par la lecture, que fit Courtois, d'un rapport sur la journée du 9 thermidor de l'année précédente. Ensuite, Tallien monta à la tribune. Il lut, lui aussi, un rapport, mais sur l'affaire de Quiberon. Toujours à l'affût d'un rôle, d'une situation à prendre, il était visible que Tallien cherchait à rajeunir sa popularité, vieille déjà d'un an, et à se faire décerner de nouvelles couronnes civiques.

Un jour de fête, on est indulgent. Le 9 thermidor, pour qui l'aurait-on été si ce n'est pour Tallien ? La Convention ne marchanda pas à ce représentant les applaudissements qu'il réclamait d'elle et pour solde et pour acompte. A la séance du 9 thermidor de l'an II, il avait exhibé et brandi théâtra-

lement un poignard en disant : « J'ai vu se former
l'armée du nouveau Cromwell, et je me suis armé
d'un poignard pour lui percer le sein si la Convention
nationale n'avait pas le courage de le décréter d'accusation. » Le *coup* du poignard lui avait trop bien
réussi pour n'en pas faire, le 9 thermidor de l'an III,
une seconde édition. Mais, cette fois, il ajouta des flo-
ritures et manqua son effet pour l'avoir voulu trop
complet. Parlant des vaincus de Quiberon, il tira de
sa ceinture un poignard et le brandit aux yeux des
représentants étonnés, en disant : « Ce poignard est
un de ceux dont ces chevaliers étaient armés, qu'ils
destinaient à percer le sein des patriotes, et dont ils
n'ont pas fait usage pour eux-mêmes, parce qu'ils connaissaient le venin que cette arme recélait. Il faut
apprendre à toutes les nations qu'un animal en ayant
été frappé, il a été vérifié que la blessure était empoisonnée. »

Voilà le galimatias que le goût de la phrase, plus
que le goût de la vérité, faisait faire à ce cabotin de la
politique. Mais Tallien, « qui avait fort peu de trait
dans l'esprit, a écrit son ami Barras qui n'en avait
guère plus, ne faisait point de bons mots par lui-
même; il répétait ceux des autres[1], il les répandait et
les multipliait dans sa causerie peu vive, mais inex-
tinguible, qui l'a fait appeler *Robinet d'eau tiède.* »

Ce jour-là, pourtant, ce n'était pas de l'eau tiède
qui coulait du robinet; c'étaient bel et bien des paroles
calomniatrices, empoisonnées comme les poignards
dont il parlait et auxquels personne ne crut dans
l'Assemblée. Mais la Convention, que le débarque-

----

1. On a vu un peu plus haut qu'il ne se bornait pas à s'approprier leurs mots, mais qu'il n'avait pas hésité un jour à lire
comme siens les travaux de Rœderer.

ment des émigrés avait passablement alarmée, n'était pas disposée à la clémence : Tallien se mit à l'unisson. Aussi bien avait-il pour cela ses raisons. Les membres du Comité de Salut public, thermidoriens comme lui, consentirent à garder pour eux ce qu'ils avaient appris de ses menées avec les royalistes et se contentèrent de le tenir à l'œil. Il le sentit et dès lors le terroriste se montra plus d'une fois sous le thermidorien afin d'assoupir les légitimes défiances des républicains sincères.

L'on n'a pas de pièces sur ce point de l'histoire de nos discordes civiles. Tallien avait trop d'intérêt à les faire disparaître pour qu'on ne le soupçonne pas de les avoir détruites lui-même ou fait détruire par ses amis. Il n'avait pas fait autrement après le 9 Thermidor de l'an II. De même pour cette gênante affaire de ses négociations avec les royalistes. « Ce fourbe avait intrigué avec l'Espagne dans l'intérêt du dauphin, et, après sa mort, il intriguait encore pour mettre sur le trône de France un infant d'Espagne, et pour masquer ses diverses machinations, il proposait les mesures les plus terroristes[1]. »

Et pourquoi Tallien qui, par ses origines, aurait dû, moins qu'un autre, être soupçonné de jouer au républicain, cherchait-il à se vendre aux ennemis de la République, à trahir le régime auquel il devait, faute de pouvoir être quelqu'un, d'avoir été quelque chose? Eh! mon Dieu, pour une femme, comme toujours! C'était peut-être pour obéir à la direction de Thérésia, mais bien plutôt pour avoir de quoi suffire à ses gaspillages insensés : car ce n'est pas avec son indemnité de vingt-huit livres par jour qu'il le pouvait faire.

---

1. Ludovic Sciout, *Le Directoire*, t. I, p. 228.

Mais revenons à la fête du 9 Thermidor.

Une fois la solennité terminée à la Convention, Tallien rejoignit sa femme. Eux aussi, ce jour-là, donnaient leur petite fête. Du 9 Thermidor ils avaient fait leur chose, et cette chose les avait faits : c'était leur piédestal à tous les deux. Il y avait donc grand dîner de gala à la Chaumière pour célébrer cette fête de famille. Mme Tallien avait-elle choisi ses convives ? C'est probable ; d'ailleurs elle le dit. « J'avais réuni tous les députés marquants et exagérés de tous les partis. » Il y avait surtout les principaux girondins et les thermidoriens, Louvet, Lanjuinais, Boissy d'Anglas, Fréron, Barras, Rovère, etc., et l'on voit par les mots : « J'avais réuni... » la suprématie qu'elle avait dans son ménage.

Mme Tallien aimait assez que le public s'occupât d'elle et de ce qu'elle faisait. Elle trouva, d'accord avec son mari, que l'occasion était bonne pour se rappeler à son souvenir. Aussi firent-ils insérer au *Moniteur* la note suivante :

« Tallien, pour qui cette époque est aujourd'hui glorieuse à des titres nouveaux, avait invité plusieurs de ses collègues à un banquet frugal.

« Voici les toasts qui ont été portés dans cette assemblée d'amis, qui sentaient également le besoin de se rapprocher et de s'unir.

« Lanjuinais a proposé le premier.

« 1. Au 9 Thermidor, aux représentants amis de la liberté, qui, dans ce jour mémorable, ont abattu le tyran, et depuis ont renversé la tyrannie. Puissent l'attachement de leurs collègues et l'amour des Français être la récompense de leur patriotisme et de leur dévouement !

« Tallien a porté le second.

« 2. Aux députés mis hors la loi sous la tyrannie de l'ancien gouvernement, aux soixante-treize, aux autres victimes de la Terreur et à tous ceux qui, dans ce temps désastreux, sont restés fidèles aux lois de l'amour et de la liberté!

« J'ajoute, a dit Louvet : Et à leur union intime avec les hommes du 9 Thermidor!

« Voici les autres toasts :

« 3. Aux armées de la République : puissent-elles trouver dans la paix glorieuse qu'elles préparent la récompense de leur dévouement!

« 4. Les mânes des Français morts en combattant contre la royauté.

« 5. Les amis de l'égalité et de la liberté, quelque pays qu'ils habitent.

« 6. Les puissances amies de la République française.

« 7. La Constitution de la République : Puissent la sagesse et la réflexion de ses représentants corriger les défauts qui auraient pu s'y être glissés, avant de la soumettre à l'acceptation !

« 8. Le général Kosciusko, et tous ceux qui comme lui sont dans les fers pour la cause de la liberté.

« 9. La clémence : Puisse le peuple français, victorieux, donner l'exemple de cette vertu !

« 10. La concorde entre tous les représentants, amis de la justice et de l'humanité.

« Le dernier toast a été porté au milieu d'acclamations nouvelles :

« 11. Tallien, Hoche et les vainqueurs de Quiberon. »

Le *Moniteur* appelle modestement ce dîner un banquet *frugal*. Il était si peu spartiate, ce banquet, qu'il

y eut au moins onze toasts et que l'échauffement des
convives était tel que, vingt-neuf ans plus tard,
Mme Tallien s'en souvenait encore et écrivait : « ... le
dîner anniversaire du 9, dans lequel j'avais réuni tous
les députés marquants et exagérés de tous les partis.
Voyant que par les toasts portés on allait finir par se
jeter les assiettes à la tête, je me levai et, avec un
sang-froid qui imposa à la bruyante assemblée, je
portai le toast qui fit tout rentrer dans le calme le plus
parfait : A l'oubli des erreurs ! au pardon des injures !
à la réconciliation de tous les Français ! »

C'est dans ce banquet frugal que Tallien, en s'asso-
ciant au toast porté à la clémence, oublia le mensonge qu'il avait fait à la Convention et s'étourdit sur
les hécatombes humaines qui en allaient être la conséquence.

En effet, la Convention, à qui Tallien n'avait pas
parlé des engagements, verbaux tout au moins, échangés entre les combattants, pour faire cesser une lutte
fratricide ; la Convention, auprès de qui Tallien calom-
nia les prisonniers ; la Convention se crut obligée,
devant les craintes des républicains et les présomp-
tueuses audaces des royalistes, d'appliquer les lois
dans toute leur rigueur. Une commission, réunie à
Vannes, fut chargée de distinguer des véritables émigrés les prisonniers enrôlés comme gens de service.
C'était une soupape ouverte par laquelle un certain
nombre d'hommes put être sauvé. Hoche, de son
côté, avait eu soin de faire garder les prisonniers aussi
mal que possible pour favoriser leur évasion ; mais,
confiants dans la capitulation, la plupart restèrent au
camp. Les soldats, qui n'avaient pas la même confiance que ceux qu'ils gardaient, en firent échapper le
plus qu'ils purent. Malgré tout, le nombre des victi-

mes fut encore énorme et, pendant cinq mois, on fusilla chaque jour des prisonniers.

L'effet de ce massacre ne fut pas, à en croire un contemporain, aussi grand à Paris qu'on aurait pu se l'imaginer. « Je le dis à regret et pour l'avoir remarqué, a écrit un combattant de l'armée de Condé, les atroces résultats de cette catastrophe de Quiberon furent bien loin d'exciter le sentiment d'horreur qu'ils auraient dû inspirer... Puis, pourquoi le taire? quelques femmes divorcées, quelques hommes qui avaient arrangé leurs affaires aux dépens des absents, craignaient le retour de leurs parents ou de leurs époux : c'était le petit nombre, sans doute, de ce qui fut nommé jadis la *bonne compagnie;* mais leurs voix s'unissaient à celles des acquéreurs de biens nationaux qui déblatéraient sur ce qu'ils qualifiaient l'esprit de Coblentz[1]. »

Cependant, il semble que Mme Tallien ait été assez affectée des exécutions de Quiberon, bien qu'elle ait eu, à ce moment, la contrariété de voir la Convention préférer La Reveillère à son mari pour le fauteuil de la présidence. Nous allons laisser M. de Lacretelle raconter une entrevue qu'il eut avec elle vers ce temps-là ; mais, comme Mme Tallien était toujours du même avis que la personne avec qui elle parlait, tant elle aimait peu à contrarier les gens — on va le voir par les lignes suivantes — ne faudrait-il pas se méfier un peu de ces éclats de douleur chez une femme aussi indifférente et aussi bonne tout à la fois? Et puis n'y a-t-il pas à se méfier aussi un peu du récit d'un homme à qui Mme Tallien permettait si aimablement de baiser ses beaux bras? Quoi qu'il en soit, voilà

1. Comte d'Allonville, *Mémoires secrets,* t. III, p. 398.

ce que dit **M.** de Lacretelle : « ... J'avais eu le bonheur
de voir souvent Mme Tallien chez elle et dans les cercles où elle était alors fêtée par la reconnaissance.
Ses rapports avec moi avaient une jolie nuance
d'amitié; j'en restai près d'elle à l'éblouissement et
ne m'aventurai point jusqu'à l'amour. Souvent il
nous était arrivé, lorsqu'elle revenait de ses soirées
triomphantes au spectacle, de jouer, soit chez elle,
soit chez d'autres dames, parmi lesquelles figurait
la jolie vicomtesse de Beauharnais, de jouer à des
jeux innocents dans un lieu, dans une société qui ne
rappelaient pas une innocence complète, et le sort
m'avait favorisé d'un baiser innocent. Elle fut un
jour si contente d'un de mes articles qu'elle me permit de baiser un bras digne de la Vénus du Capitole ;
mais peu de temps après, je vis la même faveur accordée à un député montagnard converti, ce qui me fit
revenir à moi-même. »

C'est pour cela qu'on peut douter de la sincérité des
sentiments dont **M.** de Lacretelle va nous faire le
tableau ; mais cela montre par quels moyens Mme Tallien savait établir son pouvoir : chacun s'y laissait
prendre et chantait partout les litanies de la nouvelle
sainte qui savait si bien prendre les gens par le bras.

« Maintenant, poursuit **M.** de Lacretelle, je me pré-
sentais à elle avec un visage consterné, et la pâleur
inaccoutumée du sien me révélait toutes ses souffrances et ses cruelles insomnies ; je ne sus l'aborder
qu'avec les lieux communs de la conversation :
« Est-ce là, me dit-elle, ce que nous avons à nous dire
après un si cruel événement ? Ah ! sans doute, vous
me comprenez aussi bien que je vous comprends vous-
même. » Puis, en versant un torrent de larmes :
« Ah ! que n'étais-je là ! » me dit-elle. — Eh ! mon Dieu,

repris-je avec feu, est-il une de ces victimes des guerres civiles qui n'ait dit cent fois : « Ah ! que Mme Tallien n'est-elle ici ! — Oui, sans doute, je serais parvenue, je crois, à faire différer le supplice[1], nous aurions gagné du temps, et, revenue à Paris, j'aurais été à la tête des mères, des filles et des sœurs de ces malheureux émigrés, ou plutôt à la suite de Mlle de Sombreuil auprès de laquelle je ne suis rien[2] ; oui, j'aurais été frapper à la porte de tous nos thermidoriens, j'aurais été avec elle à la barre de la Convention. Tout ce que Paris a de plus distingué par l'âme aurait peuplé les tribunes, et un grand acte de clémence, bien avoué par la politique, aurait été une nouvelle victoire des femmes et le plus grand honneur de la Convention. Voilà le plan que je méditais lorsque j'appris la défaite des émigrés qui m'avait toujours paru inévitable. J'allais partir lorsque j'ai vu revenir mon mari effaré et me perçant l'âme par ces mots : *Tout est fini !* Et voilà que je me dis maintenant : Tout est fini pour moi et pour une influence que les malheureux ont souvent bénie. Le cruel événement de Quiberon va servir de prétexte à l'ingratitude pour se dispenser de reconnaissance envers l'auteur du 9 Thermidor ; mais, moi, je ne me dispenserai pas de mes devoirs, je ne gémirai qu'en secret. Je n'accuserai point celui qui a donné quelque gloire à

1. Mme Tallien, ou M. de Lacretelle, ignore que les prisonniers n'ont pas été exécutés en une fois, mais que la Commission militaire de Vannes en jugeait de dix à trente chaque jour et que les malheureux condamnés étaient fusillés le lendemain. La Commission, présidée par l'odieux général Lemoine, fonctionna pendant cinq mois. Mme Tallien aurait eu tout le temps d'intervenir, si elle y avait songé.

2. On voit que la légende de Mlle de Sombreuil et de son verre de sang était déjà monnaie courante, comme celle de la lettre de Thérésia à Tallien, le 7 thermidor.

mon nom : il faut dire adieu à cette gloire dont j'étais
trop enivrée. Attendez-vous, mon ami, à voir tomber
sur moi autant de calomnies que naguère il pleuvait
de bénédictions, et ceux qui croiront me devoir encore
quelque reconnaissance se contenteront de dire :
« Pauvre Mme Tallien ! [1] ».

Pauvre Mme Tallien, en effet ! mais nullement pour
les causes qu'elle veut bien dire : elle a ici plus de
jargon que de cœur véritable et pense plutôt à l'influence des événements de Quiberon sur son nom
qu'à aviser, avec son mari, à en empêcher les conséquences sanglantes. Mais peut-être, au contraire, n'y
songe-t-elle que trop, car elle n'ignore pas les motifs
pour lesquels Tallien, disposé d'abord à invoquer la clémence de la Convention, a changé subitement de dispositions. Et elle est obligée de ne se mêler en rien de
cette déplorable affaire, afin de ne pas raviver les
soupçons qui pèsent sur son mari. Oh ! oui, pauvre
Mme Tallien !... Et si elle a vraiment dit les mots que
Lacretelle lui met dans la bouche : « ... mais, moi, je
ne me dispenserai pas de mes devoirs », c'est à se
demander jusqu'à quel point peut aller l'aveuglement
de certaines femmes sur elles-mêmes, car il paraît
bien que c'est au moment où elle dit qu'elle ne se dis-
pensera pas de ses devoirs qu'elle rêve au divorce,
c'est-à-dire à manquer à ses devoirs. Mme Tallien avait
pris une « attitude » après le 9 Thermidor, et l'indulgente complicité du public pour la légende qu'elle
voulait créer autour de son nom lui conservait cette
attitude auréolée. Le peuple a besoin d'idoles pour ses
engouements périodiques. Mme Tallien remplit ce rôle
d'idole pendant une année. C'est beaucoup à Paris.

---

1. Lacretelle, *Dix années d'épreuves*, p. 245.

C'était assez pour qu'elle prît goût au rôle et ne consentît jamais à descendre de son piédestal de convention. C'est pour cela aussi qu'elle ne s'abaissait pas à descendre jusqu'aux plus simples devoirs de son sexe : elle se dispensait de ses devoirs de mère — il est vrai que ce n'était pas alors la mode d'être bonne mère, mais il faut qu'une femme soit bien mal inspirée pour se priver du bonheur de l'être — avec la même charmante désinvolture que de ses devoirs d'épouse. N'avait-elle pas laissé à Bordeaux, avec un domestique, son petit garçon âgé de quatre ans, lorsqu'elle vint à Paris pour rejoindre son amant ? S'en était-elle inquiétée depuis ? Oh ! pas beaucoup. S'en occupait-elle ? Pas du tout. Elle ne s'occupait que d'elle, de faire de la dépense, de faire des toilettes et de faire la coquette. Le reste — et Tallien était compris dans ce « reste », elle ne s'en souciait pas plus que de son premier mari.

C'est à la suite de son entretien avec Mme Tallien, dont on vient de lire le compte rendu, que M. de Lacretelle ajoute : « Ne reconnaissez-vous pas, d'après de telles paroles, que c'était là une belle âme que le ciel s'était plu à orner des formes les plus ravissantes ? Ce fut un grand tort au public que de la désenchanter sur la gloire et sur la reconnaissance... » Je partageai trop tous ses pressentiments pour pouvoir les combattre. « Pour moi, repris-je, il y a un culte auquel je serai toujours fidèle, c'est celui de Notre-Dame de Bon-Secours. » C'est le nom que nous nous plaisions à lui donner. Son mari entra. Je ne pus lui dire que des paroles glacées et je me hâtai de sortir [1] ».

C'est une chose à remarquer que ce nom de Notre-

1. LACRETELLE, *Dix années d'épreuves*, p. 246.

Dame, donné avec plusieurs variantes dans ses épithè-
tes, à une femme qui ne rappelait la mère du Christ en
aucune façon, si ce n'est par une bonté qui était plutôt
attachée au rôle qu'elle avait pris qu'à sa douce indifférence native. C'est Notre-Dame de Bon-Secours, c'est
Notre-Dame de Thermidor... Il est vrai que, dans ces
temps d'incrédulité générale, on ne prenait guère plus
au sérieux cette Notre-Dame que les autres. Le peuple,
lui, injuste souvent dans ses aversions comme dans
ses engouements, lui donna aussi le sobriquet de Notre-
Dame de Septembre. Il semblait qu'on voulût à toute
force faire d'elle une Madone et la canoniser, fût-ce
au prix du plus exécrable souvenir. Mais c'était
l'usage, à cette époque, où le temps se passait presque
entièrement en causeries, de donner un surnom à
chaque personne en vue : n'allait-on pas avoir bientôt
le général *Vendémiaire?*

Cependant le règne de la Convention touchait à son
terme. Il avait failli être écourté par le mouvement
royaliste du 13 vendémiaire. Heureusement pour l'Assemblée que le général Bonaparte, choisi par Barras,
pour commander sous ses ordres, la tira d'affaire : l'attaque avait été, du reste, comme toutes les autres tentatives royalistes, menée en dépit du bon sens ; et,
si Tallien avait quelque intérêt dans l'affaire, il en fut
pour ses espérances. Il en fut aussi, toujours à propos
d'intrigues avec les royalistes, pour sa honte. La
Convention ne termina pas sa longue session sans
qu'il entendît encore porter des accusations sur l'am-
biguïté de sa conduite. A la séance du 1er brumaire
(23 octobre), le représentant Thibaudeau [1] dit, au mi-

---

1. Thibaudeau survécut à tous ses collègues de la Convention
et devint, sous le second Empire, sénateur de Napoléon III.

lieu d'un silence attentif : « Les agents du gouvernement à Gênes et à Venise ont écrit, il y a quelque temps, que les émigrés comptaient beaucoup sur Tallien pour rétablir le royalisme. Une lettre du prétendant *Monsieur*, signée de lui, annonce qu'il a de grandes espérances sur Tallien. Les pièces existent aux Comités[1]. »

Mme Tallien n'aurait donc pu, comme le fit Mme Roland, s'appeler orgueilleusement la femme de Caton : elle n'en eut pas plus la pensée qu'elle n'avait eu, à Bordeaux, celle d'être une seconde Lucrèce ; dans ce temps de classiques à outrance, elle aurait pu dire, de chacun de ces exemples de l'antiquité :

> Souffrez que je l'admire et ne l'imite point.

Ce qu'elle n'admirait plus, c'était son mari. Elle voyait nettement qu'il était complètement démonétisé et qu'il serait à tout jamais condamné à demeurer dans sa brouillonne incapacité. Ses espérances étaient donc déçues de ce côté-là. Il lui fallait bien en prendre son parti.

C'est à peu près à ce moment, mais avant le 13 vendémiaire, que le général Bonaparte fut introduit chez Mme Tallien. C'est Barras qui l'avait présenté[2]. Malgré sa pauvreté, qui perçait sous son uniforme usé, la bienveillance de la maîtresse de maison l'engagea à revenir. Le jeune Corse n'eut garde de négliger une maison qui pouvait lui être utile. Il commençait à voir, depuis qu'il était à Paris, la grande influence que les femmes avaient dans les affaires. Il écrivait à son frère Joseph...: « Les femmes

1. *Débats et Décrets*, vendémiaire an IV, p. 465-505.
2. Barras, *Mémoires*, t. I, p. 285.

sont partout : aux spectacles, aux promenades, aux bibliothèques. Dans le cabinet du savant, vous voyez de très jolies personnes. Ici seulement, de tous les lieux de la terre, elles méritent de tenir le gouvernail ; aussi les hommes en sont-ils fous, ne pensent-ils qu'à elles et ne vivent-ils que par et pour elles.

« Une femme a besoin de six mois de Paris pour connaître ce qui lui est dû et quel est son empire[1] ».

Mme Tallien, qui pensait que tout lui était dû et que le monde avait été fait spécialement à son usage, était donc courtisée par celui qui allait bientôt avoir la même manière de voir pour son propre compte. Le petit général, qui savait par intuition que les femmes cotent le mérite des hommes selon le plus ou moins d'attention qu'ils ont pour elles, faisait mille efforts pour se concilier la faveur de la souveraine de la Chaumière et de Paris. Le financier Ouvrard nous a laissé le joli tableau d'une des soirées de la Chaumière, où Bonaparte, prenant « le ton et les manières d'un diseur de bonne aventure, s'empara de la main de Mme Tallien et débita mille folies[2] ». S'étant ainsi acquis la bienveillance de la jeune femme, le général voulut employer son crédit pour obtenir une faveur. On sait combien il était besogneux à cette époque : chef de brigade d'artillerie à la suite, sans solde, il prenait ses repas chez Mme Permon, amie de sa mère, et promenait ses bottes éculées et son uniforme râpé dans toutes les rues de Paris. Un soir il pria Mme Tallien de s'intéresser à lui. C'est elle, il le savait, qui était la grande dispensatrice des faveurs et des grâces ; devant elle, tout s'aplanissait ; sa volonté était plus

---

1. Comte DE SURVILLIERS (roi Joseph), *Mémoires*, Lettre de Napoléon à son frère, 18 juillet 1795.
2. OUVRARD, *Mémoires*, t. I, p. 20.

forte que la loi. Un arrêté du Comité de salut public an III accordait aux officiers *en activité* du drap pour habit, redingote, gilet et culotte d'uniforme. Bonaparte, qui était *à la suite*, n'avait aucun droit à ces prestations. Il le savait bien. Mais il savait aussi que si Mme Tallien le demandait pour lui, on ne refuserait rien à Mme Tallien. Il la pria donc de lui donner une lettre pour M. Lefeuve, ordonnateur de la 17e division. La lettre opéra comme par magie et Bonaparte eut son uniforme neuf. C'est pour cela qu'on a dit depuis qu'il « devait ses culottes » à Mme Tallien.

Cette petite histoire a été contée autrement, et avec des fioritures de roman, par M. Alissan de Chazet, à qui Mme Tallien l'avait contée en l'embellissant, et aussi par Mme Sophie Gay, qui, la tenant de la même source, la raconta de la même façon. M. Lairtulier, dans ses *Femmes célèbres*, la répète d'après cette version, mais celle d'Ouvrard est la seule qui soit exacte.

Le salon de Tallien était très suivi à cette époque, moins, on peut le croire, pour le maître que pour la maîtresse de maison. Là se combinaient les intrigues des politiciens, là se traitaient les affaires de fournitures pour les armées, les spéculations sur les biens nationaux : politique véreuse, affaires véreuses, qui attiraient dans les salons de la Chaumière tout ce qui était mêlé à la vie enfiévrée de cette époque. C'est là aussi que se distribuèrent les rôles pour la journée du 13 vendémiaire qui sauva la représentation nationale et fit surgir l'homme qui devait plus tard la briser et se substituer à elle.

Mis en évidence par sa victoire, ce « général de rue » fut récompensé largement et reçut même de grosses indemnités pécuniaires. Nommé commandant en chef de l'armée de l'intérieur, logé dans l'hôtel de

la rue des Capucines, Bonaparte fréquenta de plus
en plus la Chaumière. Et, pendant qu'il était auprès de sa femme, Tallien, tourmenté du besoin de
faire parler de lui, — peut-être pour faire oublier ses
intrigues avec les royalistes, peut-être pour assurer sa
réélection — monta un jour à la tribune pour accuser
un certain nombre de ses collègues d'avoir été complices de la faction royaliste au 13 vendémiaire. L'accusation était ridicule, absurde ; cependant pas une
voix ne l'appuya. Elle ne servit qu'à raviver les fer-
ments de haine qui couvaient sous la cendre et à faire
adopter la loi de vengeance et d'exception du 3 brumaire. Ce fut le dernier acte législatif de la Convention. Le lendemain, 4 brumaire an III, l'Assemblée se
séparait au milieu des haines politiques bouillonnantes
et, pour cela sans doute, pour des souvenirs plus anciens peut-être, donnait le nom de « place de la Concorde » à la place sur laquelle avait été élevé le premier échafaud.

CHAPITRE VI

Avènement du Directoire. — Le Directeur Barras. — Tristesses
et soucis de Tallien. — Splendeurs et misères. — Le salon de
Mme Tallien. — Nouvelles intrigues avec les royalistes. — Les
bals publics sous le Directoire. — Mme de Beauharnais et
Mme Tallien au Luxembourg. — Le salon de Barras. — Bonaparte et Mme Tallien. — Fête en l'honneur de l'armée
d'Italie. — Toilettes et perruques. — Les « sans-chemise ». —
Médisances et cancans. — Corruption générale. — Les « dames
pour accompagner » Mme Tallien. — La famille de Barras au
Luxembourg. — La main de Mme Tallien dans le coup d'État
du 18 fructidor.

Le Directoire fut bien le pire de tous les gouverne-
ments que la France eut à subir. Ce fut le règne des
Thermidoriens, des « pourris », et leur pourriture
s'étendit de proche en proche jusqu'aux masses honnêtes de la population. C'est cette corruption, le plus
redoutable de tous les dissolvants pour une nation,
surtout pour une démocratie, qui prépara l'asservis-
sement de la France. Sans les excès de corruption,
sans les excès de pouvoir du Directoire, jamais Bonaparte n'aurait pu faire son coup d'État de brumaire.

On se figure généralement l'époque du Directoire
comme un temps de fêtes et de divertissements sans
fin. Il y en eut, à la vérité, mais dans une portion
infime de la France, ou plutôt de Paris. Le bruyant

troupeau des fournisseurs des armées, des agioteurs, des banquiers, des enrichis de tout acabit, aurait pu faire croire par son luxe et ses prodigalités à la prospérité de la France si, autour de lui, ne s'était trouvé grouillant l'immense troupeau des malheureux mourant de faim. Le scandale des fortunes récentes, de gens qu'on savait enrichis par la spoliation, par le vol, par le trafic de la vie et de la liberté des citoyens, s'affichait sans pudeur au milieu des misères de la rue; et le gros du peuple en était arrivé à un tel affaiblissement physique et moral par suite de ses privations, qu'il voyait ce révoltant spectacle avec un hébétement passif et résigné, sans même avoir la force de s'indigner. Cette décomposition des caractères était le résultat du provisoire qui régnait depuis cinq ou six ans, des convulsions qui avaient ébranlé le pays durant cette longue crise, des mauvaises passions et des idées fausses qui l'avaient désorienté : il était dû aussi aux pernicieux exemples donnés par les hommes corrompus qui détenaient le pouvoir à tous les degrés de la hiérarchie, dans toutes les branches des administrations.

Les nouveaux chefs de la France, les cinq Directeurs, par la diversité de leur caractère, celle de leurs vues, de leurs tendances, ne semblaient pas capables de marcher avec l'union indispensable pour donner une impulsion uniforme au pays, pour panser ses plaies saignantes, ramener peu à peu la paix dans les esprits et dans les provinces, faire renaître le travail et donner du pain à tout le monde. Le gouvernement allait à hue et à dia : les esprits suivaient le mouvement.

Une apparence de vie et de splendeur enveloppait pourtant le palais du Luxembourg, siège du Directoire exécutif. Des soldats, superbes de prestance et de tenue, montaient la garde à toutes les portes[1]. Des voitures élégantes garnies des plus coquettes *merveilleuses*, des tilburys élevés, conduits par de brillants *muscadins*, entraient au palais, en sortaient à toute heure de jour et de nuit, au risque de rouer sous les voûtes les malheureux qui n'allaient qu'à pied. Mais c'est surtout chez Barras, l'un des cinq Directeurs, que se rend toute cette foule. Des femmes d'une élégance recherchée, Mme de Forbin, Mme de Châteaurenault, Mme de Beauharnais, sont les plus assidues. Mme Tallien l'est davantage. Elle va au Luxembourg tous les matins et déjeune presque chaque jour avec le jeune Directeur.

Le vicomte de Barras, à la fin de l'année 1795, n'a pas plus de quarante ans, Il est grand, bien fait, vigoureux, poseur. Il a cette médiocrité présomptueuse qui en impose aux hommes, cette fatuité insolente qui séduit les femmes, ces vices distingués qui font qu'elles l'adorent. Mais ce n'est qu'un drôle. A sa corruption accomplie, ce drôle joint pourtant une qualité : comme Thérésia, il a horreur de la mesquinerie. Comme elle, il est aimable dans ses propos ; de plus, il est accommodant pour placer dans les emplois de la République tous les fripons qu'on lui recommande, pour faire adopter toutes les affaires véreuses qu'on lui propose, car tout cela lui rapporte : il fait argent de son crédit, vend les radiations de la liste des émigrés et empoche des pots-de-vin. Mais il a si bonne grâce à le faire! Et puis il a un si beau costume! Qui donc porte mieux que lui cet habit-manteau nacarat

---

1. Il y avait une garde du Directoire, composée de 140 hommes à pied et de 140 hommes à cheval.

brodé d'or, cette veste blanche brodée, cette écharpe bleue frangée d'or, ce col de mousseline garni de dentelles ? On le prendrait presque pour une femme, de loin, tant il a bonne mine avec son chapeau rond panaché de grandes plumes tricolores, son visage rasé, ses bas de soie blanche et ses souliers à bouffettes, — s'il n'avait à ses côtés ce glaive de forme antique, comme un glaive de la loi. Ah ! ce n'est pas ce bossu de La Revellière, cette espèce de singe habillé, qui représente aussi dignement le gouvernement ! On dit bien tout bas que Barras a fait des atrocités dans le Midi, qu'il a mitraillé Toulon, qu'il a pillé les églises de Marseille avec son ami Fréron, que tous deux sont comptables envers le Trésor d'une somme de huit cent mille francs : mais le 9 thermidor n'a-t-il pas donné quittance de tout cela ? Et Cambon, cet imbécile d'honnête homme, n'a-t-il pas honte d'avoir cherché noise sur ce sujet à un aussi bel homme ?

Comme les autres Directeurs, Barras est logé au Luxembourg et la plupart des gens qui y viennent ne viennent que pour lui. Il a toujours mille affaires en train, reçoit une foule d'intrigants et surtout d'intrigantes. Il a plus d'une liaison à la fois : mais il a trop d'esprit, ce saltimbanque de la politique, pour mettre le cœur de la partie. Sa pose favorite, auprès de chacun, est de se faire passer pour le véritable maître de la France ; il parle de ses collègues et les traite avec un petit air de mépris mêlé de pitié. On le remet bien parfois à sa place, mais cela lui est égal : la dignité n'est pas plus son fait que la probité. Il tient seulement à faire croire au public que rien ne se fait au Directoire que par lui ; il tient surtout aux cent cinquante mille francs que lui vaut sa place et aux bénéfices malpropres qu'il sait en tirer. Homme de bruit, de vanité, de succès, ayant à la bouche le propos gaillard, polisson même, relevé, à la provençale, d'une pointe d'ail, paresseux, hâbleur, menteur, libertin et toujours à vendre : au demeurant, le meilleur fils du monde. Tel est Barras. Mais pourquoi avoir élu un être pareil à la plus haute magistrature de la République? A cause de son rôle actif au 13 vendémiaire, au 9 thermidor, et puis surtout parce qu'on s'imagine que l'élection de ce gentillâtre déclassé sera désagréable aux royalistes.

Avant qu'il n'allât trôner au Luxembourg, Barras trônait déjà dans le salon de son collègue Tallien. Ces deux hommes s'étaient liés rapidement par suite de l'intérêt qu'ils avaient à se soutenir mutuellement comme thermidoriens et à s'aider à faire disparaître les traces d'un passé fâcheux qui pouvaient subsister dans les cartons des Comités de salut public et de sûreté générale. Leur sûreté particulière ainsi conquise, à la suite de l'envoi à la guillotine de Robespierre et de tous ceux qui auraient pu leur demander compte de leurs vols et de leurs atroces excès, Tallien put, grâce à l'amitié de Barras, plus délié et plus débrouillé que lui, entrer dans quelques affaires et spéculations productives.

C'avait été un crève-cœur pour Tallien que de ne pas être élu Directeur. Il avait déjà eu une déception, lors de l'anniversaire du 9 thermidor, en se voyant préférer La Revellière-Lepeaux pour la présidence de la Convention. Mais il lui était dur, alors que son ami avait cent cinquante mille francs par an comme Directeur, sans compter les bénéfices de contrebande, de n'avoir, lui, que vingt-huit francs par jour comme membre du conseil des Cinq-Cents. Sa femme, qui lui avait prodigué de l'humeur et non des consolations à ses différents échecs, ne lui marquait pas des sentiments plus bienveillants depuis qu'elle lui voyait marquer le pas dans la carrière politique. Et, si tout le monde la disait aimable et charmante, le pauvre Tallien commençait à être d'un autre avis. L'ambition déçue, la modicité relative des revenus étaient, chez Thérésia, les principales causes de sa désaffection. Comment s'attacher sérieusement, je vous le demande, à un homme qui ne réussit en rien, qui échoue partout, qui laisse sa femme dans la misère, car, c'est positif, ce raté de Tallien n'est seulement pas capable de gagner les quelques centaines de mille francs par an qui lui sont nécessaires pour faire marcher son petit ménage? Et puis, ô logique des femmes! quelle considération pourra-t-elle avoir désormais pour son mari... un mari trompé? Car c'est non moins positif, le pauvre Tallien est supplanté dans le cœur de la volage Thérésia par ce poseur de Barras. Cela, tout le monde le sait, et Tallien comme les autres sans doute.

C'est un triste jour que celui où le voile des illusions se déchire complètement et où l'homme pénètre toute la bassesse d'âme d'une femme aimée. Tallien, quelque peu difficile qu'il puisse être sur le chapitre de la moralité, passe par toutes les tortures de l'amant, du mari trahi. Ses préoccupations se lisent sur son visage. Peut-être essaie-t-il de quelques scènes, peut-être menace-t-il d'un éclat... Mais on le prend de haut avec lui, on sait les moyens de lui faire fermer la bouche et de lui prouver qu'il a tous les torts. Ses embarras d'argent, hélas! ne le lui montrent que trop.

Son beau costume de député aux Cinq-Cents ne le console pas de ses tristesses. Ce costume n'est assurément pas si beau que celui de Barras, mais il a bien aussi son mérite. Ceci a son importance, car les femmes jugent souvent des talents d'un homme d'après la coupe ou la couleur de ses vêtements. Une robe longue et blanche comme celle du Pape, un manteau écarlate comme celui de Richelieu, une toque de velours bleu comme celle de Chérubin, une écharpe en ceinture comme celle de Vénus : voilà le costume du législateur Tallien. Mais Thérésia le trouve plus ridicule qu'imposant dans cet accoutrement et lui préfère Barras. Il est si charmant, lui ! Carnot n'a-t-il pas dit, l'autre jour, qu' « il avait tous les vices du Régent sans avoir une seule de ses qualités » ? Et quel plus bel éloge peut-on faire d'un homme auprès de certaines femmes ? Aussi les avantages moraux et physiques du directeur l'ont-ils définitivement emporté, chez la peu sévère Thérésia, sur ceux de son mari.

Par amour ? Ce n'est pas probable. L'amour, le véritable amour, ne semble pas avoir été connu de Thérésia : une coquette est trop égoïste pour aimer jamais autre chose qu'elle-même. Par caprice tout au plus, par désœuvrement peut-être, et aussi par « vicieuseté », par cette curiosité malsaine que nous avons des sens et du plaisir des autres. Tout le monde a au fond de son âme, même les femmes, — Jean-Jacques Rousseau l'a très finement observé, — un fonds de vice qui fermente plus ou moins, selon les tempéraments, selon les occasions et aussi selon la complaisance avec laquelle on veut bien le laisser fermenter. Thérésia, en cela comme en tout, fut toujours fort complaisante.

Quoi qu'il en soit, la citoyenne Tallien menait une vie de plus en plus en l'air.

Le Directoire aurait bien voulu donner au peuple, comme les empereurs de l'ancienne Rome, *panem et circenses*, du pain et des fêtes. Ne pouvant lui donner du pain, il se rabattait sur les fêtes : fête du 21 janvier, fête du 26 messidor (14 juillet), fête du 9 thermidor, fête du 1ᵉʳ vendémiaire (1ᵉʳ jour de l'année républicaine) [1]; puis, fêtes à chaque victoire, et ces fêtes, grâce à nos braves armées, ne se comptèrent bientôt plus. Le peuple était blasé sur tant de fêtes : les familles pauvres, c'est-à-dire presque toutes, étaient peu disposées à se réjouir, quand, au lieu de souper le soir, elles étaient obligées de se contenter d'un maigre morceau de pain noir acquis avec peine. Mais si les privations étaient le lot du peuple, elles n'étaient nullement celui de la citoyenne Tallien. N'eût-ce pas été une honte que de voir jeûner une aussi jolie bouche? que de voir marcher sur d'affreux pavés d'aussi ravissants petits pieds? Faudrait-il voir retomber flasques et flétris ces divins appas, ces seins qui pointent insolemment sous la gaze, et les réduire, par une nourriture insuffisante, à l'état de peau vide, comme chez cette pauvre femme, assise sur une marche, dont le nourrisson s'épuise, tout autant qu'il épuise sa mère, à sucer un lait absent? Bon pour la canaille, tout cela : mais elle!... N'est-ce pas trop déjà que de salir sa vue par le spectacle de ces malheureux déguenillés, hâves, criant la faim, qu'elle est obligée de voir et d'entendre de sa voiture? Et c'est, en vérité, fort cruel, quand on vient de bien dîner et

---

1. On célébrait officiellement cette fête : les membres du Directoire, du Conseil des Anciens et du Conseil des Cinq-Cents en grand costume, les ministres, toutes les autorités, allaient en corps au Champ-de-Mars pour célébrer le renouvellement de l'année. Le président du Directoire montait sur l'autel de la Patrie, y prononçait un discours, et la foule, qui y venait si le temps était beau, se retirait enchantée de voir le sort du pays entre les mains d'hommes qui avaient de si beaux costumes.

qu'on a la joie au cœur, de ne pouvoir aller au théâtre,
à un bal, sans être importuné par des voix râlantes
qui vous demandent un morceau de pain! Au Petit-
Coblentz, c'est bien pis : là se réunissent les belles
oisives du monde et du demi-monde, les hommes à la
mode, les élégants et tout ce qui devrait seul avoir le
droit de se montrer; mais le moyen d'y causer en
paix? A peine descendue de voiture, à peine assise au
milieu d'un joyeux cercle, voilà encore des enfants en
haillons, des femmes pâles et sans voix qui viennent
interrompre les plus importantes conversations du
monde sur les bals, le scandale du jour; et, cela, pourquoi? Pour demander de quoi manger! En vérité,
c'est intolérable; il ne devrait pas être permis de venir
ainsi tourmenter les délicatesses des âmes sensibles.
A quoi pense la police?

Mais on oublie vite ces misères — on les oublie
d'autant plus facilement que ce sont celles des autres
— quand on arrive dans sa loge, au bal Thélusson,
aux réunions du Pavillon de Hanovre, à une soirée du
directeur Barras... Mais c'est à la Chaumière, c'est quand
elle reçoit chez elle que Mme Tallien sait faire passer
les heures agréablement. Elle a un tel talent pour bien
grouper son monde! Ses amies sont des femmes si
charmantes! Voici la citoyenne Hainguerlot, grande,
jolie, élégante, vive dans ses reparties, piquante dans
tout ce qu'elle dit, courtisée par les hommes de lettres
et les artistes qui lui prêtent de leur esprit, jalousée
par toutes les femmes qui lui refusent jusqu'à celui
qu'elle a; voici la citoyenne Hamelin, créole ou plutôt
mulâtresse, l'air vaporeux et canaille à la fois, le
propos polisson, le geste libre, la mise encore plus :
lanceuse des « nudités gazées », la voici, à peine arrivée, entourée de toute une cour de jeunes gens dé-

taillant, l'œil allumé sous leur énorme lorgnon, les beautés plastiques de cette impertinente de salon. Et puis voici la citoyenne Mailly de Châteaurenault, la peau blanche et rose, l'œil candide, causant beaucoup, souriant toujours ; la citoyenne de Krüdner, blonde Livonienne dont le mysticisme futur ne paraissait pas près alors de faire éclosion ; et Mme de Navailles, et la citoyenne Saint-Fargeau, la *fille de la nation*, et la citoyenne Beauharnais, et la citoyenne de Forbin... Du côté des hommes, Lenoir, Digeon, Hoffmann, Méhul, Arnauld, M. de Châteaurenault causant morale dans ce singulier pêle-mêle de toutes les immoralités avec Mme de Chastenay, M. Récamier, qui promet d'amener sa jeune femme à la prochaine fête, M. Séguin, M. Perregaux, M. Hottinguer, Barras, Fréron, Tallien enfin, le maître de la maison. Mais que sont ces vulgaires politiciens à côté des artistes et des gens de lettres qu'ils coudoient ? Que sont-ils à côté de ces émigrés rentrés qui, avec leur habitude du monde, parlent et circulent chez la citoyenne Tallien avec la même aisance que jadis dans les salons de Versailles ? S'il y a quelqu'un qui ne paraît pas être chez lui, dans ce salon, c'est bien le maître de la maison, coudoyé par l'incroyable avec son habit bleu, les mains dans les poches de son pantalon jaune montant jusqu'aux aisselles ; par l'émigré, avec sa perruque poudrée, son habit vert et son énorme cravate verte, à la façon de celles des chouans, et qui le salue, à son entrée, en inclinant la tête par un petit mouvement brusque, comme si elle tombait sous le couperet... Et Tallien, plus étranger chez lui que l'émigré qui y vient pour la première fois, entend tout ce monde parler moins du passé que de l'avenir ; il saisit les espérances de chacun. On ne se gêne pas devant lui ; on dit : *Quand le roi reviendra...*

Car on sait qu'il n'est pas un républicain bien sévère
sur les principes ; on se dit, dans les groupes, que
c'est lui, Tallien, qui a été le principal artisan de la
paix avec l'Espagne ; on se raconte que, grâce à sa
charmante femme, il est très bien vu en ce pays,
qu' « il a une correspondance active et régulière avec
le duc d'Alcudia ; que, par suite de cette liaison, il est
parvenu à faire rendre à son beau-père tous ses honneurs, sa place, sa fortune et même des indemnités ;
qu'il a fait écarter et exiler les principaux ennemis de
Cabarrus ; que le duc d'Alcudia lui a annoncé cette
nouvelle dans une lettre qu'il a reçue au milieu de janvier, lettre remplie de flagorneries et de protestations
d'amitié les plus humbles, lettre que Tallien a com-
muniquée à plus de deux cents personnes » [1]. — Ah !
vraiment, Tallien est si bien que cela avec la Cour
d'Espagne !... Et pourquoi ? — D'où venez-vous donc
que vous ne savez pas que Tallien est le meilleur royaliste de la République française, que sa femme est au
mieux avec le marquis del Campo, ambassadeur d'Espagne, et que, depuis qu'il a fait rendre à son beau-
père les biens qui lui avaient été confisqués, « il a
proposé au duc d'Alcudia la couronne de France » [2] :
« Cabarrus va travailler de toutes ses forces à la réussite de ce projet ». — Mais s'il ne réussit pas ?... —
Eh bien ! Tallien soutiendra Louis XVIII. — Mais il
n'est pas populaire... — Ce sera alors le duc d'Orléans :
n'a-t-il pas eu, en 1792, des accointances avec le père
de ce prince, pour l'organisation des... — Chut ! le
voici, il pourrait nous entendre.

Tallien passe. Derrière lui marche un petit officier,

1. MALLET DU PAN, *Correspondance avec la cour de Vienne,*
t. II, p. 10.
2. *Ibid.*

maigre, la peau jaune collée sur les tempes, les cheveux plats collés sur la peau. C'est le général Bonaparte, qui a maintenant un uniforme neuf. Les hommes à collets verts regardent avec un certain mépris ce gringalet qui les a si bien mitraillés sur les marches de Saint-Roch, haussent les épaules et vont causer avec la veuve Beauharnais, qu'on sait être du dernier bien avec lui, comme avec Barras ; mais c'est auprès de la citoyenne Tallien que la foule est le plus compacte, c'est autour d'elle que papillonnent tous les hommages : « Quelle femme cha-mante ! Elle est à fai-e mou-i d'amou ! » Tels sont les propos qu'on saisit au vol chez les jeunes gens qui s'en vont.

Malgré la facilité des mœurs, la corruption générale plutôt, quelques personnes remontaient aux causes de ce déplorable état de choses et en rendaient un peu responsable la belle citoyenne Tallien. La conduite plus qu'évaporée de cette grande maîtresse de la mode, ses allures, ses toilettes plus que fantaisistes justifiaient pleinement les reproches que lui adressait la partie restée honnête de la population. Elle reçut même, par suite de sa fâcheuse célébrité, plus d'un affront dans les réunions et les lieux publics. Comme les salons ne s'ouvraient encore qu'en petit nombre et que la masse du public, sevrée de toute distraction pendant la réclusion forcée de la Terreur, était prise depuis le 9' thermidor d'un goût immodéré pour les plaisirs, on avait ouvert partout des bals publics et l'on y dansait tous les jours. Il y avait des bals pour toutes les bourses. On y prenait des abonnements et chaque soir une société étrange, bigarrée, singulièrement mêlée, s'y rencontrait et s'y amusait en commun. A l'une de ces réunions, une émigrée rentrée, Mme de Damas, s'adressant à M. d'Hautefort qui l'avait con-

13.

duite au bal de Thélusson, lui demanda quelle était cette belle personne qui venait d'entrer dans le salon et vers laquelle les jeunes gens et les regards des femmes s'étaient portés aussitôt.

« Cette femme, a écrit un témoin oculaire de ce petit épisode, était d'une taille au-dessus de la moyenne. Mais une harmonie parfaite dans toute sa personne empêchait de s'apercevoir de l'inconvénient des trop hautes statures. C'était la Vénus du Capitole, mais plus belle encore que l'œuvre de Phidias, car on y retrouvait la même pureté de traits, la même perfection dans les bras, les mains, les pieds, et tout cela animé par une expression bienveillante, une réflexion du miroir magique de l'âme, qui disait tout ce qu'il y avait dans cette âme, et c'était de la bonté. Sa parure ne contribuait pas à ajouter à sa beauté, car elle avait une simple robe de mousseline des Indes, drapée à l'antique et rattachée sur les épaules avec deux camées. Une ceinture d'or serrait sa taille et était également fermée par un camée ; un large bracelet d'or arrêtait et fixait sa manche fort au-dessus du coude. Ses cheveux, d'un noir de velours, étaient courts et frisés tout autour de la tête ; cette coiffure s'appelait alors *à la Titus ;* sur ses blanches et belles épaules était un superbe châle de cachemire rouge, parure à cette époque fort rare encore et fort recherchée. Elle le drapait autour d'elle d'une manière toujours gracieuse et pittoresque, formant ainsi le plus ravissant tableau [1]. »

A la demande de Mme de Damas, M. d'Hautefort répondit :

— Mais c'est Mme Tallien !

---

1. Duchesse d'ABRANTÈS, *Mémoires,* t. I, p. 367 (éd. Garnier).

— Mme Tallien ! s'écria Mme de Damas ; ah ! mon Dieu, comment m'avez-vous amenée ici !

Et elle s'éloigna avec une affectation marquée du voisinage de la belle Thérésia.

Après l'hôtel Thélusson, le *Cercle des étrangers* était le lieu où la société parisienne aimait le plus à se réunir. On y donnait des bals masqués qui faisaient fureur. Mme Hamelin, Mme Hainguerlot, Mme Rovère, Mme Tallien n'y manquaient jamais et portaient dans ces réunions l'entrain, la gaieté et le charme qui les caractérisaient. Leur présence suffisait pour en assurer le succès. On y rencontrait aussi une femme, plus jeune que celles-là, dont la célébrité, qui commençait alors, devait se prolonger, ainsi que sa jeunesse, pendant près d'un demi-siècle : Mme Récamier. Femme d'un riche banquier de la Chaussée-d'Antin, belle de jeunesse et d'une carnation idéalement nacrée, celle-ci affectait, pour trancher sur la masse des autres femmes à la mode dont le luxe sentait un peu trop le parvenu, de ne se montrer qu'avec une mise des plus simples : une robe blanche, un fichu de linon sur la tête, et c'était tout. Et partout elle était la plus charmante. Souvent on quittait la triomphante beauté de Mme Tallien pour venir courtiser les grâces plus discrètes de l'aérienne Mme Récamier ; ce qui établit entre ces deux femmes à la mode une sorte de rivalité.

A Tivoli, au Pavillon de Hanovre, Mme Tallien aimait aussi à se montrer. Elle y allait souvent prendre des glaces, le soir. On la voyait, imposante et le sourire aux lèvres, traverser la foule qui s'y donnait rendez-vous. Cette foule était en grande partie composée d'émigrés rentrés. Par goût, par politique prévoyante peut-être, Mme Tallien semblait prendre à tâche de plaire à ces épaves d'un monde où elle avait débuté et

qui, après l'expérience qu'elle venait de faire du
monde nouveau, avait ses préférences. Mais on ne la
voyait pas d'un bon œil et seuls les gens qui avaient
quelque grâce ou faveur à demander lui faisaient bonne
mine. Ceux-là l'accueillaient parce qu'ils savaient qu'elle
était toute-puissante, qu'ils pensaient à recourir à son
appui pour leurs sollicitations, et personne n'ignorait qu'elle ne demandait pas mieux que de rendre
service aux gens, surtout aux royalistes. Elle aurait
voulu reparaître dans cette société, non pas seulement
pardonnée — pour le moment elle ne songeait point
à s'amender, — mais en souveraine triomphante,
comme au Luxembourg.

Car maintenant la belle pécheresse, à qui la société
royaliste reprochait bien plus ses fréquentations
jacobines que certaines libertés d'allures, devenait de
plus en plus intime de Barras, à la grande mortifica-
tion de Tallien, qui était bien obligé de s'apercevoir des
coups de canif que sa charmante femme donnait
publiquement au contrat. Car on n'était pas resté bien
longtemps dans les régions éthérées du sentiment. Ce
n'était dans les goûts ni de l'un ni de l'autre, et c'est
très rapidement que l'intimité s'était faite.

Il était assez naturel que le Directeur plût à Thérésia.
Ses manières à la fois distinguées et soldatesques tran-
chaient sur les façons vulgaires et bourgeoises de la
plupart des hommes qu'elle voyait, et, dans ce milieu
de parvenus, Barras était un prodige de distinction.

Le Directeur, qui était marié, mais dont la femme
ne voulait pas, et pour plus d'un motif, venir tenir
la maison à Paris, faisait lui-même à ses invités les
honneurs du Luxembourg, comme il les avait faits,
un peu avant, dans son petit hôtel de la rue de Chaillot.
Il était cependant aidé en cela par Mme Tallien.

Mme de Beauharnais ne vint que plus tard partager cet empire[1]. Ces deux femmes, quelque singulière que la chose puisse paraître, faisaient bon ménage entre elles. Mme de Beauharnais, qu'on appelait Rose dans le cercle intime du Directeur, n'était sortie de prison que grâce aux démarches de Thérésia : Tallien lui-même avait signé l'ordre de son élargissement. Elle était dans une situation trop précaire pour négliger une amitié aussi utile que le pouvait être celle de la maîtresse de Tallien et, à la faveur de la reconnais-sance, elle était vite devenue une intime des Tallien. Elle n'avait fait qu'un pas de la Chaumière au Luxem-bourg, s'était attachée à plaire au Directeur, et c'est ainsi qu'elle jeta les fondements de sa prodigieuse for-tune. La haute faveur dont elle jouissait auprès du pacha du Directoire ne porta aucune atteinte aux sen-timents d'amitié qui existaient entre ces deux femmes, ce qui montre bien que le cœur n'avait aucune part dans le commerce de galanterie que l'une et l'autre entretenaient avec Barras. L'utilité pratique immé-diate chez l'une, l'ambition chez l'autre, le désœuvre-ment et le manque absolu de sens moral chez toutes les deux, expliquent suffisamment cette amitié per-sistant dans ce singulier ménage à trois. Tout cela est assurément bien dénué de poésie ; mais en avez-vous souvent trouvé dans la réalité des choses et des gens ?

Une apparence de bon ton, mais un peu cavalier, régnait dans les salons du Directeur. La citoyenne Tallien, qui trouvait avec juste raison que la grossiè-reté des façons n'est pas la conséquence forcée d'un

---

1. « Son véritable motif était de pénétrer dans ma société où elle savait Mme Tallien admise en première ligne depuis le 9 thermidor » (BARRAS, *Mémoires*, t. I, p. 358).

gouvernement républicain et qu'on peut être poli tout en ayant la plus grande liberté, même dans les mœurs, cherchait à donner le ton et les usages de la bonne compagnie au monde très mélangé qui fréquentait les salons de Barras. Pour les déclassées de l'ancien régime, c'était fort bien et leur tenue était parfaite. Pour les hommes, cela pouvait encore aller : il y avait bien quelques notes discordantes dans ce ramassis de financiers véreux qui venaient continuer leurs sales spéculations jusque dans les goguettes du Directeur ; mais leurs femmes ! C'était pitié que de les voir avec leurs grosses mains rouges et leurs visages communs, leur vulgarité en tout soulignée par une richesse criarde, d'entendre leurs voix plus criardes encore et leurs propos qui rappelaient à merveille ceux que le spirituel Aude fait tenir à Mme Angot. Et si le non moins spirituel Bussy était revenu sur terre, il aurait pu dire de toutes ces femmes ce qu'il écrivit de celles qu'il avait connues : « Elles aimaient, de mon temps déjà, l'argent et les pierreries plus que l'esprit, la jeunesse et la beauté. »

Le Directeur, avec ses manières presque parfaites, recevait de son mieux son peuple d'invités[1]. Ce Lauzun de la canaille écoutait chacun d'un petit air protecteur. Il allait de groupe en groupe, donnait à tous une parole, un signe de tête, ne vous quittait que sur un mot aimable ou spirituel, et, content de lui-même, allait enfin s'asseoir à une table de jeu où les cartes étaient républicanisées, les rois avec des chapeaux à

---

1. « Mon mari m'y conduisit une fois ou deux seulement et avec répugnance ; ce n'était pas la place d'une femme, jeune surtout, et celles qu'on y trouvait n'étaient bonnes ni à voir ni à rencontrer » (*Mémoires d'une Inconnue*, p. 112).

trois cornes et les reines en déesses de la Liberté avec
le bonnet rouge sur la tête.

Telles étaient les soirées du Luxembourg, et elles
étaient les plus brillantes de Paris.

Si Mme Tallien venait presque tous les jours chez
Barras, Tallien y venait quelquefois « et toujours avec
le ton et l'extérieur de l'amitié; mais son esprit était
pénétré d'amertume [1] ». Certes, il y avait de quoi.
L'affection de sa femme, qui aurait dû être sa consolation dans ses déboires politiques, lui faisait absolument banqueroute. La fortune ne lui souriait plus,
Thérésia pas davantage. Ces diables de femmes n'aiment pas ceux qui ne réussissent point : dès que le
succès vous quitte, elles en font autant. Leur cœur
souffrirait trop de vous voir malheureux, et si c'est
là une preuve de leur sensibilité, c'en est une aussi
que la vanité, après l'intérêt, est ce qui tient le plus
de place dans leurs attachements. Il paraît cependant,
il est même certain qu'il y a des exceptions.

Parmi les habitués des salons de Barras, on commençait à remarquer le général Bonaparte. On disait
même tout bas qu'il était question de lui pour le commandement de l'armée d'Italie. Comme on le savait en
fort bons termes avec la citoyenne Tallien, on commençait à croire à cette invraisemblable chose. Car
l'intimité était grande entre la reine de Thermidor et
le petit général corse. Il l'invitait à des déjeuners
somptueux où se trouvaient d'autres femmes de la
cour du Luxembourg, entre autres la gracieuse créole,
veuve du général Beauharnais dont il commençait à
s'occuper [2]. Mais il paraît qu'avant de la courtiser, ou

1. Mme DE CHASTENAY, *Mémoires*, t. I, p. 362.
2. BOURRIENNE, *Mémoires*, t. I, p. 82.

plutôt de se laisser courtiser par elle, Bonaparte avait élevé ses vues ambitieuses jusqu'à l'autre maîtresse du Directeur. Non pas pour l'épouser, puisqu'elle avait déjà deux maris vivants, sans compter les suppléants. A moins, cependant, que le général, qui aimait assez les premiers rôles, ne se contentât, en amour, d'un effacement de comparse. A en croire Barras, il osa, comme on disait alors, lui déclarer sa flamme [1] ; il fut repoussé sans pitié. Il ne tint pas rancune à la cruelle, puisqu'il l'invitait, comme le dit Bourrienne, à des déjeuners somptueux; la grande familiarité qui existait entre elle et lui ne s'en ressentit même aucunement. Lorsqu'il alla prendre le commandement de l'armée d'Italie, il terminait une lettre à Barras, qui décidément n'était pas plus jaloux que Tallien, par ces mots : « Adieu, mon ami, sous peu de jours je t'écrirai d'Albenga. Donne-moi des nouvelles de Paris. Un petit baiser à Mmes Tallien et Châteaurenault, à la première sur la bouche, à la seconde sur la joue [2]. » Les mœurs du temps, comme les maris et les amants, autorisaient peut-être ces petites familiarités ; et Mme Tallien, qui permettait à Lacretelle et à d'autres de lui baiser les bras, ne devait pas s'effaroucher d'être baisée sur les lèvres par le général Bonaparte.

Tout allait donc comme de coutume à la petite cour du Luxembourg, avec Bonaparte en moins, puisque, à peine marié, il avait dû partir pour l'Italie. Tallien, bravé tout d'abord par sa femme, avait fini, comme tant d'autres, par ne plus rien dire et tolérait cette intolérable chose de la voir maîtresse en pied de son

—————

1. Voir notre ouvrage *Napoléon amoureux*, pp. 49-56.
2. *Bonaparte à Barras,* quartier général de Nice, le 10 germinal an IV. — Lettre inédite, déjà citée par nous dans *Napoléon amoureux*, p. 55.

ami Barras. On recevait souvent des nouvelles d'Italie, et chaque nouvelle était une victoire. C'était pour Mme Tallien un regain de fêtes et de triomphes. La duchesse d'Abrantès nous a laissé le récit d'une de ces fêtes, celle donnée à l'occasion de l'arrivée à Paris des drapeaux conquis par Bonaparte et apportés par ses aides de camp Junot et Marmont.

« Junot, dit-elle, fut reçu en grande pompe et les Directeurs mirent même à cette réception un apparat qui était sans doute destiné à donner au peuple français une grande idée du gouvernement sous lequel se remportaient des victoires qui demandaient presque une ovation pour recevoir les dépouilles opimes. Quoi qu'il en fût, Marmont et Junot avaient été magnifiquement reçus lorsqu'ils furent envoyés en France par le général en chef. Le jour de la réception de Junot au Directoire, Mme Bonaparte, qui n'était pas encore partie pour rejoindre Napoléon, voulut être témoin de cette réception. Elle s'y rendit avec Mme Tallien, avec laquelle elle était intimement liée à cette époque et qui, elle-même, était une fraction de la royauté directoriale, dont Joséphine, comme Mme de Beauharnais et peut-être bien un peu Mme Bonaparte, avait été également revêtue, si l'on peut parler ainsi. Mme Bonaparte était encore charmante... Quant à Mme Tallien, elle était alors dans la fleur de son admirable beauté. Toutes deux étaient mises avec cette recherche antique qui constituait l'élégance du temps et avec toute la richesse que pouvait comporter une toilette du milieu de la journée. On peut penser que Junot ne fut pas médiocrement fier de donner le bras à ces deux charmantes femmes lorsque, la réception terminée, ils quittèrent le Directoire... En sortant, il offrit son bras à Mme Bonaparte qui, étant femme de son général, avait droit au premier pas, surtout dans cette solennelle journée. Il donna l'autre à Mme Tallien et descendit ainsi avec elles l'escalier du Luxembourg. La foule était immense. On se pressait, on se heurtait pour mieux voir.

« — Tiens, c'est sa femme!... C'est son aide de camp! Comme il est jeune!... Et elle, donc, comme elle est jolie!

« — Vive le général Bonaparte! s'écriait le peuple.

« — Vive la citoyenne Bonaparte! Elle est bonne pour le pauvre monde!

« — Oui, disait une grosse femme de la halle, c'est bien Notre-Dame des Victoires, celle-là!

« — Oui, dit une autre, tu as raison. Mais regarde, à l'autre bras de l'officier, c'est Notre-Dame de Septembre.

« Le mot était affreux et il était injuste », a ajouté la duchesse d'Abrantès [1]. C'est certain. Mais il est curieux d'observer que le peuple, dans sa pensée, faisait partager la responsabilité du passé de Tallien à sa femme ; il savait le rôle qu'il avait joué dans les massacres de septembre, il en rejetait une partie de l'odieux sur Thérésia. Et ce n'est pas le luxe insolent qu'elle déployait alors, qui était fait pour rayer ce fâcheux passé de la mémoire d'un peuple qui, mourant de faim, était moins disposé à l'indulgence. On en a tant, cependant, pour le succès, pour l'inconduite ! surtout quand la femme est belle ! Et, en fait de beauté, on sait que Thérésia en avait à revendre. Marmont, qui l'a vue à cette époque, fait chorus avec la duchesse d'Abrantès sur cette beauté : « Tout ce que l'imagination peut concevoir, dit-il, fera à peine

_____
1. Duchesse d'Abrantès, *Mémoires*, t. II, p. 52 (éd. Garnier).

approcher de la réalité : jeune, belle à la manière antique, mise avec un goût admirable, elle avait tout à la fois de la grâce et de la dignité ; sans être douée d'un esprit supérieur, elle possédait l'art d'en tirer parti et séduisait par une extrême bienveillance [1]. »

Le règne du Directoire est le règne de la citoyenne Tallien. C'est sa grande époque, l'époque de sa gloire. Tout Paris s'occupe d'elle, tout Paris ne parle que d'elle. On parle bien un peu des victoires de l'armée d'Italie, mais c'est si peu important, ces choses-là, que les Parisiens en reviennent aussitôt à dona Thérésia, à son carrosse sang-de-bœuf [2] et à ses perruques, à ses amants et à ses toilettes. Ah ! ses toilettes !... Quel succès elles ont auprès de chacun ! Hommes et femmes, tout le monde accourt pour voir la belle citoyenne dès qu'on signale son arrivée ; tout le monde veut la voir, et du plus près possible. Mais aussi, quelle excentricité ! Quel déshabillé ! Et comme on l'apprécie ! Voyez tous ces incroyables qui jouent des coudes et du lorgnon, en se pressant à qui mieux mieux pour jouir de ce spectacle alléchant ! Jeunes et vieux s'en pourlèchent d'avance les lèvres, et ils n'auraient certes pas pareil empressement pour voir passer Cornélie ou Lucrèce, si, d'aventure, ces illustres Romaines revenaient au monde pour se promener au Petit-Coblentz.

Enfin, la voilà ! Elle descend de son carrosse. Chacun aussitôt de s'arrêter, de lorgner, de lui faire cortège... Il y a de quoi. Belle, elle l'est chaque jour plus que la veille. Avec cette assurance et cet air de supériorité que donne la fortune, surtout quand elle est jointe à

1. Duc DE RAGUSE, *Mémoires*, t. I, p. 87.
2. *Le thé*, juin 1797.

la beauté et à un bonheur qui se met au-dessus des scrupules de conscience et des lois de l'honneur, bons pour de simples mortels, la citoyenne Tallien s'avance... Elle domine les autres femmes de toute la tête, elle les domine aussi par une aisance et une distinction d'allures qui s'accordent rarement avec une taille si élevée. *Incessu patuit dea*, dit quelque royaliste à « pa-ole numé-ai-e », à qui la vue de cette belle femme ne fait pas perdre son latin. Et, en effet, Mme Tallien semble une de ces déesses qui, au dire des poètes, daignaient jadis descendre de l'Olympe pour visiter la Terre. La voyez-vous, avec ce chapeau à forme haute, dont les ailes se rabattent sur les oreilles, retenues par des rubans roses artistement chiffonnés ? Ce chapeau cache un peu trop la tête par derrière, mais pas assez cependant pour empêcher de voir sa superbe perruque blonde, — celle d'hier était noire, celle d'avant-hier rousse [1]... — dont les boucles d'or frémissent tremblottantes, de même que sa croupe puissante, chaque fois qu'elle pose le pied sur le sol. Mais ce n'est ni pour les rubans roses de son chapeau, ni pour les grâces *blond naissant* de sa perruque, que la foule s'étouffe sur les pas de la déesse. Ses bras sont nus, ses épaules sont nues, sa gorge nue, ou, pour mieux dire, un léger voile de crêpe noir, négligemment drapé, mais sans plis, en fait valoir avec délices les voluptueuses rondeurs, sans nuire en

---

1. « Au nombre des folies du temps, les perruques jouaient un rôle important. Rien ne peut être comparé à l'absurdité de cette mode. Une femme brune devait avoir une perruque blonde, une femme blonde une brune. Enfin une perruque devenait partie nécessaire d'un trousseau. J'en ai vu qui coûtaient jusqu'à 8 et 10,000 francs, mais en assignats, ce qui revenait à 150 ou 200 francs en argent » (Duchesse D'ABRANTÈS, *Mémoires*, t. I, p. 238 (éd. Garnier).

rien aux lis et aux roses de ces divins appas. Est-ce
là tout? Dieu merci, non. Les déesses, autrefois, ne
s'embarrassaient point de jupons : aujourd'hui, pas
davantage. La belle citoyenne, plus rigoureuse sur
l'exactitude du costume que sur bien d'autres choses,
a une robe... oh! la charmante robe! de gaze noire
drapée à l'antique et retombant en légers plis jusqu'à
terre. Sur les côtés, pour ne point gêner la marche,
une large échancrure montant, comme le sommet
d'un triangle isocèle, jusqu'à la hanche : et le public,
les yeux dilatés, la bouche ouverte jusqu'au gosier,
paraît avaler les divines et troublantes beautés que la
commodité de la déesse lui laisse voir à découvert.
Pas tout à fait à découvert pourtant, car un maillot de
soie couleur de chair protège une peau trop délicate
pour affronter les rayons d'un soleil ardent et les
œillades non moins ardentes de ce fouillis d'imbéciles en habits jaunes ou en habits verts qui sont à ses
trousses. Passe le citoyen Talleyrand. Il salue avec sa
grâce la plus charmante et dit à un jeune muscadin
qui l'aborde : « On ne peut être plus richement désha-
billée. »

Oui, la citoyenne Tallien est la grande prêtresse
des *sans-chemise* ; de complicité avec la citoyenne
Hamelin, elle a juré de faire tomber cet absurde sac,
linceul de leurs beautés, dans lequel les femmes ont
eu, jusqu'à présent, la manie de s'enfouir. Les hommes
ont fait leur révolution dans la politique, les femmes
la font dans la mode. On veut qu'elle soit grecque et
romaine? Les femmes le seront aussi. Et c'est pour
prêcher d'exemple que la belle Thérésia, qui trouve
la chose convenable, puisqu'elle lui convient, se montre
ainsi « nue dans un fourreau de gaze ». Elle est cependant un peu plus habillée que de sa pudeur et d'un

rayon de soleil, comme veulent le faire croire des
malveillants. Voyez ses jambes : des cercles d'or garnis de rubis, de saphirs, de diamants, enserrent la
finesse de ses chevilles, des bracelets relèvent la gracieuse rondeur des poignets et font valoir celle des
bras. Le scintillement de cet or et de ces pierreries se
mêle à l'entrelacement régulier des rubans qui retiennent les sandales et aux bouffettes surmontées de camées antiques qui retiennent ces rubans. Mais le
comble de l'audace, ce n'est pas cette mythologie
dans le costume, ce nu dans le vêtement ; le comble
de l'audace, c'est d'avoir mis des bagues à ses orteils !
Cela, on ne sait pourquoi, on ne lui pardonne pas, et
un de ces hommes à « habits quarrés », dans une affreuse brochure, où le mauvais goût le dispute à la
brutalité, mais qui, cependant, n'a pas tort, reproche
à cette merveilleuse « ses diamants aux pattes de devant et aux pattes de derrière ». Et la même brochure
ose dire en toutes lettres : « Non, la prostituée de la
rue du Pélican ou de la rue Jean-Saint-Denis, celle de
la Grève, celle du quartier Saint-Martin, ne sont pas
plus coupables que toi[1] ! » Des grincheux, qui n'aiment pas la liberté, prennent pourtant celle de corner
ces vilaines paroles aux oreilles de la belle citoyenne.
Mais celle-ci n'en a cure. N'a-t-elle pas déjà répété
mille fois que, si elle porte des bagues aux doigts de
pieds, c'est pour dissimuler les cicatrices des morsures que lui ont faites les rats, dans les prisons de
Bordeaux ? Mais personne ne la croit : si cela était,
pourquoi ne les dissimulerait-elle pas dans des souliers, comme tout le monde ? Ah ! voilà ; c'est qu'elle

____

1. *Lettre du diable à la plus grande p..... de Paris. La
reconnaissez-vous ?* — DE GONCOURT, *Société française sous
le Directoire.*

ne veut pas faire comme tout le monde! Et, devant les
sourires moqueurs, elle se contente de se draper dans sa
dignité; dans son châle rouge aussi, ce fameux châle
qui a coûté une fortune, mais qui lui vaut tant de regards envieux, par conséquent tant de jouissances, et
qu'elle sait porter, avec sa grande taille, plus pitto-
resquement que pas une. Elle n'ignore pas que les
femmes jeunes la jalousent, que les vieilles la criti-
quent, que certains esprits mal faits ne la supportent
pas et déblatèrent toute la journée contre elle ; elle en
est ravie et aime mieux qu'on dise des horreurs sur
elle plutôt que de n'en pas parler du tout.

Et, certes, le public ne se prive pas de jaser : à sa
vue, les langues se délient, les caquets se font à perte
d'haleine : « Vous ne savez pas, dit l'une, ce n'est
pas vrai ce qu'on disait hier. — Quoi donc ? — Qu'un
échappé de Coblentz avait attaché au dos de la citoyenne Tallien une pancarte avec ces mots : *Respect
aux propriétés nationales*. Ce n'est pas vrai. Les
Rapsodies l'ont démenti ce matin. — V-aiment? dit
un incroyable. C'est dommaze, le mot est zoli. Mais
ze vais vous en di-e un aut-e qui vaut son pesant d'o-.
Ze -ega-dais l'aut-e zou- cette me-veilleuse, qui po-tait
su- elle toute une moisson de diamants. Ze ne sais
pas pou-quoi elle se -etou-ne et me dit : — « Qu'avez-
vous, monsieur, à me considé-er? — Ze ne vous con-
sidé-e pas, madame, z'examine les diamants de la
cou-onne. » Ma pa-ole d'honneu- la plus pa-fumée,
z'ai été si content de mon mot que ze l'ai po-té tout
de suite au di-ecteu- de la *Petite Poste* qui l'a insé-é
le lendemain [1]. — Et sait-on, dit une grosse commère,
ce qu'est devenu son premier mari? — Blondinet ? —

1. *Petite poste*, nivôse an V.

Mais non, je ne parle pas de Saint-Fargeau; si l'on parlait de ses amants l'on n'en finirait pas, et je n'ai pas de temps à perdre; je parle de M. de Fontenay. — Mais vous le savez bien; il a émigré. — On dit pourtant qu'il est rentré à Paris et qu'elle va se remettre avec lui. Elle a eu à ce sujet une scène violente de Tallien qui s'est avisé de faire le jaloux; et, c'est positif, elle l'a menacé de le quitter pour reprendre M. de Fontenay; celui-ci, moins jaloux que jamais, lui donnerait pleine et entière liberté. — Ah! c'est pour cela... Il savait bien que sa femme lui reviendrait, ce mari idéal, quand, au moment du divorce, ne voulant pas lui rendre une parure à laquelle elle tenait, elle lui en demanda la raison : « C'est, madame, pour vous l'offrir quand vous serez ma maîtresse[1]! » — Ah! cha-mant, cha-mant! Mais, vous savez, la Tallien est fâc-ée avec Ba-as, positivement. — Oui, répond un vieux monsieur, l'autre soir, j'étais au Luxembourg, chez Barras, et je vous donne ma parole qu'en voyant l'ancienne marquise — il était fort occupé à parler avec Mme de Staël — il s'est tourné vers moi et m'a demandé : « Quelle est donc cette femme[2]? » — Allons donc! Il n'y a pas de danger qu'ils se brouillent; ils sont trop faits l'un pour l'autre...

C'était vrai : quelle autre femme était plus enviable comme maîtresse que celle-là? C'était même sa vocation d'être toujours maîtresse de quelqu'un, puisqu'elle ne savait pas l'être d'elle-même. Le mariage, dans sa vie, n'a été qu'un accident, trois fois répété, il est vrai, mais qui n'a eu chance de durer avec elle que lorsque l'âge, flétrissant ses attraits plus qu'il n'éteignait ses éternellement jeunes ardeurs, la condamna

____

1. *Rapsodies*, 5e trimestre.
2. *Le thé*, juillet 1797.

à une réserve qui était plus selon les convenances de son rang social que selon les siennes. Aussi Barras s'accommode-t-il au mieux de l'étourderie vaniteuse et prodigue de Thérésia. Il se laisse aller avec une facilité charmante à tous les entraînements des sens que, chez lui, il appelle cœur. Il se fait gloire de ce « morceau de roi ». Ah ! ce n'est pas avec lui que se disputera Thérésia : les grogneries, les rebuffades, les scènes, comme toujours, c'est pour le mari ; c'est bien décidément le lot de ce pauvre Tallien qui, à la façon de Georges Dandin, peut se dire, si cela est une consolation : « Vous l'avez voulu, vous l'avez voulu, cela vous sied fort bien et vous voilà ajusté comme il faut. » S'il ne prenait pas son infortune gaiement, il ne la prenait pas non plus au tragique, imitant en cela les gentilshommes d'avant la Révolution, dans l'existence desquels cette sorte d'accident était prévue et escomptée par avance. Et, comme eux, les filles le consolaient de la femme et le vin de la triste réalité.

Il fallait à la citoyenne Tallien un inconcevable entraînement dans les mauvaises voies pour se jouer comme elle le faisait des plus élémentaires convenances, même à cette époque. On ne doit pas trop cependant s'en étonner, ni lui jeter la pierre. La nature, chez elle, n'était nullement mauvaise, mais dévoyée seulement. Les usages de la vieille société monarchique avaient commencé l'œuvre de corruption. Son mari, M. de Fontenay, l'avait continuée en y apportant sa bonne part de collaboration. Ses amis s'étaient chargés du reste. Plus tard, à Bordeaux, Tallien survint qui cueillit ce fruit encore vert d'une civilisation pourrie ; et, au lieu de songer à réformer chez sa maîtresse les défauts et lacunes morales qu'il pouvait remarquer en elle, — aussi bien ne prend-on pas une maîtresse pour lui prêcher la morale, — ce sont ces défauts et lacunes qui précisément le séduisirent, et à tel point qu'il s'imagina qu'eux seuls pouvaient faire son bonheur. Peut-être, une fois marié, vit-il les choses sous un jour moins léger et essaya-t-il des représentations? On peut le croire puisque la brouille suivit de peu le mariage. Mais aussi n'était-il pas un peu tard pour faire de la morale à une femme qui avait été choisie précisément parce qu'elle en manquait? C'est avant le mariage qu'il aurait fallu le faire. Mais pour cela il aurait fallu réfléchir. Et si Tallien avait réfléchi, jamais il n'aurait épousé la Cabarrus. Le pli était pris : Thérésia devait fatalement être légère et inconséquente jusqu'au jour où de graves événements, son mariage avec un prince, la fuite de la jeunesse, le sévère ostracisme dont la frappa le monde, la firent rentrer en elle-même. Alors seulement elle s'apercevra, chose dont elle ne s'était jamais doutée jusque-là, que la femme n'a pas été créée et mise au monde uniquement pour s'amuser et porter des belles robes, prendre et quitter des amants, mais qu'elle a sur terre une mission infiniment plus haute.

En attendant, elle ne cherchait qu'à jouir de sa jeunesse, mais elle n'en faisait pas un très bel emploi. Il fallait qu'elle ne fût pas difficile sur le choix de ses relations — et dans sa situation elle ne pouvait pas l'être — pour se plaire dans le monde interlope qui fréquentait chez Barras et vivre dans ce réceptacle de toutes les corruptions. Écoutez ce qu'en dit un collègue du Directeur : « Au Luxembourg, Barras n'était entouré que des chefs de l'anarchie la plus crapuleuse, des aristocrates les plus corrompus, de femmes perdues, d'hommes ruinés, de faiseurs d'affaires, d'agioteurs, de maîtresses et de mignons. La débauche la plus infâme se pratiquait, de son aveu, dans sa maison[1]. » Et voilà le milieu où trônait Thérésia, le monde dont elle était la reine ! Au fait, c'était bien là sa place, c'était bien là son monde, et le pamphlet avait raison ; la prostituée de la rue du Pélican n'était pas plus coupable qu'elle ! Elle l'était même beaucoup moins.

La citoyenne Tallien sent la réprobation qui perce sous la curiosité dont elle est l'objet ; mais elle dédaigne les sarcasmes dont plus d'un la cravache lorsqu'elle passe dans son triomphant déshabillé, elle dédaigne les outrages dont l'accablent les hommes et les femmes du peuple ; elle ne s'émeut point de l'ostracisme dont la frappent les gens honnêtes ; elle brave lazzis, pamphlets et caricatures, comme elle brave son mari, comme elle brave la morale et les convenances. Elle est riche, elle a une cour et elle fait parler d'elle : que faut-il de plus à son bonheur?... Sa cour? Peu de reines l'eurent plus nombreuse, plus brillante... Jamais il n'y eut, c'est vrai, plus de déclassées qu'après la Révolution, et cette classe peu intéressante se presse dans ses salons et antichambres. C'est là qu'elle a choisi ses *dames pour accompagner* et, comme une souveraine, elle nomme celles qui auront l'honneur de prendre place à sa table, de s'asseoir à côté d'elle dans son carrosse. Elle n'a qu'à choisir dans le troupeau, écume de l'ancien régime. Toutes tarées plus ou moins, ces femmes sont à ses ordres, avec des raffinements de servilité à faire honte aux gens de Cour d'autrefois. On en connaît déjà quelques-unes : Mmes de Châteaurenault, de Navailles, Bonaparte,

1. LA REVELLIÈRE-LÉPEAUX, *Mémoires*, t. I, p. 339.

Clotilde de Forbin, une gaillarde, qui partagèrent avec elle, plus ou moins, les faveurs de Barras ; mais voici Mme de Fleurieu, fille adultérine du mari de Mme de Pompadour et d'une comédienne ; Mme de Contades, qui a toute l'assurance et la taille d'un caporal prussien ; Mme de Noailles, qui sort de la finance comme la Cabarrus ; Mme de Chauvelin, ronde comme une boule ; Mmes de Puységur, de Grandmaison, de Beaumont, de Listenay, de Brancas, de Wassy, de Villette, de Gervasio, de Croiseuil, de Vigny, de Morlaix... Ces femmes, modèles de la plus basse et de la plus élégante dépravation, entourent sans cesse la citoyenne Tallien, qui ne se plaît que dans le cliquetis de toutes ces servilités à titres et à particules, très honorées de tenir compagnie à la maîtresse de Barras, de ce drôle que le hasard des révolutions a mis à la tête du Directoire exécutif de la République française.

La famille Barras, en apprenant la haute dignité de cet indigne, est vite venue s'abattre, comme un vol de corbeaux, sur le Luxembourg. Mme Barras seule, que la majesté du malheur préserve de ces majestés de pacotille, et qui a jadis été vilainement abandonnée par son mari parce qu'elle était honnête femme, Mme Barras seule ne vient pas à la curée des dépouilles de la France et de l'Italie. Mais le ban et l'arrière-ban de la famille Barras se sont empressés de venir partager la royauté de papier doré du vicomte. Quelques femmes ont même oublié de retourner dans leur Provence et prennent racine au Luxembourg. Voici Mme de Montpezat avec ses trois filles et sa nièce Mme Janson. Ce sont les cousines du Directeur. Quand on a un parent *arrivé*, on a toujours beaucoup d'esprit, du moins ces dames en sont convaincues et veulent le persuader à tout le Luxembourg. Aussi n'entend-on que leurs voix d'un bout du palais à l'autre. Mlle Clémentine de Montpezat, qui cherche un mari, fait des chatteries à tous les jeunes gens à collet vert ou à collet noir qui, eux, font des singeries et se dandinent sur leurs jambes et leurs cannes torses dans les salons de son oncle. Elle chante assez bien, dit-on, mais n'enchante pas ; elle a trop l'accent de la terre natale. Quand elle ne chante pas, elle parle et ne déparle pas pendant des heures. Comme elle est fort ennuyeuse et qu'on est trop poli pour en convenir, on dit qu'elle a beaucoup d'esprit. Ses deux sœurs sont mariées. Je ne sais si leurs maris sont ridicules, mais elles le sont, elles, terriblement. Pas sottes, ridicules seulement. C'est ainsi que la plus jeune, Mme de Malijac, sans chanter comme sa sœur Clémentine, parce qu'elle sent vaguement que l'accent de Marseille n'est pas apprécié comme il le mérite par ces routiniers de Parisiens, se contente de faire des vers. Si encore elle se contentait de cela ! Mais c'est qu'elle les lit à tout le monde, la malheureuse !... Et elle trouve sa sœur ridicule parce qu'elle roucoule des romances... Oh ! l'éternelle parabole de la paille et de la poutre dans l'œil, comme elle est vraie ! Mais ce n'est pas tout. Mme de Rougeville, l'aînée des trois sœurs, complète la collection. Ah ! la jolie pièce que celle-là ! Avec elle, il ne s'agit ni de vers ni de chansons ; elle ne fait que des cancans. Et pas des cancans de Paris, non ; ceux-là ne sont pas intéressants, surtout en ce temps ridiculement prosaïque, où il ne se passe rien et où il n'y a ni roi, ni reine, ni cour, ni Paris, ni Versailles. Mais des cancans de Provence, cancans à l'ail et à l'huile, panachés de bergamote et de benjoin, propres à faire fuir tout le monde, d'autant que la brave femme se répète tout le long du jour. A vrai dire, elle n'a qu'un sujet : l'histoire de la famille de Laguiche. C'est son dada. On ne raconte pas une anecdote, on ne dit pas une nouvelle sans qu'elle vous mette immédiatement ses Laguiche sur le tapis : c'est Mme de Laguiche qui... c'est **M. de** Laguiche dont... c'est le petit Laguiche, vous savez bien, le vicomte... Et puis c'est le cocher, les valets de chambre des Laguiche, leurs chevaux, leurs poules, leurs oies, leurs dindons... En vérité, on dirait une échappée de leur basse-cour.

Chacun supporte cependant ces insupportables provinciales qui détonnent dans ce mélange de grâce, de nonchalance et de corruption parisiennes. Barras, qu'elles excèdent, les a recommandées à son ami Laurenceot. Il a chargé celui-ci de les distraire, de les initier à la vie de Paris et de les piloter dans le monde étrange du Luxembourg. Mais Laurenceot se décharge au plus vite de ce soin, qui ne l'amuse pas plus que cela, sur ce mauvais sujet de Louis, espèce de secrétaire à tout faire du Directeur et qui, en effet, fait un peu de tout, jusqu'à voler les bouts de bougie dans les lustres, après la fête, — pour l'aider, avec d'autres menus profits non moins honnêtes, à faire la fête à son tour [1]. Il ne faut pas lui en vouloir : il prend modèle sur son patron, qui « fait de l'argent de toutes mains pour subvenir à ses dépenses, à ses prodigalités [2] » et à ses maitresses.

Il est assez curieux de remarquer que Barras aimait de préférence à s'entourer de gens de l'ancien régime. Mais, comme toute personne honnête de sa

1. La Revellière-Lépeaux, *Mémoires*, t. I, p. 361.
2. Thibaudeau, *Mémoires sur le Consulat.*

caste lui aurait tourné le dos, il ne voyait que les déclassés, le rebut, ceux à qui les autres n'auraient pas
rendu un salut. Peut-être même que, malgré sa
beauté, Mme Tallien n'aurait pas fait sa conquête si
elle n'avait été quelque peu marquise — oh ! bien peu !
— avant de s'affubler de la livrée révolutionnaire, tant
les préjugés de naissance étaient puissants chez ce
satrape de la République.

Ce cercle de déclassés était son cercle familier. Il
en avait un autre, moins intime, composé de flibus-
tiers de toute sorte, vautours qui dévoraient la subs-
tance du peuple et du soldat, mais que le Directeur était
heureux de recevoir, parce que ces rapaces lui aban-
donnaient sous forme de pots-de-vin de cinquante et
de cent mille francs des bribes de leurs brigandages.

Mme Tallien n'était pas tout à fait étrangère à ces
belles choses. Si c'est un peu pour alimenter ses
fantaisies ruineuses que Barras s'était lancé dans ces
sales spéculations, il est vrai de dire que sa belle
maîtresse rabattait sur lui le gibier qu'il plumait ensuite de main de maître. C'est elle qui lui présenta le
fameux fournisseur Ouvrard — avec qui tous deux
devaient faire plus tard un bien singulier marché —
et qui, en ce moment, sollicitait une fourniture pour
la marine. Grâce à Thérésia, il l'obtint.

C'est Thérésia aussi peut-être qui imagina cette jolie combinaison qui consistait à faire nommer son
père, M. de Cabarrus, ambassadeur d'Espagne à Paris. La chose se passa peut-être en dehors de Barras,
mais non sans l'assentiment de M. de Cabarrus, qui
ne rougit point de se voir mêler à une négociation
pareille. A moins encore que l'initiative ne vînt de
lui, ce qui, au fait, est aussi fort possible. Toujours
est-il qu'il y eut une intrigue, que le général Pé-

rignon, ambassadeur de France à Madrid, fut circonvenu on ne sait comment ni par qui, et qu'il fit auprès du gouvernement espagnol une démarche « en l'assurant que le Directoire verrait avec plaisir le père de Mme Tallien, représentant de l'Espagne à Paris[1] ». L'Espagne ne souscrivit pas à cette jolie comédie. C'est dommage; il eût été piquant de voir réussir une intrigue où, chez le père comme chez la fille, le patriotisme tenait assurément moins de place que d'inavouables spéculations.

La galanterie, les toilettes, le nu, n'étaient pas, on le voit, les seules occupations de Thérésia. Les affaires financières, les combinaisons politiques marchaient de pair avec tout cela : politique véreuse et de boudoir, politique mesquine d'intérêts privés, de spéculations malpropres, de préférences particulières, de rancunes personnelles, politique à la Barras. Mais est-ce l'amant ou la maîtresse qui en prenait l'initiative? C'est sans doute d'un commun accord que tout cela se faisait. L'accord ne sera pas moins complet quand Barras, voulant du même coup assouvir sa haine contre Carnot, assurer sa suprématie sur les Conseils et aussi le succès de plus d'une compromission particulière, tentera un véritable coup d'État.

Dans ce coup d'État, qu'il fera le 18 fructidor, la main des femmes, celle de Thérésia notamment, se laisse aisément apercevoir. La belle citoyenne était plus que jamais ambitieuse. Aimant à dominer, ayant par conséquent une certaine supériorité d'esprit et de caractère sur ceux qui se laissent dominer, elle s'était mis en tête d'occuper en France la place de la reine. Croyant la monarchie légitime à tout jamais bannie

----

1. BARRAS, *Mémoires*, t. II, p. 168.

du pays, n'était-ce pas à elle, à sa beauté, à sa supériorité en tout, que revenait de droit ce rang suprême ? Les attaques quotidiennes des journaux n'étaient-elles pas la constatation de son pouvoir, le seul vraiment établi sur des bases solides dans une nation aussi versatile que la nôtre ?

Aussi lui répugnait-il de voir que son amant n'était pas tout à fait le premier personnage du pays et qu'il y avait quatre autres hommes à partager avec lui, sous le même titre de Directeur, le pouvoir exécutif. Elle eût voulu qu'il fût le seul, par la double raison qu'elle le trouvait réellement, à cause de ses manières distinguées, supérieur aux autres hommes, communs et vulgaires, qui étaient au pouvoir ; ensuite, parce c'était elle qui le menait et qu'elle eût été, en même temps que sa maîtresse, la maîtresse de la France. Peut-être même rêvait-elle déjà d'un divorce avec Tallien pour épouser Barras, qu'elle eût bien forcé, de son côté, à divorcer.

Ce ne sont pas là propos en l'air. M. Carnot-Feulins, frère du Directeur, a raconté à son neveu Hippolyte Carnot que, « dînant chez Barras, assez peu de temps avant la journée de fructidor, et les convives s'étant dispersés dans le jardin avec leurs tasses de café, Mme Tallien, fort connue par son attachement pour l'amphitryon, se mit à dire : « C'est une belle position que celle de Directeur, mais, à mon avis, il ne devrait y en avoir qu'un [1]. » Mme Tallien était femme ; elle eut ce jour-là la langue trop longue et laissa voir son ambition du moment, qui était probablement aussi celle de Barras.

On sait que la lutte entre le Directoire et les

____

1. *Mémoires sur Carnot*, par son fils, t. II, p. 118.

Conseils était très vive; on sait aussi que l'union n'existait pas entre les membres du Directoire et que Barras, Rewbell et La Revellière songeaient à se débarrasser de Carnot et de Barthélemy qui les gênaient. Barras était l'âme de toutes ces intrigues. C'étaient là de vilaines affaires ; aussi était-ce son affaire. Mais il fallait une épée pour trancher les difficultés. Mme Tallien, qui était son inspiratrice, son Égérie comme on disait alors, le poussa fort à employer celle du général Hoche. Barras envoya donc l'ordre à Hoche de détacher une division de douze mille hommes de son armée sur la Sambre et de la mettre en route pour Brest, sous le prétexte d'une nouvelle expédition en Irlande. Les douze mille hommes devaient passer par Paris, y faire les affaires de Barras et se retirer après la vilaine besogne à laquelle celui-ci comptait les employer.

Le général Hoche, que les lauriers de Bonaparte empêchaient de dormir, ne demandait pas mieux que de jouer un rôle politique. Il ne cacha pas à Barras les difficultés de son projet, mais se mit à sa disposition pour les vaincre.

Barras venait d'échouer dans des négociations secrètes avec le comte de Lille (Louis XVIII). Comme ce prince venait de lui supprimer toute subvention, il se lança à corps perdu dans un coup d'État qui consistait à expulser la majorité des Conseils des Anciens et des Cinq-Cents et la minorité du Directoire. Il le fit à son seul bénéfice et dupa tous ceux qui avaient fait quelque fonds sur lui.

Si Mme Tallien l'avait décidé à choisir Hoche pour l'exécution du coup d'État, c'est une autre femme — tant il est vrai que c'est la femme qu'on trouve au fond de toutes les combinaisons des hommes, —

Mme de Staël, qui fit concevoir des craintes sur l'intervention de ce général, en le représentant comme ambitieux, donc dangereux. Elle le fit écarter. Hoche, berné, repartit furieux pour son quartier-général, où il mourut quelques jours après, épuisé par ses excès et non empoisonné, comme on l'a dit.

Tallien avait son rôle dans cette affaire qui tendait, avant tout, à élever au pouvoir l'amant de sa femme. Mais, comme il n'était pas sûr de la réussite, il ne s'engagea pas à fond. Il se borna à faire au Conseil des Cinq-Cents un discours où il démontrait, à grand renfort de phrases creuses et sonores, qu'il était désirable de voir régner la paix et la confiance entre le Directoire exécutif et le Corps législatif. Avec ce discours, que M. de Lapalisse n'eût pas désavoué, il ne se compromettait pas et retombait sur ses pieds, quel que fût le résultat des machinations en cours.

Le général Bonaparte, qui, du fond de l'Italie, surveillait les événements, envoya le général Augereau à Paris sous prétexte de remettre au Directoire les adresses de l'armée d'Italie. Ce général se trouva honoré de la honteuse proposition qu'on lui fit d'envahir les Conseils et de violer la représentation nationale. Il accepta et remplit sa mission à la satisfaction de Barras. Pas à celle de Carnot qui, proscrit, poursuivi, traqué, eut mille peines à échapper aux assassins et à gagner la Suisse. C'est lui qui a écrit : « Cette journée du 18 fructidor sera certainement immortelle dans les fastes du crime[1]. »

1. *Mémoires sur Carnot*, par son fils, t. II, p. 176.

CHAPITRE VII

La tranquillité renaît dans Paris. — Multiplication des fêtes. —
Bonté constante de Mme Tallien. — Ses démarches actives en
faveur des condamnés de Fructidor. — M. de Lacretelle. —
Retour de Bonaparte à Paris. — Mme Tallien à l'hôtel de la
rue Chantereine. — Élections de l'an VI. — La double élection
de Tallien est cassée. — Que faire ? — Tallien part pour
l'Égypte. — Un ambassadeur turc à Paris. — Mme Tallien se
met en frais de coquetterie pour lui. — Visite à Chantilly. —
Villégiature à Grosbois. — Singulier marché passé entre
Barras, Ouvrard et Mme Tallien. — Portrait d'Ouvrard. — Une
fête au Raincy.

Le coup d'État du 18 fructidor avait donc réussi.
Pas tout à fait cependant, puisque Barras était toujours obligé de partager le pouvoir avec quatre
collègues. Dans Paris régnait comme une nouvelle
Terreur. Presque toutes les familles pleuraient un parent, un ami proscrit ; on osait à peine s'informer
des personnes auxquelles on portait intérêt et l'on
savait qu'une foule de députés, de journalistes et
d'honnêtes gens étaient dirigés sur les ports de
l'Océan pour être déportés aux plages meurtrières de
la Guyane. Et cela, en somme, pourquoi ? A peu près
uniquement parce qu'une courtisane avait eu l'ambition de voir son amant devenir seul maître de la
France !

Celui-ci avait profité de l'occasion pour se débarrasser de quelques hommes qui le gênaient, et ce coquin de Rovère ne dut sa proscription qu'aux plaisanteries qu'il avait faites sur certains goûts crapuleux du directeur.

Cependant, au bout de peu de temps, quelques salons se rouvrirent, l'horizon s'éclaircit et, si l'on entendait parfois comme le grondement de coups de tonnerre lointains après l'orage, c'était l'écho de quelque exécution dans la plaine de Grenelle, celui des protestations indignées et des cris de rage des malheureux déportés... Puis tout s'apaisa et, avec leur légèreté habituelle, les Parisiens se reprirent à s'amuser. Les bals de chez Véry, de Richelieu, de Tivoli, de Marbœuf, le pavillon de Hanovre, Frascati furent plus animés que jamais. La citoyenne Tallien y paraissait avec ses excentricités de costume et faisait son possible pour faire oublier les événements de Fructidor. Barras donnait des fêtes au Luxembourg : elle en faisait les honneurs, s'y montrait on ne peut plus accueillante et jouait de plus en plus à la souveraine. C'est là qu'elle se faisait des partisans en causant dans les coins, à voix un peu basse, avec les journalistes, les généraux... Ces entretiens un peu mystérieux — qui suffisent à faire l'enchantement des naïfs — se terminaient toujours par le grand moyen de séduction qu'on connaît : à la faveur des tentures baissées, elle permettait à son interlocuteur de lui baiser le bras, qu'elle avait fort beau, et recrutait ainsi des amis nouveaux pour célébrer ses vertus.

Une femme qui connut Mme Tallien, et dont nous avons déjà cité des lignes sur elle, a laissé d'elle la petite esquisse que voici, à cette époque : « Elle n'avait pour coiffure que ses beaux cheveux noirs

bouclés autour de sa tête, mais point du tout pen-
dants, seulement bouclés à la manière antique, comme
les bustes qu'on voit au Vatican ; cette coiffure allait
admirablement au genre de beauté parfaite et régulière
de cette femme ; elle encadrait, comme d'une bordure
d'ébène, son col rond et poli comme de l'ivoire, son
beau visage d'un blanc animé sans couleurs apparentes, un vrai teint de Cadix. Elle n'avait pour parure qu'une robe de mousseline très ample, tombant à
longs et larges plis autour d'elle et faite sur le modèle
d'une tunique de statue grecque. Seulement la robe
faite en France en 1798 était d'une belle mousseline
des Indes et faite plus élégamment sans doute que par
la couturière d'Aspasie ou de Poppée. Elle drapait sur la
poitrine, et les manches étaient rattachées sur le bras
par des boutons en camées antiques ; sur les épaules,
à la ceinture, étaient de même des camées. Cette
femme n'avait pas de gants. A l'un de ses bras, qui
auraient pu servir de modèle pour la plus belle des
statues de Canova, elle portait un serpent d'or émaillé
de noir, dont la tête était faite d'une superbe éme-
raude taillée comme la tête du reptile ; elle portait un
magnifique châle de cachemire, luxe encore très rare
en France à cette époque, et faisait tourner ce châle
autour d'elle avec une grâce inimitable, à laquelle
elle mettait une grande coquetterie, car le rouge pour-
pré de l'étoffe indienne faisait ressortir l'éclatante
blancheur de ses épaules et de ses bras. Quand elle
souriait, ce qu'elle faisait gracieusement pour répondre
aux révérences multipliées qu'elle recevait, elle montrait deux rangs de perles brillantes qui devaient faire
bien des jalouses[1]. »

1. Duchesse D'ABRANTÈS, *Salons de Paris*, t. II, p. 279
(éd. Garnier).

De son côté, le Directoire, pour forcer l'opinion publique à passer l'éponge sur les événements de Fructidor, multiplia les fêtes nationales et civiques. « J'ai vu, écrivait plus tard le comte Lavalette, j'ai vu les cinq rois vêtus du manteau de François Ier, avec son chapeau, ses pantalons et ses dentelles ; la figure de La Revellière, établie comme un bouchon sur deux épingles, avec les gras et noirs cheveux de Clodion ; M. de Talleyrand en pantalon de soie lie de vin, assis sur un pliant aux pieds du directeur Barras, dans la cour du Petit-Luxembourg, présentant gravement à ses souverains un ambassadeur du grand-duc de Toscane, tandis que les Français mangeaient le dîner de son maître, depuis la soupe jusqu'au fromage ; à droite, cinquante musiciens et chanteurs de l'Opéra, Lainé, Laïs, Regnault, et les actrices, aujourd'hui tous morts de vieillesse, beuglant une cantate patriotique sur la musique de Méhul ; en face, sur une autre estrade, deux cents femmes, belles de jeunesse, de fraîcheur et de nudité, décolletées, dépouillées, s'extasiant sur la majesté de la pentarchie et sur le bonheur de la République ; elles portaient aussi des pantalons de couleur chair et avaient des bagues aux orteils. C'est un spectacle qu'on ne reverra plus[1]... »

Les fêtes n'empêchaient pas Mme Tallien de se montrer bonne et obligeante. Elle trouvait le temps de l'être. On venait beaucoup la solliciter en faveur des personnes arrêtées et elle se prêtait volontiers à faire les démarches qu'on lui demandait. Elle avait fait de la bonté une carrière. « Je l'ai vue, a écrit une femme d'esprit, rendre avec autant de grâce que de bonté, et, dans l'occasion, avec persistance et courage, les ser-

____

1. *Lettre du comte Lavalette à Cuvillier-Fleury,* 1829.

vices les plus importants ; M. de la Millière, entre autres, lui dut la vie dans un moment où seule peut-être elle pouvait atteindre jusqu'à Barras et obtenir l'ordre exprès d'un sursis[1]. »

Parmi les quarante journalistes qui avaient été arrêtés par suite du coup de force du 18 fructidor, se trouvaient deux jeunes gens, M. de Lacretelle et M. de Norvins. Mme de Staël, que les frères de ces deux hommes de lettres avaient intéressée à leur élargissement et qui, si elle avait poussé au coup d'État, n'approuvait pas les excès qui en furent la suite, se prêta avec empressement à ce qu'on lui demandait. Elle n'hésita pas à aller, en pleine nuit, frapper à la porte de Mme Tallien, qui habitait alors rue de la Chaussée-d'Antin, n° 21, en face de la maison où est mort Mirabeau[2]. Elle la fit lever et la conduisit dans sa voiture au Luxembourg, afin qu'elle arrachât à Barras les moyens de sauver les deux jeunes journalistes. Barras céda devant les instances de ces femmes et leur accorda leur demande[3]. Devant de pareils dévouements, devant de pareils services, on ne peut trouver que des louanges, et une telle conduite, chez l'une et chez l'autre, efface bien des choses. Aussi ne faut-il pas s'étonner de tout le bien que M. de Norvins et M. de Lacretelle, dans une reconnaissance qui s'était vite changée en adoration, disent de Mme Tallien. Mais l'on se tromperait étrangement si l'on prenait pour vérité historique les pages écrites sur cette aimable femme par M. de Lacretelle, au tome XI de son

---

1. Mme DE CHASTENAY, *Mémoires*, t. I, p. 364.

2. Ce pourrait être encore le n° 21 d'aujourd'hui (Ch. NAUROY, *Le Curieux*).

3. J. DE NORVINS, *Mémorial*, t. II, p. 139. — LACRETELLE, *Dix années d'épreuves*, p. 327-312.

Histoire de France; on ne se tromperait pas moins en accordant la même confiance à presque tout le reste, car cet écrivain, estimable d'ailleurs, mais également dénué de caractère et de dignité, avait, en matière politique, tout juste la fixité d'une girouette[1].

Cependant, les événements politiques suivaient leur cours. Le général Bonaparte, après avoir signé la paix de Campo-Formio, après être allé à Rastadt, était rentré en France et préparait l'expédition d'Égypte. Il se montrait peu, sachant combien il était dans la suspicion du Directoire, qui venait pourtant de lui offrir, au Luxembourg, une bien belle fête. Il faisait le réservé et, en effet, il se réservait. Cela ne l'empêchait pas de recevoir un peu dans son petit hôtel de la rue Chantereine.

1. Voici ce que dit de lui une femme d'autant de sens que d'esprit, dont il fréquentait le salon, quand il avait besoin d'elle : « Persuadé sans doute que la justice est du côté de la force, il s'est toujours placé près du vainqueur, et si vite qu'on ne savait comment il était là ; pourtant, il avait encore eu le temps de passer à l'imprimerie pour quelques variantes qui, suivant l'événement du jour, mettaient dans le récit du passé les torts du côté du peuple ou les crimes du côté des rois. Les différentes modifications que le pouvoir a subies de notre temps se retrouveraient, faute d'autres preuves, dans les variantes des éditions successives des ouvrages de Lacretelle sur l'histoire du passé.

« Mais cela ne lui coûtait ni effort ni calcul : c'était instinctif ; il s'approchait du pouvoir comme on s'approche machinalement du feu quand on a froid ; sa conscience ne lui reprochait rien et l'on n'avait pas, auprès de lui, le courage d'être plus exigeant que sa conscience, car il était si heureux de la moindre faveur qu'il obtenait, il aimait tant ceux qui faisaient quelque chose pour lui et il les oubliait si naïvement quand ils ne pouvaient plus lui être utiles qu'on était plus étonné qu'irrité... » (Mme ANCELOT, *Un salon de Paris*, p. 41).

On voit qu'il ne faut pas faire plus de cas des écrits historiques de Lacretelle que de l'auteur lui-même. Mais, soit dit en passant, Lacretelle n'a-t-il pas fait école ?

Mme Tallien n'avait pas été des dernières à venir le féliciter des succès prodigieux de sa campagne d'Italie. Elle vint aussi lui faire son compliment quand il fut élu à l'Institut. Un témoin oculaire a levé un petit coin du rideau du salon pendant cette visite, ce qui nous permet d'y assister. « Après le dîner, dit-il, c'est-à-dire à neuf heures du soir, le général reçut quelques visites, entre autres celle de Mme Tallien qui s'empressait de le féliciter de son nouveau triomphe. L'opinion universelle ne pouvait pas s'exprimer par un plus gracieux interprète. La conversation, bien qu'elle fût engagée avec des dames, tomba sur les armes, sur les sabres, sur les lames, sur la qualité que la trempe pouvait leur donner et qui les rend propres même à couper le fer; je citai comme preuve du fait un yatagan que j'avais rapporté de Corfou. « Qu'en avez-vous fait? me dit le général. — Je l'ai donné à Talma. — Cela est bien d'un poète. Ces messieurs font leur cour même aux rois de théâtre. — Je ne la fais même pas aux héros, général; je ne la fais qu'aux dames : Madame est là pour le dire[1]. »

Quant au représentant Tallien, qui avait été réélu dans deux départements aux élections de l'an VI, mais dont le Directoire avait cassé la double élection, il ne savait que devenir. Il était un de ces hommes qui, lorsqu'ils sont dépouillés de tout mandat ou de toute fonction publique, ne sont plus rien par eux-mêmes et laissent voir dans sa désespérante nudité la profondeur de leur insuffisance. Tallien était trop nul et trop ignorant, trop paresseux aussi, pour être autre

1. ARNAULT, *Souvenirs d'un sexagénaire*, t. IV, p. 17.

chose que député. Il n'avait, pour toute valeur, que celle qu'on lui avait prêtée à la suite du 9 thermidor; puis il était retombé à plat, comme une outre vide.

Sa situation, à Paris, était fort difficile. Mari de la maîtresse d'un des premiers personnages de l'État, ce n'est pas un rôle facile à tenir avec dignité. Tallien sentait la fausseté de ce rôle et ne voulait pas le garder plus longtemps. Non pas pour lui, il supporte le joug conjugal avec un dévouement à toute épreuve et paraît en avoir pris son parti, puisque, la veille de son départ pour l'Égypte, il passe la soirée chez Barras, — mais pour le public. De plus, sa situation était très obérée. Il avait des dettes, beaucoup de dettes et, quelque plaisir que sa femme ait eu à les faire, il n'avait, lui, que le déplaisir de les payer. Et il n'avait plus d'argent, même pas le nécessaire, et il savait que Thérésia n'était pas femme à se contenter du nécessaire. Ses *économies* de Bordeaux, il y a beau temps qu'elles sont dévorées par les jolies dents de sa charmante épouse; son journal ne lui rapporte plus rien et, depuis qu'il n'est plus député, les brasseurs d'affaires lui tournent le dos. Thérésia n'avait pas attendu ce moment pour en faire autant. Les femmes sont sans pitié pour ceux qu'elles ont cessé d'aimer, ou qui n'ont pas réalisé leurs espérances d'avenir ou de fortune. Tallien reconnaît avec amertume que la sienne ne pardonne ni l'insuccès, ni la pauvreté; et pourtant il pardonne, lui, l'indifférence, et pis encore, à Thérésia. Mais à la suite de ses échecs conjugaux, devant cette éternelle duperie du sentiment par l'indifférence, il demeure en proie à l'un de ces chagrins d'amoureux qui sont peut-être la pire torture qu'il y ait au monde. Torture compliquée d'une autre plus déprimante encore, le manque d'argent.

Ah! comme les vingt-huit livres par jour qu'il touchait en sa qualité de député lui font défaut en ce concours de toutes les détresses, ainsi que les denrées en nature « huile, sucre, riz, drap, toile » que messieurs les représentants, prenant une assemblée délibérante pour un bureau de bienfaisance, n'avaient pas honte de se faire distribuer[1].

Mais admirons ce contraste en passant : le septembriseur Tallien, sceptique et jouisseur, paraît auprès de l'ex-marquise dont il a pavoisé son existence, dont il a fait sa femme, un homme sensible et bon; et c'est à lui, maintenant, que vont les sympathies. Pourquoi? Parce que cette femme le rend malheureux.

Que faire pourtant? Il n'a plus qu'une ressource : lui, le Tallien du 9 thermidor; lui, qui a été président de la Convention à vingt-cinq ans; lui, qui avait recommandé à Barras le petit général Bonaparte, obscur et inconnu, pour l'affaire du 13 vendémiaire; lui, dont la femme a fait obtenir à ce général, alors on ne peut plus besogneux, quelques aunes de drap des magasins de l'État pour renouveler son uniforme usé; lui, qui l'a assisté comme témoin à son mariage avec la vieille maîtresse dont Barras, l'autre témoin se débarrassait en la lui faisant épouser en justes noces; lui, Tallien, en était réduit à demander la protection de son ancien protégé. Et pour obtenir quoi? Une modeste place dans une administration. Et où? En Egypte[2]!

Mais aussi, quelle rage était la sienne! Comme il se « mangeait les sangs » d'en être réduit à une pareille extrémité! Quel contre-coup sur sa santé et sur sa

---

1. LA REVELLIÈRE-LÉPEAUX, *Mémoires*, t. I, p. 214.
2. Voir, à l'*Appendice*, une lettre inédite du général Bonaparte à Tallien, au Caire, relative à des affaires de service.

bonne mine! « Une autre fois, écrit Mme de Chastenay,
je trouvai Tallien. Mais quel changement, grand Dieu!
Un demi-siècle, je crois, ne l'eût pas plus changé. Un
heureux instinct me permit de le reconnaître encore.
Il était vivement irrité; mon accueil lui fit plaisir[1]. »

Pour déterminer Tallien à aller en Egypte, il fallait
que sa vie, toute diaprée de scènes et de récriminations avec sa charmante épouse, fût devenue intolérable. La question budgétaire n'y était sans doute pas
étrangère. Quand il n'y a plus de foin au râtelier,
dit un proverbe très juste, les chevaux se battent.
M. et Mme Tallien n'en vinrent assurément pas à cette
extrémité, mais il est probable que leurs explications
prirent ce caractère d'aigreur qui est le ton de toutes
ces scènes fâcheuses de ménage. On en profita pour
s'adresser réciproquement des récriminations fort
vives; on se dit de dures vérités qui sommeillaient
dans le dossier des griefs de chacun des époux et
qu'on gardait précieusement pour en faire usage à
l'occasion. Bref, ces moments furent pénibles et ora-
geux. Et c'est avec un extrême chagrin que Tallien,
reconnaissant l'impossibilité pour lui de rester plus
longtemps à Paris, et à cause de sa disgrâce conjugale,
et à cause de sa disgrâce pécuniaire, et à cause de sa
disgrâce politique, se décida à aller chercher oubli et
fortune en Egypte. Aussi Thérésia était-elle mal venue
plus tard à écrire : « Est-ce ma faute si M. Tallien
est parti pour l'Égypte quand son rôle le retenait à
Paris? » C'est une chose inconcevable que la facilité
avec laquelle notre pauvre nature humaine oublie les
souvenirs désagréables et gênants pour chercher à se
donner raison quand elle a tous les torts. Quoi qu'en

1. Mme DE CHA STENAY, *Mémoires*, t. II, p. 48.

dise M^m de Chimay, le rôle de Tallien ne le retenait nullement à Paris. Ce rôle y était intenable au contraire et on ne saurait blâmer Tallien d'avoir pris le parti d'aller tenter la fortune en Égypte, pendant que sa femme, prenant sa revanche de l'union libre imposée à Bordeaux, la trouvait auprès de Barras. D'ailleurs, pour certaines femmes, l'adultère n'est-il pas une des joies du mariage?

Mais Tallien ne pensait pas que, sur la terre des Pharaons, il serait sous l'œil sévère de Bonaparte et qu'il ne pourrait pas y brusquer la fortune comme il l'avait brusquée jadis à Bordeaux. L'avenir lui réservait, sur ce point, plus d'une désillusion. Plus d'un désagrément aussi, car, à peine débarqué, il trouva... qui? Le petit Jullien, son ancien dénonciateur de Bordeaux, dont il avait cru se débarrasser à tout jamais en le dénonçant à son tour après Thermidor, qu'il avait fait emprisonner[1] et que la prison avait rendu à la circulation. Le général Bonaparte, à qui il s'était adressé, comme Tallien, l'avait nommé commissaire des guerres[2].

Le pauvre Tallien s'était donc mis en route pour l'Égypte, la mort dans l'âme. Rien ne pousse à la réflexion comme les loisirs d'un voyage. En route, la pensée de sa femme ne le quittait pas. Ces grandes coquettes, on ne peut plus les souffrir au bout de peu de temps de vie commune, mais on ne peut plus s'en passer dès qu'on est loin d'elles. Dans le cours de ses méditations, il fut peut-être amené à reconnaître la vérité de cette réflexion d'une grande amoureuse, Mlle de Lespinasse, dont son ancien collègue à la Con-

---

1. Voir à ce sujet une lettre de Jullien, à l'*Appendice*, p. 318.
2. C'était à peu près équivalent à intendant militaire.

vention, Barère, allait bientôt publier les lettres, à
savoir, que, « ce que les femmes veulent, c'est d'être
préférées, presque personne n'a besoin d'être aimé ».
Et Thérésia, pas plus que les autres, ne demandait
de l'amour, mais seulement des satisfactions matérielles et d'amour-propre. Pourvu qu'elle se fît du
bruit à elle-même et qu'on en fît autour d'elle, elle
était heureuse. Pauvre Tallien, de ne pas s'en être
aperçu avant le mariage ! Et pourtant, le malheureux,
il l'aimait toujours et, dès qu'il fut loin d'elle, l'amour
le reprit avec toutes ses fièvres. Il lui écrivit à chaque
escale que faisait son bâtiment, comme le prouve une
lettre datée de Rosette, 17 thermidor an VI, qu'on
trouvera à l'Appendice [1].

Arnauld, le spirituel auteur des *Souvenirs d'un sexagénaire*, qui avait accompagné le général Bonaparte
et qui s'était arrêté à Malte pour soigner son ami et
beau-frère Regnault (de Saint-Jean-d'Angély), rencontra, en rentrant en France, le bâtiment qui emme-
nait Tallien en Égypte. « A la hauteur de Pante-
lerie [2], dit-il, nous avons hélé un petit bâtiment qui
venait de Toulon et allait à Malte, ou plutôt courait
après la flotte. Il avait sur son bord, entre autres pas-
sagers, Tallien, qui n'ayant pas été renommé à la lé-
gislature [3], et renié de Paris dont il avait été l'idole,
allait en Orient chercher fortune ou, disons mieux,
chercher sa vie. Trois ans auparavant, il régnait en
France ; il avait une cour à Chaillot. Déchu aujour-
d'hui de son crédit comme de son pouvoir, et sans autre
compagnon que *Brindavoine*, espèce de groom qui,

1. Page 341.
2. L'île de Pantellaria.
3. C'est une erreur : le Directoire, comme on l'a vu, avait
cassé sa double élection.

de l'écurie de Madame avait passé à la chambre de Monsieur, il se réfugiait sous la protection d'un général qu'il avait protégé[1] ».

Si Tallien n'oubliait pas sa femme, celle-ci, de son côté, ne pouvait l'oublier plus, absent, qu'elle ne le faisait quand il était à Paris. Elle continua tout simplement à mener la même vie que par le passé. Elle n'était nullement hypocrite, c'est une qualité qu'il faut lui reconnaître, et elle a toujours fait ses fredaines au grand jour, tout naturellement, comme la chose la plus simple du monde. C'est assurément un mérite — faute d'autres — mais qui ne laisse pas que d'avoir quelques inconvénients. En son for intérieur, cependant, Thérésia devait s'applaudir du départ de Tallien. Elle ne trouvait pas que « l'absence est le plus grand des maux », puisqu'il y avait beau temps qu'elle n'aimait plus Tallien, si tant est qu'elle l'ait jamais aimé un instant ; et comme certaine grande dame à propos de son amant, elle constatait peut-être que son mari avait « l'absence délicieuse ». Il ne faut pas lui en faire un crime : combien d'autres femmes qui, comme elle, trouvent que l'absence du mari est ce qu'il y a de meilleur dans le mariage! Elle paraît cependant s'être un peu défendue de ce sentiment, car elle répondit un jour à quelqu'un qui était venu solliciter sa protection : « Que voulez-vous que je fasse maintenant? Je n'ai même pas le droit d'empêcher mon mari de partir[2] ». Son crédit, cependant, n'était nullement entamé : son mari seul était déconsidéré, elle non. Le monde est ainsi. Quand une femme a des torts, c'est à son mari qu'on tourne le

1. ARNAULT, *Souvenirs d'un sexagénaire*, t. IV, p. 176.
2. Comte DUFORT DE CHEVERNY, *Mémoires*, t. II, p. 385.

dos. Mme Tallien était, au contraire, plus puissante que jamais et Barras se pliait à toutes ses fantaisies. Elle était vraiment reine et trônait à toutes les fêtes.

L'arrivée d'une sorte d'ambassadeur turc à Paris, au lendemain du départ de Tallien, fut un prétexte à des galas officiels et privés. Les journaux de thermidor an V sont remplis des faits et gestes de cet ambassadeur. On le promène comme une bête curieuse, dans tous les lieux de plaisir de la capitale, du Luxembourg à Idalie, de Tivoli aux Tuileries, aux bals, à Feydeau... La présence de cet Oriental à Paris a tourné toutes les têtes. On ne parle que d'Effeid-Ali-Effendi. C'est à qui pourra dire qu'il l'a vu, qu'il lui a parlé. Mme Tallien, naturellement, est parmi les plus empressées. Pour voir? non, pour se faire voir. Elle s'assied à ses côtés à une fête de l'Elysée et est toute fière d'un banal compliment que lui fait l'Effendi. Mais la foule a vu qu'il lui a parlé, et la foule parle d'elle autant que de lui. C'est tout ce qu'elle voulait. Pauvre plaisir ! De pareils succès, auprès d'un tas d'imbéciles et d'oisifs que la présence de cet envoyé d'Orient a achevé de désorienter, ne sont pas à envier. Mais on ne s'occupe alors que de ces inepties. Voulez-vous un petit tableau de l'état moral de Paris à cette époque? En voici un brossé par un contemporain, et la brosse, je vous jure, n'est pas trop rude : « A ces désavantages, il faut joindre celui de la présomption, de l'incurable légèreté et de la dissolution morale de Paris. Nombre de députés sont plus occupés de leurs plaisirs que de leurs dangers. Dans une conjoncture qui peut ramener sur la France un règne d'horreurs, au milieu de la misère publique et des plaintes générales, la frivolité et la dépravation des Parisiens se déploient avec éclat. Trente spectacles, autant de lieux de rendez-vous où un tas de désœuvrés vont admirer des coiffures grecques et se mêler à une canaille de parvenus scandaleux, sont plus remplis que jamais. Dans la semaine dernière, l'artificier Ruggieri a fait vingt-cinq mille francs d'une séance.

« L'ambassadeur ottoman, qui n'est autre qu'un consul chargé de négocier le payement de blés vendus à la nation, a absorbé ce peuple d'enfants : il a perdu jusqu'au goût qui le caractérisait autrefois : ses modes comme ses mœurs, ses mœurs comme ses discours et ses jouissances ont pris dans toutes les classes et dans tous les partis ce caractère de basse turpitude, de sans-culottisme et d'impudeur que lui a imprimé la Révolution. Rien de plus mesquin, de plus sale que l'introduction de cet envoyé turc au Directoire. Le marquis d'El Campo y a paru, ramenant dans sa voiture Mme Tallien et d'autres coquines de son espèce [1] ».

L'austère calviniste qui a écrit ces lignes n'est pas tendre pour cette pauvre Mme Tallien. L'Effendi ne l'est guère davantage. Au grand bal donné à l'Odéon en son honneur, Mme Tallien s'est avisée, pour lui être agréable peut-être, pour attirer son attention sur elle plutôt, de s'habiller à la turque. Mais quelle disgrâce ! Ces Turcs sont d'une turquerie, d'un mal élevé à ne pas croire ! Figurez-vous que celui-ci, avec le flegme de sa race, impassible sous les regards de quatre mille spectateurs, a passé grave et muet devant le turban, la chemisette de soie et les culottes bouffantes de celle qui mendiait de lui un compliment, un regard, ce qui l'eût fait triompher devant toute sa cour de courtisans en titre et de courtisanes titrées. Elle savait que

---

1. Mallet du Pan, *Correspondance avec la cour de Vienne*, t. II, p. 319.

les Turcs sont connaisseurs en femmes ; elle aurait
voulu un compliment de celui-ci, afin que sa beauté
reçut en quelque sorte l'estampille officielle de ce diplomate. Toute sa diplomatie échoua piteusement.
Elle en fut quitte pour son costume oriental et pour
l'humiliation de se voir préférer Mlle Lange. Car c'est
devant cette rivale que, séduit « par ce luxe inconcevable et par ce ton extraordinaire de décence empreint
sur les détails de sa parure somptueuse [1] » le Turc s'arrêta et dit : « Il est beau [2] » !

Il fallait se consoler d'une telle déception d'amour-
propre. Mme Tallien le fit en allant à Chantilly rendre
visite à un citoyen Potter, anglais d'origine qui, en
1793, s'était installé à Chantilly, y avait relevé la manufacture de porcelaine et y avait joint une fabrique
de faïences et une manufacture de cardes. Emprisonné
sous la Terreur, le 9 thermidor l'avait rendu à la
liberté. On sait qu'il était de mode, depuis ce jour,
d'attribuer à Mme Tallien le coup d'État auquel son
mari avait pris une part prépondérante : les thermidoriens lui faisaient le plaisir de lui en attribuer tout
le mérite, et il était poli, de la part des prisonniers
élargis à la suite de cet événement, de dire qu'ils lui
devaient la vie. M. Potter la proclamait donc sa « bienfaitrice ». Il fit de grands préparatifs pour la recevoir
dignement, et un journal du temps dit que le citoyen
Peters — il y a là une erreur, il faut lire « Potter »
— « entrepreneur de la manufacture de Chantilly et
propriétaire du hameau qui se trouve dans les jardins
du prince, fait réparer à grands frais ce joli endroit

1. *Semaine critique*, t. III.
2. *Rapsodies*, 4e trimestre, 1797. — Də Gᴏᴏᴏ... — *Le Directoire.*

pour y recevoir sa bienfaitrice, la céleste Cabarrus [1] ».

Mme Tallien aimait assez à aller se reposer à la campagne de ses triomphes de Paris. Mais ce n'était pas pour y jouir du calme, de la solitude et du recueillement. Il lui fallait le mouvement d'une foule d'invités, le train et le tourbillon des chasses, le bruit du sable écrasé devant le perron par les roues des voitures, le son des trompes, le sourd galop des chevaux sous la futaie, les dîners, les bals, le jeu… C'était là son repos, et c'est à Grosbois qu'elle l'allait prendre. Cette magnifique propriété avait appartenu, avant la Révolution, à Monsieur, frère de Louis XVI. Barras l'avait payée un prix dérisoire, comme bien national, sur l'argent provenant des objets sacrés volés dans les églises de Marseille et de Toulon ; qu'on vienne dire après cela que l'origine de sa fortune n'était pas très catholique ! Mais les principes républicains de ce gentilhomme ruiné s'étaient bornés à chercher dans le nouveau régime des occasions de refaire, *quibuscumque viis*, une fortune gaspillée dans les débordements d'une jeunesse aussi orageuse que prolongée. Tout cela avait jeté sur lui un bien vilain vernis, quoiqu'on ne fût guère difficile sur l'honorabilité en ces temps de transition ; et, si ce bourgeois de Carnot ne pouvait souffrir cette espèce de saltimbanque empanaché dans son costume théâtral et dans ses vices plus ou moins distingués, beaucoup d'autres se montraient moins regardants, sous prétexte que la conduite du Directeur ne les regardait pas. Tous les ministres, Mme de Staël,

1. *Rapsodies*, 1er trimestre. — Nous devons ces renseignements à M. Roussel, l'érudit archiviste du département de l'Oise, que nous remercions bien sincèrement de sa complaisance.

qui dictait chaque matin à Benjamin Constant la façon dont il devait penser ce jour-là, Mme Visconti, tout fraîchement déballée à Paris des bagages du général Berthier[1], Mme Hamelin, ce polisson en jupons — quand elle en avait — qui amusait tout le monde par ses gestes risqués et ses propos plus risqués encore ; Mme Hainguerlot qui, belle, faisait semblant de ne pas le savoir, posait pour l'esprit et n'avait que celui que lui prêtaient ses amis ; Mme Raguet, dont tout l'esprit se bornait, comme chez tant d'autres, à faire de la dépense et à porter de belles robes,... tout ce monde venait à Grosbois et y portait un goût immodéré pour les plaisirs tapageurs de la chasse, des soupers, des déjeuners champêtres avec orchestre de trompes et de détonations de bouteilles de champagne, et pour d'autres plaisirs qui, pour être plus discrets, n'en faisaient pas moins de bruit parmi cette bruyante société.

On se donnait beaucoup de mouvement en effet, on jouait gros jeu, mais on parlait peu à Grosbois, — du moins les hommes. Il y avait là des éléments si divers, certains souvenirs si récents, et la plupart des habitués avaient trempé dans tant d'affaires dont ils aimaient mieux, et pour plus d'un motif, qu'on ne parlât pas, que le temps se passait surtout en plein air, quand il faisait beau. On se promenait dans le parc ; on allait donner à manger aux carpes des bassins, aux faisans ; « plusieurs des dames, dit une chroniqueuse qui fut d'un dîner de Grosbois, allèrent aux

1. Voir, pour Mme Visconti, notre ouvrage sur *Le Monde et le demi-monde sous le Consulat et l'Empire*.

2. On jouait alors avec des cartes dites républicaines. Les quatre rois étaient remplacés par quatre Génies, les reines par des Libertés et les valets par des figures de l'Égalité.

portes d'une enceinte se faire effrayer par des daims
et par des cerfs qu'on y gardait, et je me souviens
que M. Réal, frappé de ces caricatures de jeux de
princes, me dit : « Je le vois, les princes étaient
ainsi, non parce qu'ils étaient princes, mais parce
qu'ils étaient là [1]. » Réal avait raison, et lui-même
plus tard, et tous les autres parvenus de l'Empire, et
les princes de la finance, et les enrichis du commerce
et de l'industrie ne vécurent et ne vivent pas autrement, non pas parce qu'ils sont princes, mais parce
qu'ils ont ce qui était auparavant inséparable de l'état
de prince, ce qui est le nerf de tout, l'argent. Et c'est
avec cet argent, — argent très malpropre chez Barras
— que le propriétaire de Grosbois avait fait venir à
grands frais des daims pour peupler les forêts de son
domaine [2].

Mme Tallien ne descendait de ses appartements que
peu de temps avant le déjeuner. Elle faisait son entrée
dans le salon aux côtés de Barras. Celui-ci, avec une
grâce et une liberté qu'on trouvait toutes charmantes,
s'avançait souriant, un bras passé autour de la taille
de sa coquette maîtresse. « Ma belle Athénienne, lui
disait-il, auprès de qui voulez-vous que je vous con-
duise? » Avec les mouvements onduleux d'une chatte,
Mme Tallien levait les yeux, le regardait d'une certaine manière, le remerciait, se dégageait avec une
petite moue adorable de son étreinte, et le quittait.

---

1. Mme DE CHASTENAY, *Mémoires*, t. I, p. 370.
2. « Un voiturier de Chinon passe avant-hier à Blois avec une
voiture fermée ; un particulier a la curiosité de regarder à travers les barreaux. Le voiturier lui dit bonnement : « Ce sont six
daims que je mène près de Fontainebleau, chez Barras, directeur; il les a fait venir de Chinon pour peupler son parc »
(Comte DUFORT DE CHEVERNY, *Mémoires*, t. II, p. 380).

Elle faisait alors le tour du salon, disant, avec ces façons à la Longueville qu'elle possédait si bien, un mot aimable à chacun et s'arrêtait enfin auprès de celui qu'elle avait intérêt à cajoler ce jour-là. Barras venait l'y rejoindre après avoir galamment présenté ses devoirs à ses invitées et la trouvait soit avec le citoyen Talleyrand, soit avec le citoyen Cochon : « Eh bien ! disait-il, qu'est-ce donc que ce tête-à-tête avec un ministre, ô ma belle Athénienne ? Voudriez-vous le séduire ? ou gouverner l'empire comme une autre Aspasie ? »

C'était la phrase favorite de Barras, et la citoyenne Tallien ne s'en fâchait pas. D'ailleurs, il n'attachait, dans sa pensée, aucun sens désobligeant à ce nom d'Aspasie, au contraire ; « il se mettait par là dans les sandales de Périclès, a dit la duchesse d'Abrantès, et le partage n'était pas mauvais. »

Les compliments échangés, on passait dans la salle à manger. On déjeunait à onze heures. Une fois le café pris, et quelquefois on le prenait au grand air, on allait faire une promenade sous les ombrages et, sitôt rentré, on s'asseyait aux tables de jeu.

On parlait beaucoup à Paris des « sommes effrayantes » qui se perdaient et se gagnaient dans ces parties, et il paraît bien qu'en effet il se jouât un jeu d'enfer à Grosbois. Le whist, le pharaon, le vingt-et-un, la bouillotte, tout cela occupait les invités au milieu d'un silence qui n'était troublé que par les mots de l'argot des joueurs. Le creps y avait aussi droit de cité depuis que Mme de Châteaurenault, une des favorites du seigneur de Grosbois, l'y avait introduit. Le billard distrayait des cartes ; les toilettes délassaient les femmes du billard, et les femmes, par leur aimable gazouillis, délassaient les hommes de leurs jeux et de leurs préoccupations. La table délassait chacun de tout : c'était, avec les cartes, la grande affaire de la maison.

Toutes les ambitions couvaient sous cette vie de jeux et de divertissements, et les intrigues allaient leur train. Ce qu'il s'en noua, de politiques et d'autres, est inconcevable. Ah! si les vieux murs du château pouvaient parler, que de choses intéressantes ils auraient à raconter! Jusqu'aux histoires que, certains soirs d'automne, devant une flambée de fagots, dans la grande cheminée, chacun était tenu de conter à son tour pour égayer l' « assemblée ». Et, dans ce genre de divertissement, le plus spirituel assurément qu'on eût à Grosbois, Barras racontait avec une fatuité non dissimulée les aventures de terre et de mer qu'il a retracées dans ses *Mémoires*, mais qui devaient avoir, dans la bouche de celui qui en était le héros, un sel qui manque un peu dans son récit écrit.

Ce n'était pas là précisément de la bonne compagnie, mais tous ces déclassés en avaient à peu près les manières et les formes : sauf certaines libertés de tenue et de langage, dont les mœurs du temps étaient en partie responsables, il régnait à Grosbois une apparence de décence que l'éducation première de Barras et de Mme Tallien avait établie. Ce n'est que dans les bals du Luxembourg qu'on voyait cet étrange amalgame de la fine fleur des « nouvelles couches » et du rebut des anciennes, mélange que l'on retrouvait dans les bals les plus renommés de l'époque, ceux de M. Boyer-Fonfrède et ceux que donnait M. Vilain XIV, dans le petit hôtel qu'il avait fait construire pour Mlle d'Hervieux.

Si le ton de la bonne compagnie était à peu près observé à Grosbois, il n'en était pas de même, tant s'en faut, des délicatesses de l'honneur et des sentiments. Les mœurs étaient aussi relâchées que possible et faisaient revivre les temps les plus abominables de la Cour de Henri III et de la Régence. En voici un épisode. Il a d'autant mieux sa place ici que Mme Tallien en fut l'héroïne. Avec une admirable absence de sens moral, Barras se plaisait à le raconter et riait aux larmes en en répétant les détails. Ce fut un des triomphes de sa vie de flibustier.

Comme il avait d'incessants besoins d'argent pour lui et pour ses maîtresses, comme Bonaparte ne faisait pas mine de lui envoyer les trois millions qu'il lui avait demandés après fructidor, que ces pingres d'hommes d'affaires se faisaient tirer l'oreille pour rémunérer honorablement les services qu'il leur rendait en leur faisant adjuger des fournitures, il s'avisa, d'accord avec la citoyenne Tallien, d'un arrangement « fort honnête », aurait dit Brantôme, « d'un infâme marché », a écrit La Revellière-Lépaux. Il obligea le fournisseur Ouvrard, s'il voulait continuer à jouir de la protection du gouvernement, de prendre pour maîtresse en titre, au moins *ad honores*, comme Tallien était un mari *ad honores*, la belle citoyenne Thérésia qui, au su de tout le monde, était sa propre maîtresse, et d'afficher publiquement cette liaison. De cette façon, c'était à ce fournisseur de chevaux, de chaussures et de vêtements pour les armées, à fournir de chaussures, de vêtements et de chevaux la dévoratrice jeune femme. Il avait le droit, par exemple, de se payer en nature de tous ses débours : le traité ne s'y opposait pas, — Thérésia non plus. C'était affaire entre elle et lui. Mais, pas de Thérésia, pas de fournitures. C'était à prendre ou à laisser. Comme, somme toute, si la pensée qui avait présidé à cet arrangement n'était pas belle, l'affaire l'était, que la femme l'était aussi, le financier en passa par les désirs du Directeur, la femme par ceux du financier et tout le monde fut content. « Tout fut traité, a écrit un collègue de Barras, arrêté et mis à exécution à Grosbois. Une grande partie de chasse y fut indiquée ; de nombreuses invitations avaient été faites. On s'y rend la veille du décadi au soir. Ouvrard et la Tallien sont logés dans des appartements contigus. A la chasse, la Tallien monte l'un des chevaux d'Ouvrard, qui trotte à ses côtés ; deux jockeys à la livrée d'Ouvrard, l'un pour lui, l'autre pour elle, sont à leur suite. Le couple, séparé du gros de la chasse, s'égare dans les bois. Au retour se donne un grand dîner dans lequel Mme Tallien est traitée et saluée comme la favorite du noble fournisseur. Il paraît qu'Ouvrard était assez confus du rôle qu'on lui faisait jouer et du ridicule qu'il se donnait de payer les plaisirs et les fantaisies des autres. Après le dîner, on part pour l'Opéra ; c'est dans la voiture d'Ouvrard qu'on s'y rend, et avec ses gens, et c'est dans sa loge que la favorite est introduite par lui-même, pour notifier au public entier l'accomplissement de cette indigne convention [1]. »

Indigne, cette convention l'était en effet, et si l'honnête La Revellière en est révolté, on peut affirmer qu'aucune des « hautes parties contractantes » comme disent les diplomates — et on peut employer ce terme puisqu'il s'agit d'une négociation diplomatique — ne trouvait à redire à ce marché. D'ailleurs, de tels marchés n'étaient pas nouveaux : Le Brun, le poète, n'avait-il pas vendu, peu de temps avant la Révolution, sa femme au prince de Conti? Étant donnés les person-

<hr>

1. La Revellière-Lépeaux, *Mémoires*, t. II, p. 248.

nages de la petite comédie, leurs antécédents et les mœurs du temps, qui, à vrai dire, étaient un peu leur ouvrage, la chose est plutôt amusante et l'on est tenté d'en rire avec Barras et avec Thérésia. Ouvrard seul garda peut-être son sérieux, car c'est lui qui faisait les frais du traité : le marché n'était cependant pas sans bénéfice et la soulte stipulée dut dérider le visage spirituel du financier, aussi fait pour les joies délicates que lui-même pour les spéculations qui ne l'étaient pas.

Il est certain que la saine et pure morale n'avait pas présidé à cette affaire ; mais Thérésia s'en tira avec une désinvolture de bon ton qui fit tout oublier. « Même dans les écarts, a dit le prince de Ligne, il y a des gens à qui tout va, parce qu'ils ont de la grâce et du tact. » Mme Tallien était de ces gens privilégiés.

Mais comme de tout temps :

> « Les petits ont pâti des sottises des grands »

ce sont nos malheureux soldats qui eurent à souffrir de cet arrangement. Pour qu'un munitionnaire payât de jolies sandales de cuir parfumé à la belle Thérésia, ils reçurent des souliers à semelles de carton ; pour qu'il lui offrît de beaux chevaux, notre cavalerie fut remontée en rosses ; pour qu'elle portât soie et velours, bijoux et diamants, les soldats, couchés sur la dure, grelottèrent dans des capotes trop minces, dont le drap s'en allait en lambeaux dès les premières étapes et les premiers bivouacs. Voilà surtout où était l'immoralité révoltante de ce marché. Pour le reste... eh ! mon Dieu, il n'y avait guère plus à reprendre qu'aux autres actions journalières de ce trio d'aventuriers et de jouisseurs, ni qu'à celles de la plupart de leurs contemporains, — et des nôtres.

Ouvrard était loin d'être le premier venu : avec ses yeux vifs et pointus, ses lèvres minces et son nez aussi pointu que ses yeux, il avait la répartie vive et spirituelle, les manières distinguées et savait jeter l'argent par les fenêtres avec la même désinvolture qu'il savait le gagner. Ce Richelieu de la finance était pétri de vices et de qualités et, parmi celles-ci, il faut lui savoir gré d'avoir donné l'exemple de la dépense et fait son possible pour guérir la France de l'avarice et de la mesquinerie, ces vices odieux des petits bourgeois qui, depuis 1789, sévissent sur la France et menacent notre pays embourgeoisé d'un abêtissement général. Il y a si peu de gens qui savent être riches! Ouvrard, lui, savait l'être, après avoir su le devenir. Il était hardi, large, généreux, magnifique. Il aimait les élégances de la vie mondaine avec tous ses raffinements de l'art et du luxe. Il ne se priva d'aucune joie de ce monde, ce qui fit de lui, pour la citoyenne Tallien, un entreteneur idéal. Plus tard, le goût des privations ne le prendra pas davantage et il ne se refusera pas le luxe d'un gendre au faubourg Saint-Germain, un pur sang, un ancien émigré, comte et général, quelques années après que sa maîtresse, qui avait les mêmes goûts, se sera fait épouser en justes noces par un prince.

Aussi dénués de préjugés l'un que l'autre, aussi appréciateurs l'un que l'autre de tout ce qui vaut qu'on se donne la peine de vivre, — quand on s'est placé hors des lois de l'honneur et du devoir — ils étaient, en vérité, dignes l'un de l'autre.

De même que Barras avait acheté Grosbois, Ouvrard, après avoir acheté Thérésia, s'était offert, comme

Barras, une terre princière aux environs de Paris. Il avait acquis le château du Raincy et avait l'ambition d'en faire son Marly. Il y donna des fêtes superbes, dont on parla autant et même plus que de celles de Grosbois. Son amabilité, sa générosité étaient non moins avantageusement connues que sa richesse. «' Un jour que je parlais de lui en bons termes et en bon lieu, raconte M. de Norvins-Montbreton, des dames me prièrent de lui demander le pavillon du télégraphe dans son parc du Raincy, pour y passer la journée, et de l'engager au pique-nique qui résulterait de sa réponse. Je remplis ma mission avec un succès complet. Mais quand nous arrivâmes, au nombre de vingt personnes, je crois, avec nos provisions, nous trouvâmes sur la table toute dressée un déjeuner exquis, qu'en voyant arriver de loin nos voitures, le maître d'hôtel d'Ouvrard s'était empressé de faire servir. Il me remit un billet par lequel l'amphitryon, qui s'était individualisé notre pique-nique d'une manière si élégante, priait qu'on l'excusât pour le déjeuner, ajoutant qu'il avait l'espoir d'être plus heureux pour le dîner. Mais il en fut de même pour ce repas, où son cuisinier se surpassa et dont il regrettait de ne pouvoir venir faire les honneurs. Enfin, à neuf heures du soir, au moment de retourner à Paris, on annonça que le thé était servi, et une profusion de glaces et de sorbets termina cette incroyable hospitalité qui réellement tenait de la féerie. Si la bonne grâce fut dans la réception, le bon goût, le goût exquis fut de ne pas paraître... ¹ » Voilà quel était Ouvrard et l'on pourrait citer de lui bien d'autres traits de bon goût et de supériorité de vues dans la vie pra-

1. J. DE NORVINS, *Mémorial*, t. II, p. 300.

tique. Il était le plus brillant des financiers de l'époque, et la finance alors commençait à jeter un bien vif éclat : Vanberchem et son beau-frère Bazin, Hottinguer, Séguin, Récamier, Tourton et Ravel, Perregaux, les frères Michel, Lecouteulx, Julien et Basterrèche, Hervas, Delessert, d'Etchegoyen, Baguenault, Pourtalès, Hamelin, Enfantin frères, Barillon, Doyen, tous ces banquiers baissaient humblement pavillon devant Ouvrard et reconnaissaient la supériorité de ses talents.

Peu de temps après être entré en possession de la jolie femme qui était une des clauses du traité de Grosbois, Ouvrard donna, en son honneur, une fête charmante au Raincy. La nouvelle maîtresse du maître de la maison en faisait les honneurs. C'est l'architecte Berteaux qui avait été chargé de l'organisation générale et des détails de la fête ; maîtres et invités n'avaient qu'à prendre la peine d'en jouir. Il est inutile d'en faire ici la description : toutes ces fêtes se ressemblent. Mais le déjeuner, qu'on servit dans l'orangerie avec une somptuosité tout orientale, comme on disait alors, fit parler tout Paris. Voici ce qu'en dit un contemporain : « Dans une orangerie pavée de marbre, on éleva une table sur une plate-forme parallèle aux caisses de quelques beaux orangers qui, chargés de fleurs et de fruits, formaient une voûte de verdure d'où s'exhalait un délicieux parfum. Au milieu de la table était un bassin de marbre rempli d'une eau limpide avec un lit de sable d'or, et dans laquelle jouaient des poissons de toutes couleurs. Le déjeuner fut remarquable par la somptuosité, la profusion et l'arrangement des mets. Dans l'appartement voisin, où furent servis le café et les glaces, les murs étaient tapissés de pampres verts et des rameaux de cette treille intérieure pendaient d'énormes grappes de raisin. Aux quatre coins de cette salle, il y avait quatre bassins de marbre en forme de coquille, d'où jaillissaient des fontaines de punch, d'orgeat et d'eau de fleur d'oranger. Les fruits des deux hémisphères, les uns naturels, les autres en sucre, couvraient des plats de riche porcelaine ; les vins les plus exquis, les liqueurs les plus fines pétillaient dans des cristaux ; enfin, l'abondance de la vaisselle d'or et d'argent réalisait presque le luxe des fictions orientales. » C'était superbe, en effet, pour l'époque : ce luxe de bazar n'avait pas encore été dépassé. De nos jours, il n'est guère de boutiquier ou d'entrepreneur enrichi qui, à part la vaisselle d'or et d'argent, ne déploie une mise en scène plus fastueuse quand il donne une fête dans sa villa.

Mme Tallien trônait au milieu de son peuple d'invités. Il y avait là toute la finance de Paris et toute la société étrangère. La véritable société parisienne s'abstenait de toute relation avec elle. Mais, parmi la pléiade des jolies femmes qui, non seulement formaient sa cour, mais la lui faisaient, c'était elle la plus belle.

Une fanfare de cors de chasse donna le signal de se mettre à table ; elle donna également celui du départ. On rentra au château, on s'habilla à la hâte pour la chasse et les cors donnèrent le signal de monter à cheval et en voiture. Le programme de la journée s'exécutait comme celui des exercices dans une caserne : au commandement. Les roues des voitures criaient sur le sable des allées, les chevaux piaffaient d'impatience... On partit. Les queues de cheval, les plumets des chapeaux, les rubans des femmes, les éclats de rire, les claquements de fouet, tout cela flottait en l'air, au milieu des appels des piqueurs, du roulement des voitures et du sourd galop des chevaux. **Puis** tous ces bruits s'éloignèrent; ils s'éteignirent peu à peu dans le bruissement confus et solennel des bois et l'on n'entendit bientôt plus que le son lointain et cuivré des cors, appelant les chasseurs au lieu du rendez-vous.

Le dîner dépassa le déjeuner en somptuosité et mille torches, flambant dans les allées du parc sous les vertes et mystérieuses futaies, donnèrent à la fin de la fête un caractère fantastique.

C'est ainsi que s'amusait la haute banque sous le Directoire.

CHAPITRE VIII

Le 18 brumaire. — Le Premier Consul refuse à Mme Tallien l'entrée de son salon. — Dernières excentricités de toilette de Mme Tallien. — Le général Bonaparte et ses entrevues aux bals masqués avec Mme Tallien. — Les enfants de Mme Tallien. — Tallien, de retour d'Égypte, débarque à Calais. — Second divorce de Thérésia. — Défaveur de Tallien auprès de Bonaparte. — Consul à Alicante. — Misères morales et physiques de Tallien : ses derniers moments, sa mort. — Fête chez Mme de Cabarrus. — Troisième mariage de Thérésia. — Princesse de Chimay ! — Mort de la princesse.

Cependant Bonaparte, qui trouvait que la poire était mûre, et qui avait l'idée bien arrêtée de la faire tomber dans son chapeau de général, avait quitté l'Egypte. Il venait de débarquer à Fréjus. Son arrivée — et personne ne s'y méprit — sonnait le glas du Directoire. En six semaines il prépara son coup d'État, balaya le Directoire exécutif, balaya la représentation nationale et, seul, prit la place de tout cela.

Dès son arrivée, il s'était vu sur le point de divorcer d'avec sa femme, « pour des motifs de haute inconvenance », aurait dit feu l'académicien Labiche. D'autres motifs, de simple convenance ceux-là, l'amenèrent à épurer le salon de Joséphine. Il y avait là un tas d'intrigantes, veuves d'émigrés vivants, femmes divorcées cinq ou six fois, toutes tarées à qui mieux mieux, parmi lesquelles Mme Tallien était reine. Le Premier Consul signifia leur congé à ces aventurières et n'admit aucune exception, — si ce n'est pour sa femme. A la porte la Hamelin, grande prêtresse des *sans-chemise*; à la porte la Visconti, la maîtresse de « ce niais de Berthier » ; à la porte la Châteaurenault, cette doublure de Thérésia et de Joséphine auprès de Barras ; à la porte la Forbin, cette espèce de tambour-major en jupons qui cependant portait les culottes pendant le temps de sa liaison avec le Directeur[1]; à la porte enfin la Tallien!... A la porte! à la porte!

Que de larmes, par exemple, à cette exécution ! Mme Bonaparte n'y comprenait rien. Comment, la séparer de ses plus chères amies, de ses amies de cœur ! Lui défendre de les recevoir ! Mais c'était de la tyrannie ! Où retrouverait-elle des affections aussi vraies, aussi désintéressées ? Vraiment, c'était à croire qu'elle avait épousé un capucin et non un militaire... Et jusqu'à cette bonne Mme Tallien qu'il voulait l'empêcher de voir... Et pourquoi, je vous le demande ? Parce que Barras et Ouvrard avaient eu, dit-on, la courtoisie de solder quelques mémoires de ses fournisseurs... En vérité, il n'y pensait pas...

Il n'y pensait que trop, au contraire, et la consigne fut formelle. Bonaparte exigea — ce fut une des conditions de sa réconciliation avec Joséphine — que,

---

1. C'était absolument une gaillarde que cette Mme Clotilde de Forbin. Elle écrivait à Barras qui venait de lui donner une remplaçante dans son intimité la plus intime : « ... Je ne me laisserai jamais dépouiller d'un droit dont on m'a une foisrevêtue. Ainsi j'ordonne donc que l'on me rouvre une porte que l'on m'a injustement fermée, et, s'il faut faire marcher tout le faubourg Saint-Antoine pour me la faire ouvrir ou pour l'enfoncer, je marcherai à sa tête... » (*Lettre inédite.*) On voit que, si les femmes ne résistaient pas à Barras, il avait le mérite, lui, de savoir leur résister.

puisqu'il voulait bien ne pas rompre avec elle, elle rompît, elle, avec Mme Tallien et toute la société directoriale.

Mme Tallien, on le conçoit, avait été opposée au coup de force du 18 brumaire. Elle était allée trouver Barras lorsque tout effort contre l'homme de Saint-Cloud paraissait devenu inutile, et lui avait dit « avec une vivacité charmante, qu'il fallait être encore digne de lui ». Avec une naïveté non moins charmante, l'incorrigible fat répète ces paroles de Thérésia dans ses *Mémoires* [1]. C'est sa consolation. Mais la démarche de Mme Tallien, qui avait eu des témoins, fut probablement rapportée au général Bonaparte. On aurait tort cependant d'en conclure que le général lui en tint rigueur. Il l'écarta de son salon tout simplement parce qu'il entrait dans son programme de ne plus admettre chez lui que des femmes respectables. Et Mme Tallien avait un tel passé, elle avait un présent si tapageur encore, que Bonaparte ne voulait d'elle à aucun prix. Elle dit adieu à ses toilettes excentriques pour rentrer en grâce, mais ce fut en vain. Le Premier Consul l'avait vue, à une représentation de gala de l'Opéra, dans un déshabillé trop mythologique pour lui faire oublier un passé plus mythologique encore, et il ne céda pas. Un écrivain de l'époque, qui assistait à cette représentation de l'Opéra, a retracé pour la postérité la toilette de Mme Tallien. Comme s'il se fût agi d'un bal masqué, elle s'était costumée en Diane. « Sa tête, dit-il, était surmontée d'un grand croissant de diamants dont ses cheveux de jais faisaient ressortir encore l'éclat. A ses épaules nues, comme celles de nos élégantes d'aujour-

1. T. IV, p. 81.

d'hui, était pudiquement suspendu un carquois étincelant de pierreries. Une peau de tigre se drapait moelleusement autour de sa taille olympienne. Une courte tunique cherchait à cacher ses genoux et ses jambes d'albâtre; quelques anneaux ornaient les doigts de ses beaux pieds nus, que des bandelettes de pourpre tenaient assujettis sur de légères sandales. Auprès de Diane étaient deux nymphes charmantes, non moins fidèles à la mythologie... Je manquai être étouffé à la sortie pour vérifier la déesse de plus près et surtout la voir monter en voiture. Ce fut là le dernier triomphe du costume, au milieu de frénétiques applaudissements... [1] »

Ce fut aussi le dernier triomphe de Mme Tallien. Lorsqu'on vit bien clairement que le Premier Consul ne voulait recevoir que des femmes sérieuses, la mode devint aussitôt sérieuse : plus d'excentricités dans le costume, plus de fantaisies mythologiques, plus de nudités surtout!... Et Mme Tallien, au lieu de donner le ton, dut cette fois se conformer à la mode.

Comme, au fond, elle valait mieux que ses mœurs, Mme Tallien s'en serait consolée si elle avait pu prendre sa part des fêtes qui renaissaient de toutes parts à Paris, comme les fleurs sur une pelouse au retour du printemps! Mais non! Une cruelle consigne l'en écartait, et c'est, triste à en pleurer, qu'il lui fallait entendre les échos des fêtes du gouvernement consulaire.

Il ne semble pas cependant que Mme Tallien se soit blessée du blessant ostracisme qui la frappait. Elle n'en voulut point au Premier Consul de la cruelle humiliation qui la mettait au ban de la société. En son for intérieur, comprenait-elle les motifs qui

---

1. J. DE NORVINS, *Mémorial*, t. II, p. 251.

avaient fait prononcer son exclusion, et, dans sa
bonté, les pardonnait-elle? Ce n'est pas probable;
mais, comme les relations avec Joséphine étaient
devenues le fruit défendu, elles n'en eurent, pour l'une
et pour l'autre, que plus d'attrait et leur furent d'autant plus agréables qu'elles étaient forcément mystérieuses et secrètes.

Il est certain en effet que Joséphine ne tint que très
peu de compte de la défense de son mari et qu'elle
voyait Mme Tallien en secret, à la Malmaison généralement, autant qu'elle le voulait. Peut-être même
Mme Bonaparte alla-t-elle la voir dans sa nouvelle
maison de la rue Cérutti, n° 1 [1]. Ne pouvant comprendre,
avec sa naïve immoralité de créole, le motif pour
lequel Bonaparte lui défendait toute relation avec
Mme Tallien, elle s'était imaginée, la pauvre femme,
que c'était à cause de son intimité avec Ouvrard qui,
elle le savait, était détesté de Bonaparte, comme les
autres fournisseurs du reste. Il paraît qu'elle la fit
engager par une amie à rompre cette intimité. « C'est
là, disait-elle, l'unique cause de l'animosité de Bonaparte contre elle. Tâchez d'obtenir ce sacrifice et je
suis sûre qu'il lui rendra son ancienne affection et me
permettra de la revoir comme autrefois [2]. »

Elle prenait cela sous son bonnet, comme on dit,
car il est fort douteux que Napoléon fût revenu sur
sa décision. La preuve du contraire se trouve même
dans une lettre que voici, que l'empereur lui envoya
de Berlin en 1806 : « Mon amie, j'ai reçu ta lettre...
Je te défends de voir Mme Tallien, sous quelque pré-

<hr>

1. Rue Laffitte, dans une maison qu'a habité Cérutti et qui,
démolie, a été remplacée par la Maison dorée (Ch. NAUROY, *Le
Curieux*).

2. Sophie GAY, *Salons célèbres*, p. 313.

texte que ce soit. Je n'admettrai aucune excuse. Si tu tiens à mon estime et si tu veux me plaire, ne transgresse jamais le présent ordre. Elle doit venir dans tes appartements, y venir de nuit; défends à tes portiers de la laisser entrer. Un misérable l'a épousée avec huit bâtards[1]. Je la méprise elle-même plus qu'avant. Elle était une fille aimable, elle est devenue une femme d'horreur et infâme. Je serai à Malmaison bientôt; je t'en préviens pour qu'il n'y ait pas d'amoureux la nuit! Je serais fâché de les déranger... »

L'empereur se montre là bien rigoureux pour Mme Tallien. Pour être logique, il aurait dû l'être tout autant pour Joséphine, car les dernières lignes de sa lettre, outrageantes au dernier point pour une honnête femme, montrent que, dans son estime, il ne faisait pas grande différence entre les deux amies. Mais cette rigueur, c'est pour le monde, pour la galerie et non pour des scrupules de conscience.

Ces sentiments, il les garda pendant toute la durée de son règne, sentiments d'indulgente bonté pour la femme fragile, souvenir bienveillant de leurs relations amicales au temps du Directoire; mais, comme empereur, il fut impitoyable. Assez de femmes de sa famille et de sa cour laissaient des flocons de leur laine aux buissons d'une route qu'on leur avait cependant bien aplanie, pour qu'il n'augmentât pas le troupeau par l'adjonction d'une nouvelle brebis galeuse. Il n'y en avait déjà que trop !

Et c'est ici le lieu d'admirer comme quoi Mme de Beauharnais et Mme Tallien, ces deux amies, sont arrivées à une suprême élévation et à la postérité moins

1. L'empereur exagère : elle n'en avait pas tant que cela (voir plus loin le chiffre exact, p. 291).

par leurs mérites et leur beauté que par le scandale
de leur conduite.

Ce qu'il y a de curieux, c'est que Mme Tallien ne
rompt ni avec Mme Bonaparte, à qui elle écrit encore[1],
ni avec le Premier Consul, à qui elle fait parler de
temps en temps pour l'amener à revenir sur sa décision première. Car elle brûle d'envie de connaître cette
société nouvelle qui se forme autour du Consul et de
son gouvernement; elle brûle surtout du désir d'y paraître et d'y trôner. Sa pénitence n'a-t-elle pas été assez
longue? Aussi, comme elle ne se doute pas, non plus
que son amie Joséphine, des motifs de politique et de
convenance pour lesquels Bonaparte lui refuse sa porte :

1. Voici une lettre d'elle à Mme Bonaparte. Cette lettre est
écrite moins d'un an après le coup d'État de brumaire qui porta
le général au consulat :

A Mme Bonaparte, au château des Tuileries.

25 vendémiaire an IX (17 octobre 1800).

Le citoyen Brononville, *mon ancienne amie,* désire pénétrer
jusqu'à vous ; il croit qu'une lettre de moi pourra lui être utile
et suffira pour vous intéresser en sa faveur. Désabusée par le
temps, les circonstances et votre cœur, je ne me livre pas à cette
douce erreur, mais je n'ai pu refuser à un homme qui a servi
pendant vingt-deux ans le gouvernement, un homme qui a tout
perdu dans les crises dela Révolution, une preuve de ma bonne
volonté. C'est une espérance de bonheur pour lui et pour moi
une occasion de vous rappeler que mon amitié sait résister à
toutes les épreuves et qu'elle ne finira qu'avec mes jours.

Thérésia CABARRUS-TALLIEN.

(Ch. NAUROY, *Le Curieux.* — *L'Amateur d'autographes,*
1er octobre 1886.)

Cette lettre est une preuve aussi, on est heureux de le constater, de l'inépuisable bonté de Mme Tallien et de son plaisir à
toujours obliger. Mon Dieu ! comme cette femme eût été parfaite
avec un peu moins de légèreté, un peu moins de coquetterie et
surtout avec une solide éducation morale, — que les habitudes de
son temps, hélas ! ne comportaient guère.

de politique, parce qu'il veut faire l'oubli sur le passé révolutionnaire; de convenance, parce qu'il veut faire renaître les bonnes mœurs; — rien ne lui coûte, ni démarches, ni humiliations, pour essayer de fléchir le général Bonaparte.

Il est inconcevable de voir jusqu'à quel point elle se montra dénuée d'amour-propre pour s'abaisser jusqu'à demander à un homme qui l'avait mise à la porte de chez lui la faveur d'y rentrer. C'est qu'elle avait de la vanité et non pas de la fierté. Elle voulait paraître, faire parler d'elle et de ses toilettes, accaparer les hommages des hommes et les jalousies des femmes par sa coquetterie et sa beauté, et cela sur le grand théâtre que venait d'ouvrir le général Bonaparte : elle ne se souciait pas d'autre chose. Et c'est pour cela qu'elle pleurait sur les salons officiels dont la porte restait close devant elle, — car pas un ministre, pas un fonctionnaire se fût permis de recevoir dans son salon une femme que le maître avait chassée du sien. Malgré cela, la malheureuse ne perdait pas l'espoir d'attendrir un jour la dureté de Bonaparte et de venir parader enfin dans le salon du premier magistrat de la République. Elle lui fit parler bien souvent; bien souvent elle se mit sur son passage pour attirer son attention, mais sans succès. Enfin elle obtint un jour, en 1802, une entrevue au fameux bal masqué de Marescalchi.

A la faveur du masque et du déguisement, tous deux pourraient conférer à leur aise sur le grave sujet qui faisait le désespoir de la belle jeune femme. Le Consul avait fait dire à Mme Tallien de porter un nœud de ruban vert et d'accepter le bras d'un domino qui en aurait un semblable. Il arrive, accompagné du docteur Lucas. Il cherche le ruban vert... A peine l'aperçoit-il qu'il quitte son docteur et prend le bras de Mme Tallien. Deux heures durant ils se promenèrent ensemble. Ce fut un grand triomphe intime pour elle, car le général n'était pas prodigue de son temps. Il est certain que le premier consul lui expliqua les motifs pour lesquels il ne pouvait pas l'admettre aux Tuileries. La jeune femme se récria, supplia, pleura, déploya tous ses moyens ; c'est si irrésistible, une femme qui sait pleurer avec grâce ! Mais le consul fut inflexible. Il enveloppa son refus de compliments, de protestations d'amitié et de bon souvenir, mais c'était un refus.

Mme Tallien ne se tint pas pour battue. Elle avait un tel désir de paraître, de briller aux bals des Tuileries, qu'elle dérobait sa blessure d'amour-propre sous le sourire de la femme du monde et recommençait ses démarches. Il n'est point de bassesses qu'elle ne fit pour fléchir l'inflexible cerbère qui la tenait à l'écart. Ce fut encore peine perdue, mais la blessure ne lui en demeurait pas. « Dans les bals masqués auxquels il se rendait, l'empereur, dit le *Mémorial de Sainte-Hélène*, était toujours sûr d'un certain rendez-vous qui ne lui manquait jamais : il s'y trouvait, disait-il, entrepris chaque année par un même masque, qui lui rappelait d'anciennes intimités et le sollicitait avec ardeur de vouloir bien le recevoir et l'admettre à sa cour. C'était une femme très aimable, très bonne et très belle, à qui beaucoup devaient certainement beaucoup. L'empereur, qui ne laissait pas que de l'affectionner, lui répondait toujours : « Je ne nie pas que vous soyez charmante, mais voyez un peu quelle est votre demande ; jugez-la vous-même et prononcez. Vous avez deux ou trois maris et des enfants de tout le monde. On tiendrait à bonheur sans doute

d'avoir été complice de la première faute ; on se fâche-
rait de la seconde, on la pardonnerait peut-être, mais
ensuite, et puis, et puis !... A présent, soyez l'empereur et jugez : que feriez-vous à ma place ?... **Et
moi qui suis tenu à faire renaître un certain** *deco-
rum !* » Alors la belle solliciteuse gardait le silence
ou lui disait : « Du moins ne m'ôtez pas l'espérance ! »
et renvoyait à l'année suivante à être plus heureuse.
« Et chacun de nous deux, disait l'empereur, était
exact à ce nouveau rendez-vous [1]. »

Essaya-t-elle de forcer la consigne ou du moins de
pénétrer par contrebande, avec la carte d'invitation
d'une autre personne, à ces bals des Tuileries qui
étaient pour elle le supplice de Tantale ? C'est probable. Mme Georgette Ducrest, dans ses *Mémoires sur
l'impératrice Joséphine*, qui sont la preuve que les
meilleures intentions du monde ne suffisent pas pour
faire un bon livre, rapporte que, dans un bal masqué
des Tuileries, elle remarqua un domino gris, suivi
de deux grandes figures noires, qui ne pouvaient être
que l'empereur et les deux gardes chargés de veiller
sur lui et de surveiller les gens qui pouvaient l'approcher. Elle vit ce domino gris manœuvrer pour se
rencontrer face à face avec une fort jolie femme
qu'elle ne veut pas nommer. Il se planta devant elle
assez insolemment et la fixa avec obstination. La
jeune femme était visiblement gênée de ce sans-gène.
Elle finit par en être si importunée qu'elle crut devoir
dire au masque qu'elle ne le connaissait pas et qu'il
eût à cesser ce jeu déplaisant. Le masque continua à
la fixer sans mot dire. Tremblante à la pensée qu'un
seul homme pouvait, en ce lieu, montrer une telle

_____

1. *Mémorial de Sainte-Hélène*, t. III, p. 139 (éd. Garnier).

insolence et que cet homme était l'empereur, la pauvre femme comprit que son *incognito* était dévoilé et que l'empereur en personne, par sa muette pantomime, était venu lui donner l'ordre de sortir. Elle se leva et partit sur-le-champ. Mais le manège de l'empereur avait été remarqué, la fuite de la jeune femme aussi, et Mme Georgette Ducrest donne assez de renseignements pour permettre de reconnaître dans l'écheveau embrouillé de ses aveux et de ses réticences la belle Mme Tallien.

Au milieu de ces disgrâces, la pauvre femme eut un grand mérite : ce fut de n'en pas prendre prétexte pour s'aigrir et ne plus être bonne. Elle s'évertua au contraire à rendre plus de services que jamais à ceux qui venaient la solliciter, et, de cela, il faut lui savoir gré : tant d'autres, à sa place, auraient pris le vindicatif plaisir de se mettre en révolte contre la société et de rejeter sur elle les fautes dont elle était seule coupable !

Mais il est temps de parler des enfants de Mme Tallien. « Vous avez deux ou trois maris et des enfants de tout le monde », lui a dit brutalement Napoléon. Il y avait un peu de vrai dans les paroles de l'empereur, et aussi beaucoup d'exagération, car elle n'en eut pas de lui. Thérésia avait eu de M. de Fontenay un fils, né le 2 mai 1789, dont elle s'occupa assez peu, et qui fut parfait pour elle; nous en avons déjà parlé et nous avons dit qu'il mourut à la fleur de son âge, en 1815.

De Tallien, son second mari, elle eut une fille, Thermidor-Rose-Thérésia. Cette enfant naquit en 1795. Elle reçut le nom de Thermidor pour perpétuer dans la famille le souvenir de l'événement politique auquel avait pris part son père. Quant au nom de Rose, c'était celui de sa marraine, Mme de Beauharnais[1], qui ne s'appela Joséphine qu'après son mariage avec le général Bonaparte. On n'a pas son acte de naissance. M. Ch. Nauroy en conclut que « peut-être avait-elle été conçue avant le mariage de ses parents ». Elle épousa M. de Narbonne-Pelet.

Pendant que Tallien était en route pour l'Égypte, sa femme eut un troisième enfant, le 30 frimaire an VI (20 décembre 1798), qui mourut en naissant. M. Ch. Nauroy en attribue avec vraisemblance la paternité à Barras. Une longue lettre que Tallien écrivit à sa femme le 17 thermidor de la même année,[2] cinq jours après son débarquement à Alexandrie, ne fait aucune allusion à des espérances de paternité, mais Tallien

1. Mme de Beauharnais, devenue la générale Bonaparte, n'oublia pas sa filleule. D'Italie elle écrivait à Barras :

Milan, ce 18 fructidor...

... Mon mari est parti depuis six jours pour Ravenne et de là dans le Tyrol ; j'attends bientôt de ses nouvelles, j'espère qu'elle seront aussi bonnes que je les désires (*sic*). Rappelez-moi au souvenir de ma petite ★ ; je ne reçois point de lettres d'elle, cela me rend bien triste ; dites-lui bien que M. Serbelloni est chargé de lui présenter de ma part une pièce decrêpe et des chapeaux de pail (*sic*) de Florence ; pour le déjeuner de son mari des saucissons et du fromage, pour Thermidor du corail. Je n'écris point à ma petite parce que M. Serbelloni part dans l'instant, embrassez-la pour moi bien tendrement. Adieu, mon cher Barras, croyez-moi avec les sentiments dela plus tendre amitié votre amie.

LAPAGERIE-BONAPARTE.

M. Serbelloni veut bien se charger de vous remettre de ma part une caisse de liqueurs de Turin.
Mille amitiés à Botot ★★, compliments à Victor et Raimond.
J'embrasse Tallien. (*Lettre inédite*.)
2. Voir cette lettre à l'*Appendice*, p. 311.

★ C'est ainsi qu'elle appelait Mme Tallien.
★★ Bottot, et non Botot, était le secrétaire de Barras.

y exprime l'espoir de la « retrouver toujours aimable, toujours fidèle ».

Toujours aimable, c'était possible ; mais toujours fidèle, ce n'était pas dans ses moyens et son mari ne devait pas, au fond de l'âme, se faire illusion sur ce point, malgré l'espoir qu'il en exprimait. Et en effet, le 12 pluviôse an VIII (31 janvier 1800), Mme Tallien accouche d'une fille, Clémence-Isaure-Thérésia, déclarée sous le nom de Cabarrus et non pas de Tallien. Cette petite fille devint grande comme sa mère, épousa un colonel Devaux, devint veuve, entra dans un ordre religieux, oh ! bien fantaisiste ! et les élèves de la maison d'éducation des dames de Saint-Louis, dont elle fut supérieure, à Juilly, ont conservé le souvenir de sa grande taille et de sa barbe au menton, et aussi de certaines fantaisies qui cadraient peu avec la sévérité des règles d'un ordre religieux. Elle mourut il y a peu de temps à Juilly, à la fin de 1884.

Il paraît bien qu'elle était fille d'Ouvrard, qui eut d'elle trois autres enfants, entre autres celui qui fut l'aimable et spirituel docteur Cabarrus, né le 19 avril 1801.

A peu près à ce moment, Tallien débarquait à Calais.

Il avait quitté l'Égypte sur un ordre du général Menou, qui devint, par droit d'ancienneté, commandant en chef de l'armée française après l'assassinat du général Kléber. Le bâtiment qui l'amenait en France fut pris par une frégate anglaise. Conduit en Angleterre d'abord, puis renvoyé en France dix jours après la signature de la paix, Tallien fut mis au courant de ses infortunes conjugales. « Des amis de haute considération, dit Lairtulier, l'avertirent que sa femme, pendant son absence, avait eu deux enfants et le prévinrent qu'elle le recevrait fort mal. » C'était un comble ! Comment ! être allé en Égypte, au milieu de la peste et de la guerre, pour acquérir de quoi pourvoir aux fantaisies ruineuses de sa femme, la laisser enceinte à Paris, la retrouver trois ans après dans le même état, avec une petite famille notablement augmentée, et être mal accueilli par-dessus le marché !... C'était le monde renversé. C'était bien naturel cependant, à en croire Thérésia : « Est-ce ma faute, dit-elle plus tard, si M. Tallien est parti pour l'Égypte quand son rôle le retenait à Paris ? » Ces diables de femmes ! il faut qu'elles aient toujours raison !

Tallien comprit qu'en effet il avait tort. C'était évidemment sa faute si, pendant son absence de trois ans, sa femme avait eu trois accouchements ; sa faute encore s'il n'avait pas, comme Ouvrard, une fortune de trente ou quarante millions... Pourquoi aussi n'était-il pas resté en Égypte, ce gêneur ? Est-ce que « son rôle ne l'y retenait pas ? » Qui donc l'avait prié de venir ?... Oh ! ces maris, ils n'en font jamais d'autres !

L'avenir réservait à Tallien de plus grands revers encore.

Après quelques hésitations et malgré l'amour qu'il pouvait encore avoir au fond du cœur pour la belle infidèle, le pauvre Tallien se décida à intenter à sa femme une action en divorce. Le général Lannes en faisait autant, de son côté, pour la sienne, et le général Bonaparte, pour des motifs semblables, avait bien failli faire comme lui. Pendant la procédure et comme pour bien accentuer la nécessité d'un divorce, Mme Tallien mit au monde un nouvel enfant, Clarisse-Gabrielle-Thérésia Cabarrus, qui, plus tard, épousa M. Brunetière.

Devant cette profusion de pièces à conviction, le divorce fut prononcé le 8 avril 1802. La justice avait été vite. Elle n'avait mis qu'un an à étudier et comprendre l'affaire[1].

Que fit Tallien après son divorce? On ne le sait trop. Il vécut un peu d'expédients sans doute, car la fortune ne lui avait pas souri en Égypte; Bonaparte non plus. Après l'avoir choisi pour témoin de son mariage, en 1796, le général ne lui avait montré que fort peu de bienveillance sur la terre de Sésostris. Sa défaveur allait même aux gens dont Tallien cherchait à s'entourer. « Il avait presque frappé d'anathème tous ceux qui avaient des relations avec Tallien[2]. » La disgrâce dans laquelle il tint les deux frères Lanusse n'eut pas d'autre cause que leur amitié pour Tallien. « Lanusse est lié, ainsi que son frère, dit-il un jour, avec un homme tellement immoral qu'il compromet même les gens qu'il voit comme connaissances... Je n'aime pas Tallien, je n'aime pas cet homme, il est méchant et corrupteur[3]. » Et c'est parce qu'il n'aimait pas Tallien, parce qu'il n'avait évidemment aucune confiance en lui, qu'il le laissait sans emploi sur le pavé de Paris. Fouché, qui ne valait pas mieux que Tallien, mais qui avait une instruction et une capacité bien supérieures à la sienne, avait été pris cependant par le premier consul comme ministre de la Police. Tous les autres thermidoriens, parmi lesquels il en était d'aussi incapables et d'aussi ignorants que Tallien, étaient pourvus et se montraient déjà les plus serviles adulateurs de César. Tallien seul n'avait rien obtenu. Découragé, il alla enfin trouver Fouché et, grâce à lui, grâce aussi à Talleyrand, il finit par décrocher, en novembre 1804, le titre pompeux de

1. Voir à ce sujet la *Gazette des tribunaux*, novembre 1835.
2. Duchesse d'ABRANTÈS, *Mémoires*, t. V, 285.
3. *Ibid.*, t. III, p. 227.

« commissaire général et agent des relations commerciales » à Alicante ; en d'autres termes, il fut nommé consul à Alicante. C'était bien maigre pour celui qui avait été l'idole de Paris après le 9 Thermidor, qui avait présidé la Convention à vingt-cinq ans ! Il fallut pourtant s'en contenter. La nécessité était là. Et puis, rester à Paris, le pouvait-il ? Voir celle qui avait été sa femme se pavaner dans les équipages d'Ouvrard lui aurait mis trop d'amertume au cœur. Car peut-être l'aimait-il encore, malgré ses infidélités, malgré son abandon, malgré son divorce : on les aime toujours, ces monstres-là, en dépit de toutes leurs trahisons, et telle est la lâcheté de notre pauvre cœur que les moins dignes d'être aimées sont toujours les femmes que nous aimons le plus ! Pauvres aveugles aussi, qui ne sommes pas capables de voir que la femme est faite pour être aimée — quoique au fond elle s'en soucie médiocrement — et non pour aimer ! Pauvres fous, qui ne voulons pas nous persuader qu'avec les femmes il est sage de ne montrer qu'un doux scepticisme, une aimable galanterie et qu'il faut avoir assez d'esprit pour ne pas mettre le cœur de la partie, si l'on ne veut la perdre sûrement et porter bientôt ce cœur en berne. Un cœur d'homme ! quel joli joujou pour une coquette ! Elle s'amuse avec cela comme une jeune chatte d'une boule de papier, oh ! bien gentiment : elle vous l'écorche, elle vous le déchire avec une grâce adorable ; elle le jette en l'air, le reprend, le roule, lui donne des coups de patte, l'oublie, marche dessus sans faire semblant de le voir, le reprend encore, le mord... Comme la chatte, c'est par la griffe qu'elle retient son joujou. Un instinct dit aux femmes, même aux plus sottes, que ce n'est pas en faisant patte de velours qu'on couche un homme à ses pieds, mais en

lui faisant sentir la griffe. « J'avais mille fois plus
d'esprit qu'elle, a écrit Benjamin Constant de je ne
sais laquelle de ses maîtresses, et elle me foulait aux
pieds. » Comme si l'esprit avait quelque chose à voir
avec ces femmes!... Et quand la boule de papier, le
cœur de l'homme plutôt, est bien déchiré, bien mis en
lambeaux, on le jette de côté d'un petit air dégagé et
dédaigneux... et l'on passe à un autre.

Tallien partit donc pour son consulat. Ses chagrins
domestiques, ses déboires de carrière et de fortune
l'avaient vieilli et défiguré. La femme du général
Junot, qui le rencontra à Madrid, à la table du général
Beurnonville, ambassadeur de France en Espagne, en
a fait ce curieux portrait : « J'avais auprès de moi un
grand homme à la figure hideuse et sinistre, qui ne
disait pas une parole. Cet homme était grand, brun,
d'un aspect morose et atrabilaire, l'œil assez sombre
dans son regard et donnant même d'abord l'idée qu'il
était borgne. Mais on voyait bientôt qu'il avait ce
qu'on appelle un *dragon* dans l'œil. Il était taciturne,
parlait peu et, pour dire la vérité, on ne lui adressait
pas beaucoup la parole... Le malheureux! quelle existence il traînait alors [1] ! »

Il la traîna jusqu'à sa mort. Il resta dans son consulat d'Alicante, oublié, oubliant lui-même autant qu'il
pouvait. Après avoir eu, jadis, le plaisir d'être amoureux, il savourait maintenant le bonheur bien plus
grand de ne plus l'être. La guerre de 1808 vint briser
sa douce tranquillité. Il dut quitter l'Espagne. Sa maison fut pillée, puis brûlée. On sait par une lettre de
lui à M. Decazes, écrite sous la Restauration, qu'il y

____

1. Duchesse D'ABRANTÈS, *Mémoires*, t. V, p. 285 (éd. Garnier).

perdit plus de dix mille francs, — une fortune alors pour lui, et, jadis, Thérésia, sa belle maîtresse, s'était offert une robe de douze mille francs ! — Au mois de mai 1812, on le voit paraître dans le cabinet du duc de Rovigo. Barère, qui l'y rencontra, croit que, comme lui, il avait été mandé par le ministre de la Police pour le renseigner, en sa qualité d'ancien révolutionnaire, sur des bruits de mouvement dans les faubourgs, à propos de l'enchérissement des subsistances[1].

En 1815, il était si changé que, étant allé voir Carnot, l'ancien Directeur ne le reconnut pas[2]. On le voit, en cette même année, voter l'*Acte additionnel* et motiver ainsi son vote sur les registres de la mairie du IIe arrondissement, rue d'Antin : « Les phrases étant inutiles lorsque les dangers de la patrie sont imminents, lorsque l'honneur et l'indépendance de la nation commandent le sacrifice de toute opinion particulière, voulant avant tout être et demeurer Français, espérant du temps, de l'expérience et du patriotisme des deux Chambres les améliorations désirables, je dis oui[3]. »

On essaya, sous la Restauration, de lui susciter des ennuis pour ce vote. On le dénonça, comme si l'on avait été sous la Révolution ; mais la dénonciation n'eut pas de suites. Tallien qui avait déjà éprouvé la bienveillance du roi en 1814 — il en avait reçu une pension de six mille francs — expliqua les motifs de son vote à Louis XVIII dans une lettre où il implore sa bonté et lui expose son misérable état de santé. Il souffrait, en effet, beaucoup de la goutte : il lui arrivait de rester des mois entiers sans pouvoir marcher, sans pouvoir même tenir une plume. De plus, il avait

1. BARÈRE, *Mémoires*, t. III, p. 165.
2. *Mémoires sur Carnot*, par son fils, t. I, p. 528.
3. *Ibid.*, t. II, p. 437.

perdu l'usage d'un œil et il dit, dans une lettre, qu'il
est atteint de la maladie de la pierre. Son âme n'était pas
moins ébréchée que sa constitution. Dans sa détresse
morale et physique, c'est au roi Louis XVIII qu'il
s'adresse : «... Dans cet état déplorable où tout être
m'abandonne, lui écrit-il, où je ne tiens à la vie que
par la douleur, où ce qui me reste de moi-même est le
courage de l'âme, souffrez, sire, que tout ce que Votre
Majesté peut faire pour moi, j'ose le lui demander
avec la confiance et l'abandon que m'inspirent mon
extrême malheur et votre inépuisable bonté... »
Louis XVIII se laissa toucher. Aussi bien avait-il une
dette de reconnaissance envers son ancien correspon-
dant, au temps de son exil. Il l'excepta de la cruelle
loi de proscription, dite alors d'amnistie, qui exilait
les régicides, sauf ceux qui avaient trahi leur mandat
électif en intriguant auprès de lui, c'est-à-dire Barras
et lui, Tallien [1].

Le traitement dont il jouissait comme ancien consul fut supprimé en 1816. Il implora la bienveillance
de M. Decazes (lettre du 23 janvier 1816) et quitta
un appartement qu'il occupait rue Chabanais, n° 4,
pour aller s'installer au mois d'avril, dans la petite
chaumière, allée des Veuves, n° 31. C'était une modeste maison que son ancienne femme mettait obli-
geamment à sa disposition, afin qu'il se soignât, avec
un jardin, du grand air et du soleil, mieux qu'il ne
le pouvait faire dans un appartement.

Tallien avait dépouillé tout amour-propre. Il accepta l'hospitalité de son ancienne femme comme il

---

1. Les lettres de Tallien à Louis XVIII et à M. Decazes, ministre de la police générale, à ce sujet, sont aux Archives nationales. Elles ont été reproduites par M. Ch. Nauroy dans *Le
Curieux*.

acceptait les bienfaits de Louis XVIII, comme il avait accepté une place sous l'Empire. Et, dans ses lettres au roi et à M. Decazes, il parle de sa conscience. Il avait dû, évidemment, s'en faire une à son usage, depuis qu'il était entré dans la vie publique, et aussi depuis qu'il l'avait quittée, mais cette conscience était bien indulgente.

Pendant l'hiver de 1816 à 1817, l'état de santé de Tallien s'aggrave. Ses ressources sont épuisées. C'est un temps de souffrances générales et la famine est en France. La princesse de Chimay en est réduite à faire des emprunts[1]. Tallien, lui, en est réduit, pour pouvoir manger, « à vendre ses livres et ses effets pièce à pièce », comme il le dit lui-même à M. Decazes dans une lettre désespérée. C'était vrai. M. Pasquier rencontra un matin M. Tallien sur le quai. L'ancien conventionnel avait des livres sous le bras. Il lui dit qu'il les portait chez un bouquiniste pour les vendre. M. Pasquier prit les livres, les examina et, avec beaucoup de délicatesse, dit qu'ils manquaient à sa bibliothèque et que, s'il voulait bien les lui céder, il lui ferait plaisir. Il ajouta qu'il aurait l'honneur de l'en aller remercier chez lui. Ce fut un prétexte pour donner à Tallien une somme assez ronde. Comme c'est au coup d'Etat du 9 thermidor que M. Pasquier avait dû de ne pas monter, comme son père, sur l'échafaud, il en garda une profonde reconnaissance à Tallien et il dit dans ses *Mémoires* : « J'ai pu acquitter envers lui, peu de temps avant sa mort, ma part de reconnaissance pour les services que j'en avais reçus comme tant d'autres, et j'y ai trouvé une

---

1. Voir, à l'*Appendice*, p. 317, une lettre d'elle inédite, demandant à M. Laffitte de lui prêter de l'argent.

réelle jouissance. Le secours qui lui était accordé se trouva, je ne sais comment, supprimé. J'en fus informé ; j'y suppléai et rendis ainsi ses derniers moments moins pénibles. Il m'en a fait, en mourant, témoigner sa gratitude d'une manière fort touchante[1]. » Le prince Eugène de Beauharnais aussi déclare, dans ses *Mémoires*, avoir fait à Tallien une petite pension dans ses dernières années. Le malheureux en avait bien besoin : on trouve, dans ses lettres à M. Decazes, un exposé navrant de sa misère. En marge d'une demande de secours qu'il lui adresse, on trouve la mention suivante : « Son Excellence a envoyé un mandat de mille francs, de sa main. 18 mai 1818[2]. »

Dans un pareil état de santé, dans un pareil état de misère, Tallien ne pouvait vivre longtemps. Il s'éteignit le 16 novembre 1820, emportant avec lui devant Dieu les chaînes brisées de quelques milliers de prisonniers. N'en disons pas davantage. L'histoire doit être clémente à celui qui a fait du bien, même accidentellement, et qui a rendu un de ces services éclatants qui couvrent et rachètent tout. Il ne faut pas examiner avec trop de rigueur ni avec un microscope trop bourgeois les excès auxquels un jeune homme aux passions vives, sans principes, né dans une classe inférieure, en un temps où la fièvre révolutionnaire faisait tourner toutes les cervelles, devait fatalement se laisser entraîner.

Amnistie à lui et à sa femme, mais pas de statues.

Revenons à Thérésia.

Après son second divorce, elle quitta la Chaumière du Cours-la-Reine et alla habiter sa maison de la rue

1. Chancelier PASQUIER, *Mémoires*, t. I, p. 115.
2. Ch. NAUROY, *Le Curieux*. — Archives nationales.

de Babylone, n° 685. Elle tenait cette maison de la libéralité de Barras. Un grand jardin l'entourait, planté de beaux arbres, et en faisait une demeure des plus agréables. On y pouvait vivre, en plein cœur de Paris, isolé comme à la campagne. Mais la vie isolée n'était pas dans les goûts de Thérésia qui, pour la troisième fois, avait repris son nom de Cabarrus. Comme Ouvrard subvenait à ses dépenses qui dépassaient les revenus de sa dot, écornée par son premier mari et par les événements de la Révolution, Thérésia recevait et donnait des fêtes. Les crises de la vie glissaient sur elle sans l'atteindre. Mais aussi, c'est qu'elle avait soin de ne pas jeter son cœur dans la lutte. De cette façon, elle était toujours heureuse, puisque nous ne sommes vraiment malheureux que par le cœur. Une bienveillance constante, par système peut-être plutôt que par élan naturel, était sa règle de conduite. Elle s'en trouvait bien et ses amis également. On ne saurait l'en blâmer : rien de plus sot que de se laisser torturer par un de ces cœurs qui tyrannisent et gâtent une existence en vous entraînant à des dévouements stupides, par d'impérieuses et lancinantes passions amoureuses qui n'entraînent jamais après elles que chagrins et désespoirs, et laissent l'âme dévastée et desséchée comme un arbre frappé de la foudre. Oh ! qu'une douce et sceptique bienveillance est plus commode ! Elle fait peut-être des ingrats, mais qu'importe, puisqu'elle ne ride ni le cœur ni le front surtout ?... Mme de Cabarrus avait trop l'horreur de toute ride pour agir autrement.

Un Allemand, qui s'était fait présenter à Mme de Cabarrus par le banquier Tourton l'année qui suivit son second divorce, et qui avait été invité à l'une de ses fêtes, nous en a laissé le récit. Il nous fait pénétrer dans l'intérieur de l'hôtel de la rue de Babylone et trace une esquisse de la belle maîtresse de céans. « C'est, dit-il, une belle, grande et opulente personne à qui l'on ne donnerait pas son âge, plus voisin de la quarantaine que de la trentaine. Une petite tête aux contours délicats la fait paraître encore plus grande et plus forte qu'elle n'est en réalité. Sa physionomie porte l'empreinte de cette bienveillance active dont tant de gens ont eu des preuves pendant les terribles phases de la Révolution. Ses manières ont un naturel et un abandon qui la rendent tout à fait sympathique et séduisante. Lorsque, dans le courant de la soirée, elle s'est mise à genoux, joignant ses belles mains, devant une petite Française pour la supplier de chanter une romance, et qu'elle est restée dans la même attitude, ses grands yeux ouverts fixés sur la cantatrice, ses lèvres frémissantes paraissant répéter la mélodie, elle eût été à peindre[1]. »

Ce bon Allemand, M. Reichardt, se laisse prendre, comme tout le monde, au charme de la sirène, mais il se trompe étrangement en croyant que ce qui la rend éminemment séduisante est « le naturel et l'abandon des manières ». Si jamais femme fut le contraire de naturelle, c'était bien Thérésia. A cette époque, tout, en elle, était affecté, étudié, mesuré ; et pourquoi ? Pour avoir l'air naturel. De même que Racine, s'il faut en croire Boileau, avait appris à faire difficilement des vers faciles, Thérésia s'étudiait à être naturelle : son grand art consistait à dissimuler cet étude et cet art, mais, aux yeux d'un observateur clairvoyant, son esprit était aussi fardé que son visage.

---

1. REICHARDT, *Un hiver à Paris sous le Consulat*, p. 200, Paris, Plon. Ce livre mérite d'être beaucoup plus connu qu'il ne l'est.

« Parmi les invités, continue M. Reichardt, se trouvait un Espagnol qui a chanté en s'accompagnant de la guitare. Mme Cabarrus nous dit qu'elle n'aimait rien tant que « ces romances de sa chère patrie », et elle fit observer qu'en Espagne ces chants accompagnent toujours une danse. Et, en effet, pendant que le guitariste préludait, les petits pieds de Mme Cabarrus s'agitaient comme dans l'attente du signal d'un boléro. Du reste, elle n'a ni dansé ni même touché à la belle harpe posée dans un coin du salon. Elle s'est exclusivement consacrée à recevoir, à placer et à entretenir les dames, Anglaises en majorité, qui venaient à son « assemblée ». Elle s'asseyait tantôt auprès de l'une, tantôt auprès d'une autre, toujours en mouvement, entraînant à sa suite un groupe de cavaliers empressés. »

On voit que Mme de Cabarrus sait toujours s'occuper de ses invités et faire avec grâce les honneurs de chez elle : c'est un mérite, et assurément il n'est pas commun. On voit aussi que les étrangères forment la « grande majorité » de son salon. Comment en aurait-il été autrement? Depuis que le premier consul avait donné, par ses exécutions nécessaires, le ton sérieux au monde parisien, Mme de Cabarrus, qui ne désespérait pas d'y être admise, avait rompu avec la société directoriale. Le monde des émigrés rentrés ne voulait pas se montrer chez elle et le monde *fonction-naires* ne l'osait pas, de crainte de déplaire. Il ne restait que la finance et les étrangers : tout cela formait un noyau, assurément fort agréable, au centre duquel trônait la belle impénitente. Car c'était là surtout son ambition : il fallait à son bonheur être reine de quelque chose, d'un salon comme d'une ville, d'un souper comme d'une révolution. De là son immense crève-cœur de ne pas être admise aux Tuileries : quelle douleur de n'y pas trôner, comme Bonaparte !

Mais écoutons encore M. Reichardt : « Pour les hommes, il y avait une quantité de tables de jeu ; la maîtresse de la maison présentait elle-même les cartes. Elle voltigeait au milieu des parties engagées, hasardant cinq ou six louis sur une carte, s'attardant parfois à parier, mais tout cela en passant. Quant aux Anglais, ils n'ont pas bougé des tapis verts sur lesquels l'or s'amoncelait ; les jeux de hasard faisaient fureur.

« Mme Cabarrus a fini par recruter quatre couples qui ont dansé une « française » au son d'un unique violon faisant un bien maigre accompagnement. Sa fille, gentille enfant d'une dizaine d'années, ressemblant fort à sa mère, a dansé avec infiniment de grâce une des « françaises » à la joie de sa mère, qui en avait les larmes aux yeux, et des assistants charmés de ces débats mignons. Les façons de la mère et de la fille l'une à l'égard de l'autre indiquent des natures aimantes.

« ... Cette réunion, où dominaient les Anglais, et pendant laquelle Mme Cabarrus, allant et venant sans cesse, ne pouvait suivre une conversation, a fini par me sembler un peu longue.

« ... Mme Cabarrus venait de reconduire jusqu'à la porte du salon sa dernière invitée avec la grâce animée et naturelle qu'elle avait déployée pendant toute la soirée, quand elle revint à nous, paraissant ne plus pouvoir se traîner ; elle s'affaissa dans un fauteuil, la tête renversée contre le dossier, soupirant d'une voix presque éteinte : « Je n'en puis plus, je suis morte ! » Je me trouvais près d'elle avec Tourton ; dans ma simplicité, je lui demandai naïvement si elle se sentait indisposée. Elle se redressa comme poussée par un ressort : « Ce n'est pas ça, monsieur, » dit-elle en souriant. Puis, s'adressant à Tourton avec le même sourire : « Mon assemblée était bien nombreuse, n'est-ce pas? »

Toujours cette préoccupation de la vanité, chez Thérésia! Elle est heureuse d'avoir eu une « assemblée » très nombreuse, non pas parce qu'on a pu s'y amuser davantage, mais parce que la mode était d'entasser dans les salons plus de monde qu'ils n'en pouvaient contenir, de presser les gens les uns contre les autres au point de leur rendre tout mouvement impossible et de les étouffer pour leur plaisir. D'ailleurs, l'appartement de Thérésia n'est pas très grand. Le même témoin le décrit en deux lignes :

« ... Il consiste en un vaste salon et une grande chambre à coucher suivie d'un boudoir; il a été suffisant pour les soixante-dix à quatre-vingts personnes qui s'y sont trouvées réunies. »

Maintenant, suivons à pas discrets M. Reichardt dans la chambre de l'idole : « Le magnifique lit en ébène de la chambre à coucher est d'un style différent et plus sévère que celui de Mme Récamier. Comme celui-ci, il est décoré de jolis bronzes dorés. Mais le ciel de lit très ample et très élevé, ayant la forme d'une tente ronde, est soutenu par le bec d'un pélican doré, — une forme importée d'Égypte; — les rideaux en satin blanc et cramoisi garnis de franges dorées, retombant en larges plis jusqu'au parquet. Toute la pièce est décorée de jolis bas-reliefs. »

Il n'est pas jusqu'à la coiffure de sa charmante hôtesse, jusqu'à sa toilette, que l'Allemand n'ait eu soin de noter exactement. Comme c'est ce qui intéresse le plus les femmes, il faut encore faire cet emprunt à son livre : « Ses magnifiques cheveux noirs, arrangés en larges tresses, étaient enroulés autour de sa tête jusqu'au front, d'une part, jusqu'à la nuque, de l'autre ; des cordons de perles fines s'entremêlaient aux tresses. Sa robe était en satin blanc et couverte de belles dentelles [1]. »

On voit que son second divorce n'avait pas affecté la belle jeune femme plus que le premier : elle y était maintenant habituée. Sa conscience n'avait pas l'air de lui reprocher quoi que ce fût et l'on aurait mauvaise grâce à se montrer plus difficile que sa conscience. D'ailleurs, quel esprit chagrin aurait eu le mauvais goût, le triste courage de lui faire de la peine en l'éclairant sur certains cas de casuistique conjugale qu'elle aimait mieux ne pas prendre corps à corps, et troubler ainsi le bonheur de cette charmante femme qui, à tout prendre, ne vivait que du bonheur des autres ?

La belle Thérésia menait donc une existence paisible, se partageant entre son amant en titre, ses amis, M. Alexandre de Girardin, avec lequel son amitié semble avoir eu quelques nuances particulières de tendresse, ses enfants et les plaisirs. Tout semblait indiquer que cette vie serait la sienne jusqu'à son dernier jour. Peut-être le croyait-elle ? Mais, si elle en avait déjà fini avec deux maris, elle n'en avait pas encore fini avec le mariage. Le 15 thermidor an XIII de la République française (18 juillet 1805), sous la seconde année du règne de Napoléon, empereur des Français, elle se mariait une troisième fois à la mairie du X⁰ arrondissement avec le comte Joseph de Caraman [1].

1. REICHARDT, *Un hiver à Paris sous le Consulat*, p. 200-204.
1. Voir l'acte de mariage à l'*Appendice*, p. 345.

Le mariage fut purement civil. Il ne pouvait être religieux ; l'Église catholique n'admet pas le divorce et, à ses yeux, Thérésia était toujours la femme légitime de M. de Fontenay, quelques liaisons plus ou moins sanctionnées par la loi civile qu'elle ait pu avoir depuis ce mariage.

Le comte Joseph de Caraman, qui n'avait que trente-trois ans, un an de plus que Thérésia, appartenait à l'illustre famille Riquet. C'est le père de son grand-père, M. Riquet, qui avait conçu le plan du canal de Languedoc et en avait exécuté les travaux. Il jouissait d'une grande fortune et la Révolution n'avait pu toucher que d'une façon passagère à ses revenus du canal, dont il était un des principaux propriétaires. Il avait été élevé à Roissy, à cinq lieues de Paris, dans la saine atmosphère d'une famille unie. « Roissy, écrivait Mme du Deffand en 1774, est le séjour de la paix, de l'ordre et du bonheur. Un père et une mère, huit enfants qui vivent ensemble avec une union, une amitié parfaite : c'est l'âge d'or [1]. »

Cette paix, cette union de famille, qui sont le plus grand bonheur de la vie, cette paix et cette union que la Révolution n'avait pas atteintes, étaient maintenant brisées dans la famille de Caraman. C'était l'œuvre de Thérésia. Elle avait dû bien *travailler* le jeune comte Joseph pour le décider à cette chose si grave : la révolte contre l'autorité du père de famille, le mariage contre le gré de toute une famille. Virtuose d'une beauté à peu près défunte, elle en avait joué en artiste consommée. Une fois qu'elle eut amené le jeune comte de Caraman à l'état d'amoureux aveugle, elle

---

1. Mme DU DEFFAND, *Correspondance complète*, II, p 426 (éd. Lescure).

lui avait tenu des propos dans le genre de celui-ci :
« On se marie pour soi et non pour les autres... » et
les lui avait chantés sur tous les tons, avec toutes les
variantes possibles. Le pauvre garçon ne voyait pas,
en sa qualité d'amoureux, que ce sont là propos à
l'usage des femmes qui veulent achever de faire perdre
le sens moral aux malheureux à qui elles ont déjà fait
perdre le sens commun ; aussi donnait-il en plein dans
le piège et, pauvre dupe, il se répétait comme paroles
d'Évangile les piètres arguments de Thérésia. Règle
générale, les hommes ne croient, en fait de désintéressement, qu'à celui des gens qui ont intérêt à les
tromper. Et, d'un autre côté, comment n'aurait-il pas
cru une femme qui, sur le terrain de l'amour, avait de
si beaux états de services ?

On croit les hommes bien bêtes : ils sont encore
plus bêtes qu'on ne croit. Les femmes le savent bien.
En tout cas, ce manège ne dénote pas, chez l'expé-
rimentée Thérésia, une bien grande délicatesse de
sentiments, et l'abnégation ne paraît pas être venue
compléter le nombre de ses vertus. Quand même elle
eût aimé sincèrement M. de Caraman — et ce n'est
pas à présumer, car c'eût été changer par trop ses
habitudes — le devoir, pour elle, était de se retirer,
d'engager le jeune homme à suivre le vœu de sa famille, à obéir son père, à « immoler son amour sur
l'autel du devoir », comme aurait dit Mme de Staël,
une connaisseuse en amour plus qu'en devoir, mais
qui, au moins, quand elle fit cette folie de se rema-
rier, n'épousa pas l'immense fortune de M. de Caraman. Quant à celui-ci, il montrait une fois de plus que
c'est dans l'amour que se constate le mieux la bêtise
humaine.

On sait, par l'acte de mariage, que M. Joseph de

Caraman dut faire des actes respectueux à son père, c'est-à-dire agit contre sa volonté expresse, ce qui n'est pas très respectueux, en épousant la femme que tant d'autres avaient eue avant lui, « qui ne lui apportait que la rinçure de son verre », comme aurait dit jadis Madame, mère du Régent, dans son langage aussi franc que pittoresque. Aussi la cérémonie du mariage se ressentit-elle de cet état de choses. Le choix des témoins : deux hommes de loi du côté du comte Riquet de Caraman ; un commis principal à l'administration de la loterie et un homme de loi du côté de Thérésia, montre bien que cette union se faisait à l'encontre de toutes convenances ; famille, amis, société, tout ce qui mérite le respect faisait grève ce jour-là, et le représentant d'une des plus hautes familles de la Belgique en était réduit à prendre, pour témoins de son mariage, des gens de loi. Du côté de Thérésia, l'humilité du rang social de ses témoins n'est pas faite pour étonner ; à part le monde étranger, qui donc l'aurait vue à Paris ?

Elle s'en consola en pensant que son mariage avec le comte de Caraman aurait vite fait d'épousseter son passé et de lui ouvrir toutes grandes les portes des salons de Paris.

Les jeunes époux partirent en voyage de noce. Ils allèrent en Italie. Aussi bien y étaient-ils appelés par de grands intérêts. Le prince de Chimay venait de mourir. Comme le comte de Caraman était son héritier[1], il alla avec sa femme en Toscane pour le règle-

---

1. « Après avoir appartenu à la maison de Nesle-Soissons, dans le XIIIᵉ siècle, puis à Jean de Haynault, sire de Beaumont, puis aux Chastillons, comtes de Blois, la seigneurie de Chimay, ville du Hainaut français, fut vendue par Thibaut de Soissons, seigneur de Moreuil, à Jean de Croy ; elle fut érigée en comté

ment des affaires de la succession. La nouvelle comtesse crut pouvoir dérober quelques heures à l'intimité conjugale pour se faire présenter à S. M. la reine d'Étrurie. C'était, il le faut croire, dans l'intérêt du bonheur de son mari. On s'adressa donc au chargé d'affaires de France, M. Artaud, qui était trop galant homme pour ne pas soutenir une compatriote en pays étranger. Ce diplomate parla à la jeune reine des mérites de la comtesse de Caraman ; il lui dit, sans entrer dans trop de détails, qu'elle avait été héroïque pendant la Révolution, qu'elle avait sauvé un grand nombre de vies humaines... Il n'en fallait pas tant pour que les portes du palais s'ouvrissent devant elle à deux battants. Et Thérésia, qui n'était pas admise, à Paris, à la cour des Tuileries, prit sa revanche à Florence en se pavanant au palais Pitti. « Elle y parut avec une robe de velours, brodée à Lyon, et à formes sévères. Son costume fut trouvé si remarquable que les Italiens dirent n'avoir jamais rien vu de si magnifique et que les dessins de la broderie furent copiés [1]. »

Mme de Caraman avait le bonheur au cœur : sa robe avait été trouvée belle, et elle également. Où ? A la cour ! Il y avait là de quoi faire tourner une tête moins solide que la sienne. Mais son bonheur fut au comble

par le duc de Bourgogne, Charles le Hardy (1470), et en principauté (1486). Cette principauté passa de la maison de Croy dans celle de Ligne-Arenberg, en 1612, et y resta jusqu'en 1686. Alors elle appartint, par héritage, au comte de Boussu (Philippe-Louis de Hennin) et la maison de Hennin la conserva jusqu'en 1750, époque où le comte Victor-Maurice Riquet de Caraman épousa la fille unique du prince d'Hennin d'Alsace, dernière héritière de cette illustre maison. C'est ainsi que la principauté de Chimay est entrée dans la maison de Caraman. » (*Biographie Michaud, Supplément*, t. 61.)

1. *Biographie Michaud, Supplément*, t. 61, Article Chimay, par Villenave.

quand, quelques semaines plus tard, elle fut reçue à
une autre cour, plus considérable que celle de la reine
d'Étrurie, à la cour d'un Bonaparte !

Oui, « Joseph Bonaparte, alors roi des Deux-Siciles,
instruit de l'accueil fait dans Florence à Mme de Caraman, la reçut à la cour de Naples, quoiqu'on lui insi-
nuât que son voyage en Italie était la suite d'une disgrâce [1] ».

Nous n'allons pas suivre la comtesse de Caraman
dans son nouvel essai qui, cette fois, fut définitif, de
la vie de femme honnête. Il faut cependant dire que,
pendant la première Restauration, la religion catholique se remettant à être à la mode, Thérésia souffrit
beaucoup de n'être mariée que civilement avec le
comte de Caraman, qui, devenu propriétaire de la principauté de Chimay, avait le droit de porter le titre de
prince et elle celui de princesse de Chimay ! Mais quelle
disgrâce ! Toutes les portes se fermaient devant elle...
La pauvre femme, au lieu d'attribuer cet ostracisme à
son passé trop mouvementé, pensa que son mariage
civil en était la seule cause [2]. Elle fit donc des démarches en cour de Rome pour obtenir la consécration
religieuse de son mariage avec le prince de Chimay.

---

1. *Biographie Michaud, Supplément*, t. 61.
2. La vérité est qu'elle jouissait d'une détestable réputation.
Voici un trait d'elle qui ne se peut dire qu'à l'oreille ou s'écrire
qu'au bas d'une page. Une femme pourtant l'a écrit en plein texte.
« A propos de jolies femmes, dit-elle, voici un mot bien naïf
d'une qui jouait un rôle alors, qui a visé à la célébrité et n'en
a, comme il arrive le plus souvent, gardé qu'une bien fâcheuse,
Mme Tallien ; ce mot fut dit à cette pauvre Pauline du Chambge,
une de nos camarades d'enfance, qui fit la sottise de se lier avec
elle et qu'il fallut renoncer à voir.
« Elle la blâmait de mettre un corset et en nombrait les inconvénients, « assurant que ce n'est pas quand une femme est vêtue
qu'il lui importe d'être belle. » (*Mémoires d'une Inconnue*, p. 114.)

Il lui fut répondu que c'était la chose la plus simple du monde, que l'Église bénirait avec plaisir son union et qu'elle n'avait qu'à produire l'acte de décès de M. de Fontenay.

Hélas ! comment le produire, cet acte, puisque M. de Fontenay était vivant ? La pauvre femme était en proie au plus vif chagrin : les portes de l'Église restaient fermées devant elle — ce qui lui était au fond assez indifférent, — mais celles du monde ne s'ouvraient pas davantage, ce qui lui était infiniment plus pénible. Et c'est au moment où elle maudissait le Ciel que le Ciel allait la prendre en pitié. Ces femmes-là ont toutes les chances. Justement, à l'issue de ces négociations infructueuses, M. de Fontenay, qui était cause de tout le mal et de qui elle était loin de s'attendre à la moindre attention, lui fit la gracieuseté de prendre congé de ce monde. C'était avoir autant de complaisance que d'à-propos. Pour la première fois, Thérésia pensa du bien de M. de Fontenay, pour la première fois elle en dit ; elle lui en aurait même souhaité, dans sa bonté, si le premier effet de la réalisation de ce vœu n'eût été de la priver du plaisir de le pleurer, et surtout d'aller promener partout son titre de princesse. Car, lui mort, elle se hâta de se munir de son acte de décès et de faire donner publiquement la bénédiction religieuse à son mariage. L'union avec Tallien, ayant été purement civile, n'existait pas aux yeux de l'Église.

Le roi Louis XVIII étant revenu aux Tuileries après la seconde chute de Napoléon, et le gouvernement de la Restauration semblant solidement établi, Mme de Caraman revint à Paris. « Elle ouvrit sa belle maison de la rue de Babylone. Ses soirées devinrent à la mode : on y donnait des bals, des concerts, on y jouait la comédie. Les étrangers les plus distingués et leurs femmes affluaient dans les salons de Mme de Caraman, mais on n'y rencontrait presque aucun représentant du noble faubourg qu'elle habitait.

« Propriétaire de la principauté de Chimay, le comte de Caraman n'osait en prendre le titre. La comtesse, depuis 1806, signait ses lettres *Caraman–Chimay*, sans oser aller plus loin. Elle consulta plusieurs amis qui, ignorant les usages de la Belgique et le laisser aller des sociétés de France, soutinrent qu'il fallait que les deux époux restassent M. et Mme de Caraman. Un seul de ces amis, qui avait plus d'expérience, ouvrit un autre avis. « Faites, dit-il, graver des cartes de visite au nom du prince et de la princesse de Chimay : faites–les jeter aux portes des gens anciens et des gens nouveaux que vous voudrez recevoir chez vous. On en parlera pendant une semaine, et le lundi suivant vous serez prince et princesse de Chimay [1]. »

C'était là un ami intelligent : il avait compris que Thérésia cherchait le moyen de se pavoiser de son titre de princesse et le lui avait indiqué. Il était de l'avis de Balzac qui a observé qu' « il n'est point de situation qu'on ne puisse imposer au monde avec de l'audace et avec de l'argent. » Le monde donna un démenti à cette observation, très fine, souvent juste, mais pas auprès de tous. Dieu merci, il y aura toujours des gens pour avoir le respect d'eux-mêmes plutôt que le respect de l'argent des autres et pour refuser de voir certaines parvenues de la finance ou du mariage.

C'est donc seulement en 1815, après quelques années d'une lente et habile métamorphose, que Thérésia osa arborer son titre de princesse de Chimay.

---

1. *Biographie Michaud, Supplément*, t. 61.

Lorsque Tallien l'apprit, le Gavroche qui sommeillait au fond de son esprit se réveilla et il s'écria : « Elle aura beau se faire appeler princesse de *Chimère*, elle sera toujours dans l'histoire Mme Tallien. »

Tallien avait raison.

Mais il est piquant de remarquer, en passant, que c'est en devenant princesse que Thérésia embourgeoisa définitivement sa vie.

A cause de la fille qu'il avait eue d'elle, Tallien n'avait pas complètement rompu avec celle qui avait été sa femme. Il ne la voyait pas et, d'ailleurs, peut-être ne l'eût-il pas reconnue, tant elle était changée, très peu de temps après son troisième mariage. « Je retrouvai chez Cambacérès, a écrit Mme Cavaignac en 1810, Mme de Caraman devenue épaisse, coupe-rosée, méconnaissable enfin, quoiqu'elle n'eût pas quarante ans. La première punition des femmes galantes et la plus sentie peut-être, c'est leur jeunesse flétrie, abrégée par le genre de vie qu'elles mènent, la jeunesse précieuse à toutes, mais indispensable pour elles [1]. »

Mais lorsqu'il s'agit pour Tallien et la princesse de Chimay de marier leur fille Thermidor, il fallut bien se trouver face à face, tout au moins à la cérémonie du mariage. Cette rencontre donna lieu à des incidents amusants que Boucher de Perthes a racontés dans une lettre à son père, que voici :

Paris, le 24 avril 1815.

« Notre cousin Félix de Narbonne de Pelet, fils de la comtesse de Pelet, vient d'épouser Mlle Thermidor

---

1. *Mémoires d'une Inconnue*, p. 343.

Tallien, aujourd'hui Joséphine [1], dont la mère est actuellement princesse de Chimay par son mariage avec M. de Caraman.

« Mme de Chimay est toujours belle [2] et parfaitement bonne.

« Je la voyais souvent chez notre cousine de Pelet, et c'est là que Félix a rencontré sa fille qui est fort belle aussi, sans égaler sa mère. Félix en était très épris, mais Mme de Pelet, alliée à toute la fine fleur du faubourg Saint-Germain, voulait bien faire sa société de Mlle Tallien, mais non sa belle-fille. Aussi manqua-t-elle de tomber à la renverse au premier mot qu'on lui en dit.

« Félix, qui a été officier dans je ne sais quel régiment, est en disponibilité ; avec cela, pas grand'chose, et Mlle Tallien, rien du tout.

« Le fait est que l'ex-dictateur de la Gironde et le vainqueur de Robespierre était à peu près à l'aumône quand arriva la Restauration, et, chose inexplicable, Louis XVIII, aussitôt après sa rentrée, lui fit une pension de six mille francs sur sa cassette [3].

« C'était sur cette pension que M. Tallien dotait sa fille de mille écus par année ; mais le roi parti, adieu la pension et par contre-coup la dot.

« Le mariage vient d'avoir lieu. La noce a été célébrée presque à huis clos. ce qui n'a pas empêché qu'il s'y passât une assez drôle de chose. Il fallait bien que, comme père, M. Tallien fût présent ; il s'est

----

1. On se rappelle qu'elle avait pour marraine Mme de Beauharnais, devenue l'impératrice Joséphine.

2. On vient de voir que ce n'était pas l'avis de Mme Cavaignac, cinq ans plus tôt.

3. Le lecteur a lu, plus haut, l'explication de cette libéralité du roi à un régicide.

donc trouvé face à face avec son ex-femme. La cérémonie terminée, Mme de Chimay lui a proposé de le reconduire chez lui, allée des Veuves. Il a accepté et a, près d'elle, pris place dans sa voiture.

« Arrivée devant l'hôtel de Caraman, Mme de Chimay, qui ne voulait pas aller jusqu'aux Champs-Élysées, fit arrêter sa berline et allait descendre lorsque la portière s'ouvrit. M. de Chimay, qui rentrait dans ce moment, s'avança pour offrir la main à sa femme; ce fut celle de M. Tallien qu'il rencontra. La situation était difficile ; néanmoins il fit contre mauvaise fortune bon cœur, et croyant que M. Tallien voulait accompagner sa fille jusqu'au bout, il l'engagea à entrer.

« M. Tallien, soit qu'il fût troublé lui-même, soit qu'il ne crût pas devoir répondre par un refus à une politesse, accepta.

« Une collation était servie, mais vous jugez si le repas fut gai et si les yeux quittèrent souvent les assiettes. La princesse était la moins embarrassée et sut encore faire noblement les honneurs de sa table, car elle a non seulement la beauté, mais le port, l'organe et les manières d'une reine. »

M. Boucher de Perthes continue à donner dans cette lettre des indications sur ce qu'est, à cette époque, la princesse de Chimay. Ils sont intéressants et montrent, avec beaucoup de bienveillance, comment on doit se la figurer en 1815 :

« Quoiqu'elle soit aujourd'hui un peu grasse, dit-il, ses beaux cheveux noirs, ses belles dents, ses belles épaules et ses yeux magnifiques lui donnent encore l'air d'une jeune femme, et quand elle s'anime en

parlant, ce qui arrive toujours quand on la met sur
le chapitre de la Révolution, forte de l'influence qu'elle
y a exercée, du mal qu'elle a empèché et du nombre
de têtes qu'elle a sauvées, elle parle avec une rare
éloquence et elle est belle à l'adoration[1].

« Ce n'est plus la même personne quand elle est
à la table de jeu ; dès ce moment, on ne peut plus
lui arracher une parole.

« Sans doute que son mari l'a priée de ne jouer
que petit jeu, car lorsque la somme est forte, s'il
s'approche elle en fait disparaitre vivement une partie. Un jour qu'elle avait exécuté cette petite manœuvre, je me mis à sourire, elle s'en aperçut et m'a
boudé assez longtemps.

« Elle ne paraît jamais en public sans être le but
de tous les regards, et les Parisiens sont si indiscrets
dans leur curiosité que j'ai maintes fois, quand je lui
donnais le bras, été obligé de me tenir à quatre pour
ne pas malmener ceux qui venaient nous regarder
sous le nez. Dans ces occasions, peut-être par la
grande habitude qu'elle en avait, elle conservait merveilleusement son sang-froid, et lorsqu'au mouvement
convulsif de mon bras elle sentait combien cette im-
politesse m'indignait, elle me le pressait fortement
pour me faire rester tranquille.

« Cependant un jour je l'ai vue véritablement con-
trariée. C'était à l'Exposition du Louvre[2]. Je traver-
sais les galeries lorsque je la rencontrai donnant le
bras à M. de Fontenay, son fils du premier mariage.
A l'autre bras elle avait Mlle Tallien, notre cousine

---

1. Boucher de Perthes était jeune alors : on voit qu'il subit la
fascination qu'exercent les femmes de trente à quarante ans,
quand elles ont été belles, sur les tout jeunes gens.
2. Le salon annuel de peinture.

actuelle, et celle-ci tenait par la main le petit de Caraman. Elle avait donc là des enfants des trois maris.

« Elle n'y avait probablement pas songé en entrant, mais on y avait songé pour elle et les chuchotements l'en firent bientôt apercevoir. Aussitôt qu'elle me vit, elle m'appela, quitta le bras de M. de Fontenay et elle prit le mien. Nous fîmes un ou deux tours et elle me pria de la reconduire à sa voiture. »

Il faudrait arrêter ici la citation, mais ce qui suit est trop à l'honneur de la princesse de Chimay pour être omis :

« Je le répète, poursuit M. Boucher de Perthes, c'est une femme bonne, excellente, qui a fait un bien infini et qui en fait encore. Elle ne peut entendre parler d'un malheureux sans vouloir le secourir et, quoique riche aujourd'hui, elle aurait bientôt donné tout ce qu'elle possède si son mari, qui est aussi un excellent homme, n'y veillait. Elle y supplée par des loteries, des quêtes, des souscriptions. Il n'y a pas moyen de lui refuser, elle est irrésistible quand elle prie...[1] »

On peut cependant observer que, « riche aujourd'hui », n'est pas très exact. Le princesse de Chimay était fort gênée à cette époque. La preuve en est qu'elle fut obligée de faire un emprunt à M. Laffitte. Les guerres, deux mauvaises récoltes successives, avaient ruiné tout le monde, et elle avait de la peine à donner à sa fille la subvention qu'elle lui avait promise en la mariant[2]. Mais, comme elle tenait, avec

1. BOUCHER DE PERTHES, *Sous dix rois*, t. III, p. 168. — Lettre citée par Ch. Nauroy dans *Le Curieux*.
2. Voir, à ce sujet, une lettre *inédite* de la princesse de Chimay à M. Laffitte (*Appendice*, p. 347).

juste raison, à maintenir son rang, le public ne s'apercevait pas de sa gêne. C'est pour cela, qu'elle écrit : « Etre et paraître sont deux choses bien distinctes. » Tallien, qui n'était pas moins gêné, bien qu'il ne fût pas riche; Tallien, qui n'avait pour vivre et soigner ses infirmités qu'une modeste pension, voulut aussi, en bon père, donner une dot à sa fille : il lui promit une rente de mille écus par an. C'était la moitié de sa propre pension. Et s'il ne put tenir sa promesse au delà de quelques mois, c'est que sa pension lui fut retirée.

Nous n'avons pas à suivre plus loin la princesse de Chimay. Depuis son troisième mariage, elle n'appartient plus à l'histoire. Il est juste cependant de constater que le sérieux de son existence — où il entrait peut-être une bonne part d'illusions et de beautés défuntes — effaça ce qu'il y avait eu de trop fantaisiste dans la première partie de sa vie. Alors bien revenue de la jeunesse à laquelle elle ne pardonnait pas de l'avoir abandonnée, elle eut, en ces heures amères, le chagrin de constater que le souvenir des péchés de cette infidèle était toujours vivant dans la mémoire de ses contemporains. Elle ne fut pas plus admise aux Tuileries par ce vieux libertin de Louis XVIII qu'elle ne l'avait été par Napoléon. Elle avait eu beau jeter au feu le souvenir de ses fredaines passées, elle avait beau donner au monde l'exemple de l'oubli, on s'obstinait à ne voir dans la princesse de Chimay que l'ancienne Thérésia. On ne songeait pas qu'avec l'âge, les réflexions, la gravité morale étaient venues. On ne voyait pas, on voulait pas voir qu'elle était maintenant une autre femme, une femme toute nouvelle, digne de tous les respects.

Aussi fut-ce pour elle un gros chagrin que de ne

pas être admise à la cour du roi des Pays-Bas, dont son mari était chambellan. Elle ne s'aigrit cependant pas de l'ostracisme qui continuait à peser sur elle. Avec une humilité qui avait encore sa coquetterie, elle l'accepta comme une expiation et répondit par un redoublement de charité au manque de charité qu'on avait pour elle.

Dans le fond de son exil blasonné et capitonné, il lui était venu un autre chagrin, plus grand chaque jour, celui de se voir vieillir. Elle était femme, elle en souffrit beaucoup.

Est-ce ce double chagrin qui lui donna la maladie de foie dont elle mourut le 15 janvier 1835 ?

FIN

APPENDICE

**Discours sur l'Education, par la citoyenne Thérésia Cabar-
rus-Fontenay,** lu dans la séance tenue au Temple de la
Raison de Bordeaux, le 1ᵉʳ décadi du mois de nivôse,
jour de la fête nationale célébrée à l'occasion de la reprise de
Toulon par les armes de la République, imprimé d'après la
demande des citoyens réunis dans ce temple.

Sans prétendre remplir avec gloire la tâche pénible que je
m'impose, comptant plus sur l'indulgence de mes auditeurs que
sur mes moyens, je vais essayer de tracer l'esquisse rapide d'un
plan d'éducation pour la jeunesse. Je vais jeter au hasard
quelques idées, heureuse si, par le sacrifice de mon amour-propre,
je peux mériter le suffrage des âmes sensibles et des bons
citoyens.

Beaucoup d'auteurs ont paru dans cette carrière difficile ;
beaucoup de philosophes célèbres se sont occupés de former à
la vertu de jeunes élèves que leurs sages leçons devaient éclairer
mais aucun d'entre eux n'était à la hauteur des événements qui
se succèdent aujourd'hui : presque tous, resserrés par d'antiques
préjugés, influencés par eux, n'ont pu laisser prendre à leur
imagination cet essor vers la vérité qui peut seul former des
héros, je dis plus, des hommes faits pour habiter une république. Ce flambeau sublime, nommé Raison, ne jetait plus
qu'une faible lueur ; le génie était entravé, enchaîné par le des-

potisme   les vertus qui constituent le grand homme étaient étouffées dès leur naissance; le vice seul triomphait. Pour qui auraient-ils écrit? Et comment auraient-ils pu écrire? « Les enfants, disait le sage Locke, doivent être propres à être élevés avant que l'on puisse songer à leur éducation. »

La première doit être physique, consacrée seulement à cette partie de leur existence, et si leurs jeunes cerveaux sont propres par leur souplesse à recevoir toutes sortes d'impressions, pourquoi fatiguer leur imagination de choses qui ne sont pas à leur portée?... Pourquo ensevelir leurs idées dans une foule de mots qu'ils ne comprennent pas?... Pourquoi, contrariant la nature, chercher à greffer sur ces jeunes arbrisseaux des plantes étrangères dont la sève trop forte entraine la destruction de ce nouvel essai d'habitudes nuisibles à l'humanité?

Mères de famille, respectez, chérissez le titre que la nature vous donne; remplissez avec exactitude scrupuleuse les devoirs qu'elle vous impose envers vos enfants ; rappelez-vous qu'une mère insouciante et coupable est une calamité publique, que la société doit punir de tout son mépris, que c'est un monstre qu'elle doit extraire de son sein; ressouvenez-vous qu'il n'est point de détails, de soins qui ne soient précieux pour cet âge où tout, jusqu'à l'existence, est un travail. N'accablez point leur triste et stérile enfance des fatras d'un régime proscrit par la philosophie et dont le temps a tiré une juste vengeance; nourrissez leurs jeunes têtes de toutes les idées relatives à l'état de l'homme; que toutes celles qui peuvent leur servir un jour de principe et de méthode pour une conduite irréprochable s'y gravent en caractères ardents et ineffaçables, et vous aurez créé le thermomètre de leur bonheur pour l'âge où vous serez obligés de les éloigner de l'asile où vous abritiez leur débile jeunesse.

Alors devra commencer réellement le plan de leur éducation. Que ce soit loin du toit paternel; que des mains avides et mercenaires ne soient point chargées de l'instruction de cette pépinière nombreuse et faible; que ce soit un titre à l'estime et que, dans le siècle de la régénération philosophique, les agents vertueux chargés de l'éducation publique soient considérés et

respectés comme les principes de vertu qui peuvent embellir la
société et la maintenir.

Oh! vous, zélateurs généreux dont la tâche pénible est semée
d'épines, que rien ne vous rebute ; ayez, après le choix que vos
concitoyens auront fait de vos lumières, de vos talents et surtout
de vos vertus, ce courage impassible si nécessaire dans l'état
glorieux que vous devez embrasser ; que vos élèves soient vos
enfants, mais aussi soyez leurs pères tendres ; consultez l'inclination de leurs cœurs qu'aucune dissimulation n'environne
encore ; et quand une fois vous aurez connu ce dédale dans
lequel la sagesse s'égare souvent elle-même par ses tardives
recherches, dirigez vos instructions particulières vers le point
où vous apercevrez des dispositions ; que l'enfant trouve en
vous un juge, mais un ami ; qu'il ait besoin de vous avouer ses
fautes pour se débarrasser d'un poids funeste qui entrave la
vertu ; que vos sages conseils l'y ramènent ; qu'il se sente sou-
lagé et que la douceur seule le gouverne : loin d'une cohorte
républicaine, toutes les punitions qui abrutissent l'enfant, qui
l'asservissent honteusement et qui le forcent à une dissimulation
coupable et naturelle pour éviter un châtiment mérité, dont
l'aveu de sa faute ne saurait le préserver.

Évitez aux enfants de ce régime nouveau toutes les formes
scolastiques et pédantesques ; que le latin, cette langue sublime,
il est vrai, dans ses beautés ne soit pas un principe exigé dans
l'éducation de nos jeunes élèves ; qu'ils apprennent d'abord le
langage correct de leur pays ; que l'on ait soin de leur pronon-
ciation ; qu'ils s'énoncent en public avec grâce et facilité ; qu'ils
y rendent leurs idées sans pompe et sans luxe, la simplicité et
la précision étant les compagnes de la franchise ; que tous les
exercices du corps soient protégés et que, dans ce nouveau système, l'adresse, le courage et la vertu soient les seuls objets
d'égards, de récompenses et de distinctions : que tous les enfants,
sans exception, soient envoyés dans les écoles publiques ; ils
appartiennent à l'État avant d'être à leurs parents ; que la disposition aux talents soit accueillie et protégée, sans toutefois être
insultante pour ceux que la nature a traités avec moins de
aveur.

Tous les exercices du corps, les manœuvres militaires, une lutte même à laquelle présideraient de sages directeurs, tout ce qui peut entretenir enfin la souplesse et la force : voilà ce qui doit former de jeunes soldats, des républicains, des défenseurs de la liberté, des hommes !

Instituteurs, mêlez-vous aux jeux de vos disciples, comme vous présidez à leurs travaux ; qu'une douce paix accompagne vos regards moins sévères ; soyez-y leurs modèles, mais n'opposez point d'entraves à leurs simples amusements. Après les jouissances de cet âge heureux, viennent les études plus sérieuses de l'adolescence ; elles doivent prendre un caractère plus grave, plus majestueux, rappeler à l'homme qu'il doit acquérir ce nom pour ne pas être classé parmi les usurpateurs de ce titre imposant.

Sybarites étrangers, que votre mollesse fatale ne reparaisse plus dans l'enceinte régénérée de ma patrie ; que des vêtements simples et modestes habituent la jeunesse à fuir le luxe comme l'ennemi des mœurs et de la dignité républicaines ; que la France suffise à ses besoins ; que les bras, endurcis à tous les travaux, contribuent à son indépendance, à sa culture, à l'accroissement de ses richesses et de ses productions : nous verrons alors renaître le siècle de la philosophie, de la justice, de la fraternité, et l'Europe étonnée applaudira du moins à cette combinaison philanthropique, si tous ses peuples n'ont pas le courage de l'imiter : l'honneur seul alors gouvernera les hommes ; cette vertu, masque habituel de toutes les erreurs, de tous les égarements, j'ai presque dit de tous les vices, brillera pour lors de tout son éclat. Sages directeurs de nos gymnases, ménagez ce tissu de sensibilité et d'orgueil ; sachez que ce sont les deux lisières qui soutiennent tous les âges et qui étayent le bonheur d'une manière durable ; elles sont les deux supports de ces jeunes rameaux dont vous cultivez les fleurs ; elles périront si vous ne les protégez : ces deux nuances qui n'appartiennent qu'à l'homme digne de porter ce nom, conservez-les avec soin quand vous les rencontrez, ce sont les vertus avec lesquelles on peut former un être digne de tout ; l'une d'elles, isolée, peut créer un monstre, un tyran ; réunies elles donnent le jour à un

éros : celui qui les possède est un coursier fougueux que le frein
doit dompter, mais qu'il ne doit pas réduire.

Heureuse sensibilité ! toi qui fais le charme de la vie, qui
peux seule réparer les maux que tu causes, viens épanouir les
cœurs de nos jeunes athlètes, et si la fierté guide leurs pas vers
la gloire, arrête quelquefois ses nobles élans pour qu'ils sachent
que, sans toi, il n'est point de gloire ou de bonheur véritable.

Liberté sacrée, échauffe leurs cœurs ; que les deux hémisphères
retentissent de tes accénts ; que ta statue remplace partout celle
des tyrans et des suborneurs qui t'ont si longtemps sacrifiée
à leurs passions et à leurs criminelles entreprises ; que tes feux
brillants pénètrent jusque dans les plus affreux climats ; que là
même, la nature multiplie ses ressources pour rendre aux êtres
sensibles le bénéfice de ton influence céleste. Déjà tous les peuples veulent fléchir le genou vers ton disque éclatant ; comme à
l'aurore d'un beau jour l'ombre et le soleil luttent encore dans
nos campagnes azurées, mais la faible partie de ce tableau magique disparaissant bientôt, il ne reste plus devant l'œil étonné
que le triomphe complet de la lumière.

Loin de nous aussi tous les préjugés religieux que le despo-
tisme inventa et que le charlatanisme sacerdotal prêcha pendant
tant de siècles, en riant lui-même de cette doctrine puérile et
fastidieuse. Directeurs de la jeunesse, menez vos jeunes élèves
voir le lever de la brillante aurore ; que le soleil les étonne à son
coucher, que le cœur à ce spectacle imposant éprouve un mouvement d'admiration et que d'eux-mêmes ils fléchissent le genou
devant le créateur de la nature ; là, point d'enthousiasme, point
de sectaires adroits à exalter leur débile cerveau ; qu'ils prient,
qu'ils versent des larmes de joie, que leur cœur extasié envoie
à la divinité, sans aucune formule d'habitude, les hommages de
sa reconnaissance et de son admiration : ceux-là seuls sont
agréables à l'Être suprème. Bientôt leur imagination sort du
sommeil de l'enfance ; ils sentent leur glorieuse destination, ils
ont besoin de la gloire et leur cœur, que rien n'a rétréci, les y
entraîne sur les ailes du génie.

Mais tout passe, la fraîcheur de la jeunesse, celle de la beauté ;
semblables à la rose, elles brillent et se flétrissent ; les généra-

tions rapides des faibles mortels ressemblent aux feuilles qui tombent dans les forêts à la fin de l'automne, c'est pour cette saison de la vie qu'il faut se préparer des consolations, qu'il faut instruire la jeunesse ; forte de son éclat, elle regarde souvent avec mépris ceux qui leur (*sic*) ont donné le jour ; ils ne prévoient pas qu'ils sont dans cette classe qui peut parvenir à cet âge respectable, quand l'honneur vous y a conduits ; ils ne songent pas qu'ils auront besoin de leurs semblables s'ils arrivent jamais à cette époque où l'homme, en décroissant, accumule ses besoins.

Instituteurs, je n'ai plus qu'un mot à vous dire : vous arrivez à la vieillesse avant les élèves que vous formez, apprenez-leur à la respecter ; que les cheveux blanchis dans le respect des lois soient l'objet de leur vénération ; que dans les fêtes publiques ils aient une place distinguée ; que dans un siège ils soient entourés des bras de nos jeunes Spartiates ; ces glorieux défenseurs de la liberté donneront encore des exemples de courage ; les Nestors de la régénération moderne offriront à nos guerriers les cicatrices honorables dont ils seront couverts ; ils leur inspireront l'amour de la patrie, la haine de la servitude des tyrans, et après avoir rempli leur carrière avec honneur, ils attendront sans murmure et sans effroi l'heure qui doit les séparer de leurs neveux, dont ils auront obtenu l'estime et les regrets.

Pétition adressée à la Convention, par la citoyenne Thérésia Cabarrus-Fontenay, et lue dans la séance du 5 floréal an II (24 avril 1794).

Citoyens représentants, lorsque la morale est plus que jamais à l'ordre du jour de vos grandes délibérations ; lorsque chacune des factions que vous terrassez vous ramène avec une force nouvelle à cette vérité si féconde, que la vertu est la vie des républiques, et que les bonnes mœurs doivent maintenir ce que les institutions populaires ont créé, n'a-t-on pas raison de croire que votre attention va se porter avec un pressant intérêt vers la portion du genre humain qui exerce une si grande influence ?

Malheur, sans doute, aux femmes qui, méconnaissant la belle destination à laquelle elles sont appelées, affecteraient, pour s'affranchir de leurs devoirs, l'absurde ambition de s'approprier ceux des hommes et perdraient ainsi les vertus de leur sexe sans acquérir celles du vôtre !

Mais ne serait-ce pas aussi un malheur si, privées, au nom de la nature, de l'exercice de ces droits politiques d'où naissent et les résolutions fortes et les combinaisons sociales, elles se croyaient fondées à se regarder comme étrangères à ce qui doit en assurer le maintien, et même à ce qui peut en préparer l'existence ?

Ah ! dans une république, tout, sans doute, doit être républicain, et nul être doué de raison ne peut sans honte s'exiler par son vœu de l'honorable emploi de servir la patrie. Les compagnes de l'homme ne doivent pas, il est vrai, en être les rivales, car elles en sont les consolatrices et souvent les appuis ; mais il est d'intéressantes fonctions que la nature semble leur avoir départies, et dont, j'en suis certaine, vous ne vous offenserez pas, si elles se plaisent à vous en entretenir.

Pardonnez toutefois, législateurs, si elles vous parlent par ma voix de leurs destinées et de leurs devoirs ; nulle d'entre elles n'a le ridicule orgueil de prétendre vous les faire connaître. Mais peut-être leur sied-il bien de vous dire qu'elles les sentent vivement ; qu'elles sont pressées d'impatience de les voir convertis par vous en décrets bienfaiteurs pour l'humanité ; qu'enfin elles sont prêtes pour l'instant précis où, au nom de la Patrie, vous les appellerez dans vos belles institutions.

Vous leur permettrez sûrement d'espérer qu'elles occuperont une place dans l'instruction publique ; car pourraient-elles se résoudre à croire qu'elles ne seraient comptées pour rien dans les soins particuliers que vous réservez à l'enfance ? Pourraient-elles penser que vous ne leur confierez pas surtout l'éducation de leurs jeunes compagnes que le malheur aura privées de l'instruction maternelle ?

Ce n'est pas à vous qu'on aura à reprocher un jour d'avoir

méconnu la pudeur et sa vertueuse influence : et qui peut enseigner la pudeur, si ce n'est la voix d'une femme? Qui peut la persuader, si ce n'est son exemple?

Mais ce que je viens aujourd'hui particulièrement réclamer en leur nom avec la plus forte confiance, c'est l'honorable avantage d'être appelées toutes dans les asiles sacrés du malheur et des souffrances, pour y prodiguer leurs soins et leurs plus douces consolations.

Craindrais-je de m'abuser, citoyens représentants, lorsque je pense que là doit être le véritable apprentissage de la vie d'une femme; que c'est dans cette école que les filles, avant de devenir épouses, doivent aller développer, éclairer leurs premiers sentiments, et s'instruire, par la pratique de la bienfaisance, à tous les détails des devoirs qu'elles auront bientôt à remplir envers leurs enfants, leurs époux, leurs parents; que là leur sensibilité, sans rien perdre de ce qui peut en faire le charme, prendra un caractère, et plus auguste et plus pur ; que la compassion, ce germe inné de toutes les vertus, ne sera plus en elles une émotion passagère et stérile, mais un sentiment profond et courageusement actif; qu'elles y apprendront surtout à vaincre ou plutôt à ignorer à jamais les dégoûts impies pour les infirmités de la vieillesse ; et qu'ainsi leur délicatesse, loin d'être, comme par le passé, un obstacle à leur vertu, ne sera qu'un nouveau moyen de la rendre, et plus utile et plus aimable ?

Et qui ignore combien leur présence est douce aux malheureux? Qu'il soit permis à une femme de le dire : les hommes sont destinés à des actions fortes, à d'énergiques vertus ; mais, auprès des malades, leurs soins les plus tendres sont brusques et précipités ; leur voix radoucie est encore trop rude ; leurs attentions mêmes sont distraites, leur patience a l'air trop pénible. Ils semblent, en quelque sorte, fuir l'infortuné qu'ils soulagent.

Les femmes, au contraire, lorsqu'elles soignent un malade, semblent ne plus exister que pour lui; tout en elles porte allégeance et soulagement; elles trouvent bien qu'on se plaigne; elles sont là pour vous consoler ; leur voix seule est consolatrice, leur regard est sensible, leurs mouvements sont doux, leurs mains semblent attentives aux plus légères douleurs, leurs promesses donnent de la confiance, leurs paroles font naître l'espoir ; enfin lorsqu'elles s'éloignent dû malheureux, tout lui persuade que c'est pour lui qu'elles s'en vont, que c'est pour lui qu'elles s'empresseront de reparaître.

Si ces réflexions, même reportées vers les institutions vicieuses de l'ancien régime, ont encore de la jeunesse, quelle force n'acquerront-elles pas lorsqu'à votre voix, une généreuse émulation s'emparant des femmes, elles brigueront toutes de s'élancer dans cette carrière *purifiée par. la liberté et le saint amour de la patrie?* lorsqu'au nom de cette patrie, vous promettrez les plus belles récompenses de l'opinion à celles qui auront montré un zèle plus héroïquement sensible, et que, dirigeant vous-mêmes ce mouvement général des âmes vers l'humanité, vous confierez plus spécialement à la jeunesse l'honneur de servir ce qu'il y a de plus sacré sur la terre après la vertu, l'infortune? Qui ne sait, en effet, que les soins attentifs d'une jeune fille ont quelque chose de plus attachant, de plus pur, de plus religieux, de plus respectueux pour le malheur?

Ordonnez donc, citoyens représentants, nos cœurs vous en conjurent, ordonnez que toutes les jeunes filles, avant de prendre un époux, iront passer quelque temps dans les asiles de la pauvreté et de la douleur pour y secourir les malheureux et s'y exercer, sous les lois d'un régime organisé par vous, à toutes les vertus que la société a le droit d'attendre d'elles.

Et combien, d'une telle institution, rejailliront d'avantages sur la société entière! qui peut calculer l'influence qui en résultera sur les habitudes, les caractères, les mœurs et, par elles, sur la félicité générale? Que sera-ce surtout si les hôpitaux, perdant jusqu'à leur nom odieux, pour que rien ne rappelle le souvenir de ces horribles tombeaux, deviennent désormais des temples consacrés à l'humanité, comme il en existera ailleurs qui seront consacrés à la justice et à la raison; si, autour de ces temples on voit s'élever sur un portique une inscription où sera enseignée la théorie des vertus dont l'intérieur offrira la pratique; si enfin on en bannit ces images affreuses, ces impressions horribles dont on a eu jusqu'à ce jour la barbarie d'entourer les derniers instants de la vie humaine, pour y faire naître, au milieu de symboles consolateurs, des idées douces, pénétrantes, mélancoliques, telles enfin que l'homme sensible et affligé puisse venir avec confiance y chercher des consolations, sans craindre d'y trouver la terreur?

Mais est-ce donc à moi d'oser vous développer, vous indiquer même, des idées que certes, dès longtemps, vous avez conçues d'une manière bien plus vaste?

Je m'arrête, citoyens représentants, et me renferme avec une attente respectueuse dans le vœu que j'ai formé de toute l'ardeur de mon âme pour que mon sexe concoure enfin, par les moyens que la nature lui a dispensés, *au plus grand bonheur de la République.*

L'usage, si souvent précurseur de vos décrets, a décerné aux femmes *le beau nom de citoyenne;* que ce ne soit plus désormais un vain nom dont elles se parent, et qu'elles aussi puissent présenter avec orgueil ou plutôt avec confiance les *titres véritables de leur civisme!*

Tous les hommes, les vieillards eux-mêmes, jouissent de l'avantage honorable d'être sentinelles vigilantes autour de la demeure du paisible citoyen; tous montent la garde dans nos murs pour écarter les dangers dont nos frères peuvent être menacés : elles vous demandent à faire la garde, toutes, autour des malheureux, pour en écarter, par leurs soins tendres et compatissants, les douleurs cruelles, les sombres inquiétudes et le sentiment anticipé de la mort, plus affreux que la mort même.

Citoyens représentants, celle qui vous adresse en ce moment l'hommage de ses pensées, de ses plus intimes sentiments, est jeune, âgée de vingt ans (1794); elle est mère; *elle n'est plus épouse :* toute son ambition, tout son bonheur serait d'être une des premières à se livrer à ces douces, à ces *ravissantes fonctions.* Daignez accueillir avec intérêt son vœu le

plus ardent, et que, par vous, ce vœu devienne celui de toute
la France.

Arrêté du Comité de salut public, ordonnant l'arrestation immédiate de Thérésia Cabarrus [1].

Le Comité de salut public arrête que la nommée Cabarrus,
fille d'un banquier espagnol et femme d'un nommé Fontenay,
ex-conseiller au parlement de Paris, sera mise sur-le-champ
en état d'arrestation et mise au secret, et les scellés apposés
sur ses papiers. Le jeune homme qui demeure avec elle et
ceux qui seraient trouvés chez elle seront pareillement arrêtés.
Le citoyen Boulanger est chargé de l'exécution du présent arrêté.

Paris, le 3 prairial l'an II de la République.

ROBESPIERRE, BILLAUD-VARENNE, B. BARÈRE,
COLLOT D'HERBOIS.

Rapport du citoyen Boulanger sur l'exécution de l'arrêt du Comité de salut public de la Convention nationale, en date du 7 prairial, dont il a été chargé, qui ordonne que la citoyenne Cabarrus-Fontenay sera arrêtée et mise au secret, et que l'on arrêtera de même tout ce qui sera avec elle.

Le 13 prairial, l'an II de la République française une et
indivisible,

Ayant pris toutes les précautions pour m'assurer de toutes
les démarches de la citoyenne Fontenay, et étant parvenu à
la suivre dans tous les changements de domicile qu'elle a
multipliés, tant à Paris que dans les environs, je suis parvenu

---

1. Cet arrêté, « qui a disparu, dit M. Ch. Nauroy, dans les dilapidations des
papiers des comités de sûreté générale et de salut public », a été retrouvé.
M. Charavay en possède l'original : il l'a publié dans les *Mémoires du comte de
Paroy*.

à arrêter à Fontenay-aux-Roses sa femme de chambre qui y devait enlever ses effets, ce que prouve le procès-verbal dressé à Fontenay, ci coté n° 1. J'ai arrêté de même son domestique dans la maison du citoyen Desmousseau, rue de l'Union, n° 6, section des Champs-Elysées, où j'ai trouvé les effets de la citoyenne Fontenay que l'on allait lui expédier à Versailles, ce que prouve le procès-verbal ci-joint, coté n° 2 ; et enfin, j'ai arrêté la citoyenne Fontenay et le jeune homme qui l'accompagnait, à Versailles, dans la nuit du 11 au 12 prairial, ainsi que l'indique le procès-verbal dressé à Versailles, ci coté n° 3. La citoyenne, conduite à la section des Champs-Elysées, y a été interrogée, ainsi que le citoyen Guéry qui l'accompagnait, ce qui se trouve constaté par le procès-verbal n° 4.

En exécution de l'arrêté du Comité de salut public, la citoyenne Fontenay a été conduite à la Petite-Force, où elle a été mise au secret; le citoyen Guéry au Luxembourg, et le domestique et la femme de chambre, l'un au Luxembourg, l'autre à la Petite-Force. L'on a cru devoir, de suite, par mesure de sûreté, en apposant les scellés sur les effets et la chambre de la citoyenne Fontenay, dans la maison de Desmousseau, devoir ordonner la conservation de ce citoyen et de sa femme dans leur domicile, jusqu'à ce que le Comité se soit déterminé, d'après les rapports que nous allons indiquer de ces citoyens avec la citoyenne Fontenay.

De toute notre opération, il résulte que la citoyenne Fontenay, fille de Cabarrus, banquier espagnol, qui a tant agioté dans la banque de Saint-Charles, en Espagne, dans l'affaire du canal de Murcie, dans les opérations des piastres, agiotage protégé par Calonne, etc., s'était divorcée, il y a plus de quinze mois [1], d'avec son mari, à l'époque où tous ceux qui avaient des projets d'émigration avaient pris cette marche ; que depuis ces quinze mois, on la voit successivement à Boulogne-sur-Mer, à Paris, à Bordeaux, aux eaux sur la frontière d'Espagne [2],

---

1. C'est exact, la date du divorce est le 5 avril 1793.
2. Cela confirme le récit du voyage de Thérésia aux eaux de Bagnères, en

puis à Bordeaux, où son mari vient la trouver pour se réunir à elle et finit par s'occuper à régler un divorce qui traîne depuis plus de quinze mois[1], après quoi il s'embarque et disparaît ; ce même mari, pendant les troubles du Calvados, se trouve dans une terre qu'il possède dans ce département ; enfin la citoyenne, dans le compte qu'elle rend de ses séjours différents, se trouve, dans l'espace de treize mois, avoir trois mois passés dont elle ne rend aucun compte.

On voit la citoyenne Fontenay liée, à Bordeaux, avec le représentant du peuple Tallien ; on la voit là acquérir une association de salpêtre avec un enfant de 14 ans, dont elle dit à peine connaître le père ; on la voit contrainte par Ysabeau, le représentant du peuple, de partir de Bordeaux, malgré la loi et l'autorisation des autorités constituées ; elle arrive à Orléans, et bientôt se fait donner une passe pour Fontenay-aux-Roses, propriété de son mari, où on retrouve Tallien fréquemment avec elle ; munie de sa commission de salpêtre, on la voit à Paris et presque toujours avec Tallien, soit chez Méau[2], restaurateur, etc. ; on la voit coucher chez Gibert, notaire, rue Honoré, et puis à diverses reprises chez le citoyen Desmousseau, maison de Duplex (*sic*), aux Champs-Élysées ; on la voit prendre une maison à Chaillot, y mettre les ouvriers et puis suspendre les travaux ; on la voit stimuler sa femme de chambre d'aller faire viser un passeport qu'elle a de Bordeaux et qui se trouve, quant au signalement, avoir beaucoup de rapports avec elle ; tout est combiné pour un départ, tous les gens et les effets se doivent réunir à Versailles, et l'on parle de retourner à Bordeaux. Desmousseau confesse que lui-même a désiré le voyage de Versailles, espérant que d'anciennes liaisons, projetées entre Félix Lepeletier et la citoyenne Fontenay, pourraient se renouveler et détruire les inconvénients des liaisons avec Tallien. On voit ce même Tallien fournir un domestique pour avoir à Fontenay-aux-Roses une expédition du procès-verbal. La citoyenne

compagnie de M. Edouard de Colbert et de M. de Lamothe, qui a été fait par la duchesse d'Abrantès. (Voir plus haut, p. 47 et suiv.)

1. Erreur : le divorce a été prononcé à Paris, on l'a vu, le 5 avril 1793.

2. MÉOT, un des premiers restaurateurs de Paris, au Palais-Royal.

produit un certificat, signé des représentants Brival, Monestier, Ysabeau et autres, qui déclare qu'elle ne doit pas être regardée comme étrangère quoique née à Madrid. Elle déclare enfin avoir eu des correspondances et des relations avec Tallien et Monestier, représentants du peuple dans le Midi, avec Frescheville[1], actuellement destitué, Sagon, officier de santé à l'armée du Nord, Félix Lepeletier, etc. Elle a fait partir son fils pour Bordeaux, où il est avec deux domestiques en hôtel garni, et cela au moment où elle revenait ici. Voilà ce qu'ont produit les différentes enquêtes : le Comité de salut public jugera du tout.

L'on observe que tous ses papiers, portefeuilles et écritoires sont sous les scellés dans la maison de Desmousseau.

BOULANGER, général de brigade[2].

Tallien surveillé.

(Ces pages sont extraites des *Papiers inédits trouvés chez Robespierre, Saint-Just, Payau, etc., supprimés ou omis par Courtois*. Paris, Baudoin frères, éditeurs, 1828.)

Guérin, agent de Robespierre[3]. — Espionnage. — Pièce n° XXVIII. — Papiers de Robespierre. — Il espionne Legendre, Bourdon de l'Oise, Thuriot, Tallien, etc.

Le citoyen Tallien est resté, le 6 messidor (24 juin) au soir, aux Jacobins, jusqu'à la fin de la séance ; il a attendu son homme au gros bâton rue Honoré, devant une porte cochère ;

---

1. Le général Frégeville, célèbre par sa liaison avec Mme de Krudner.
2. *Papiers inédits trouvés chez Robespierre, Saint-Just, Payau, etc., supprimés ou omis par Courtois*, t. 1, p. 269-272.
3. C'est là une erreur. Guérin, comme l'a très justement fait remarquer M. E. Hamel, avec preuves à l'appui (voir *Histoire de Robespierre*, t. III, p. 668), n'était pas l'agent de Robespierre, mais bien du Comité de salut public. Ce comité faisait surveiller cinq ou six membres de la Convention dont les agissements lui semblaient louches. Tallien était parmi ceux-là. Le rapport de Courtois, dans un but facile à deviner, fait d'un agent du comité un agent particulier de Robespierre et ne recule pas pour cela, devant la falsification, comme s'en est assuré M. E. Hamel, en comparant cette reproduction de pièce à l'original conservé aux Archives.

nous avons remarqué qu'il avait beaucoup d'importance. Enfin, il est arrivé; il n'y a pas de doute qu'il était dans les tribunes. Ils ont remonté la rue Honoré, celle de la Loi, les baraques, la galerie à droite de la maison Égalité, se sont assis dans le bas du jardin, ont pris chacun une bavaroise, ont remonté sous les galeries de bois, dont ils ont fait trois fois le tour, se parlant toujours mystérieusement et se tenant sous les bras. A onze heures, ils ont traversé la cour du palais et ont gagné la place Égalité; son garde a été arrêter un fiacre, a salué Tallien et ils se sont qualifiés réciproquement d'amis, en disant : « A demain, mon ami. » Nous nous sommes approchés de la voiture : Tallien a dit au cocher de le conduire rue de la Perle; l'autre s'en est allé par la rue de Chartres, à pied. Nous avons couru jusqu'au pont, ci-devant Royal, nous n'avons pu le rejoindre; nous présumons qu'il est entré dans une allée, ou qu'il demeure sur la section des Tuileries. Nous l'avons signalé hier soir, une veste rouge et blanche, à grandes raies, culotte noire, un gilet, chapeau rond, cheveux blonds et en rond, presque de la taille de Tallien. (Tome I, p. 368-369.)

. . . .

Le 14 messidor (2 juillet).

Le citoyen T...... (Tallien), hier, depuis neuf heures du matin jusqu'à trois heures de l'après-midi, n'est pas sorti de son domicile, rue de la Perle, au Marais, n° 60, et on était assuré qu'il était cependant chez lui.

Sur les dix heures et demie, le nommé Rambouillet, ci-devant préposé pour la surveillance de la police, aperçut notre agent, qui lui demanda où il allait. Rambouillet répondit qu'il allait chez le citoyen Ta.....; il le fit jaser. Notre agent lui dit qu'il était étonnant que ce député ne fît plus parler de lui à la Convention, à quoi l'autre répliqua que ce député ne faisait presque plus rien depuis qu'on lui avait reproché, au Comité de sûreté générale, qu'il n'avait pas fait guillotiner assez de monde à Bordeaux; il ajouta de plus que le citoyen Ta..... avait placé son secrétaire au Comité de salut public, et qu'on l'avait renvoyé le 1er messidor.

Nous ne serions pas surpris que le sieur Rambouillet, qui a été placé à la police par le citoyen Ta....., et qui vient d'être supprimé de son emploi, ne fût un de ceux que ce député emploie auprès de lui, pour l'escorter et savoir si on le surveille, attendu qu'il a dit, avant d'entrer chez le citoyen Ta....., qu'il n'y serait qu'une demi-heure probablement ; et au contraire, il n'en était pas encore sorti à trois heures. Ce sieur Rambouillet a ajouté de plus que quatre particuliers suivaient le citoyen Ta..... ; que, ces jours derniers (il ne se rappelait pas bien si ce n'était pas au jardin national), le citoyen Ta..... s'apercevant que ces particuliers le suivaient, il s'arrêta et leur dit qu'il était un représentant du peuple ; que beaucoup de monde s'attroupa et que la garde conduisit lesdits particuliers au Comité de la sûreté générale.

Il est impossible de pouvoir surveiller ledit député dans sa rue, vu qu'elle est fort courte et droite. Il n'y a aucune retraite, que quelques bancs de pierre à côté de quelques portes cochères, pour s'asseoir ; et pour peu que les locataires de ladite rue s'aperçoivent qu'un individu passe fréquemment, ils se mettent aux croisées, ou envoient leurs domestiques sur la porte, en sorte qu'il est impossible à un surveillant de faire sentinelle dans le voisinage de son domicile, soit que ses propres domestiques soient toujours sur leur porte, ou d'autres avec qui ils causent. (*Ibid.*, t. I, p. 372-374.)

Le 15 messidor (3 juillet).

. . . .
. . . . Hier, 14 courant, le citoyen Ta..... est sorti de chez lui à une heure et demie après midi, a passé rue des Quatre-Fils, rue du Temple, rue de la Réunion (ci-devant Montmorency), au Marais, rue Martin, rue Grenétat (*sic*), petite rue du Renard-Sauveur, rue Beaurepaire, rue Montorgueil, passage du Saumon, rue des Fossés-Montmartre, s'est amusé plus d'une heure à marchander des livres, est entré au jardin Égalité, toujours regardant de côté et d'autre, d'un air inquiet.

Il est entré à la Convention à deux heures trois quarts, y a entendu le rapport du citoyen Barère, a parlé avec un ou deux

députés, de là traversé la salle, et est ressorti par l'escalier où
était la chapelle; est allé comme pour sortir par les cours, mais
il s'est ravisé, a pris par le jardin national, a remonté par le bas
de la terrasse des Feuillants, et est retourné sur ses pas, a
monté ladite terrasse par l'escalier qui fait face au café Hotto;
s'est encore amusé à marchander des livres un grand quart
d'heure; de là, a pris la porte du Manège et est entré chez
Vénua, restaurateur, n° 75; nous l'avons quitté à six heures
sans avoir pu savoir par où il s'en est allé. (*Ibid.*, p. 376.)

Lettre de la citoyenne Thérésia Cabarrus à une amie, à Bordeaux[1].

Paris, ce 1er fructidor an II de la République.

Je ne doute point, ma Constance[2], de ton amitié, et
suis convaincue qu'elle n'a point été blessée par l'adversité.
Ce serait t'outrager, et je te rends assez justice pour juger ton
cœur par le mien. Je n'ai jamais craint de me compromettre
pour l'innocence opprimée ; ton mari en est la preuve et Thérésia sûrement a trouvé en lui un appui. Je te suis bien obligée
des soins que tu te donnes pour mes effets ; je pense, comme
toi, qu'il faut en vendre le plus possible, mes guitares, mon
serre-papiers d'acajou, mes orangers, mon cheval et mon cabriolet. J'accepte avec reconnaissance l'offre du citoyen Louvet,
dis-le-lui, je suis pénétrée de sa bonté et l'en remercierai par
le premier courrier. Je regrette mes orangers, mon balcon, le
tien ; mais ta ville ne me reverra pas de sitôt. Vends aussi une

1. Cette lettre appartient à M. Marcellin Pellet, ancien député, qui l'a publiée dans la *République française* et dans ses *Variétés révolutionnaires*,
p. 163.
2. Anne-Jeanne-Constance LAVAUD, cousine germaine du girondin Ducos,
morte peu avant le 25 avril 1839 (*Petites Affiches* du 30 décembre 1839), épouse
de Laurent-Paul Nairac, député de Bordeaux à la Constituante, mort à Paris,
rue Saint-Denis, n° 317, en avril 1817 (*Petites Affiches* du 1er mai). Il fut
témoin au premier mariage d'Émile de Girardin. (Ch. NAUROY, *Le Curieux*.)

cassette en bois de noyer ; je suis fâchée de ne pouvoir vendre une partie de mes robes, car mes deux mois de cachot me coûtent horriblement cher. Joseph doit avoir deux bouteilles d'huile que me donna Guéry peu de jours avant mon départ. Fais, je t'en conjure, tout de suite, un envoi de vins, de sucre, de café, de thé, de bougie : tout cela m'est absolument indispensable. Gramont est porteur de 3,200 livres payant ici le mémoire de Sicard. J'imagine qu'avec la vente de mes effets Awson aura assez d'argent ; au surplus, Guéry part dans quatre ou cinq jours et en portera encore.

Je voudrais que tout vînt par la diligence ou la messagerie, les rouliers mettant des siècles en route. Le citoyen Ysabeau m'a promis de favoriser tout cela ; ainsi, mon amie, adresse-toi à lui, s'il faut quelque permission. Quant aux petits objets, tu pourrais m'en envoyer par des occasions, par des personnes qui partent pour Paris ; on se chargerait peut-être de ces petits paquets et ce serait autant d'épargné ; au demeurant, je m'en rapporte à toi pour l'économie.

Je me bornerai à te dire que Fontenay a fait mille infamies, m'a vendu des maisons, des terres qui n'étaient point payées et qui étaient vendues par lui argent comptant à d'autres, ce qui diminue considérablement ma fortune. J'avais du savon, envoie-le-moi aussi.

Je voudrais pour cinq cents livres de sucre et de café, tous frais faits ; pour autant d'huile, de thé et de savon. Je remets, mon ange, mes intérêts entre tes mains, bien sûre qu'ils ne peuvent être mieux placés ; tire parti de tout.

Je crois devoir te prévenir que la vieille guitare m'a coûté quatre-vingt-seize livres.

Adieu ; comme on n'exprime jamais bien la reconnaissance, je me tais vis-à-vis de ta mère, de ton père et de ton mari, persuadée que ma Constance ne doute pas de sa vivacité, de sa sincérité et de sa durée ; elle est comme l'amitié que je lui ai vouée pour toujours.   Thérésia CABARRUS.

Tallien t'aime et t'embrasse de tout son cœur ; n'en dis rien à ton mari, en femme prudente.

Paris est calme, heureux. La sérénité est sur tous les visages. Vive, vive à jamais la République ! Périssent les factions, les intrigants, voilà le vœu d'une de leurs victimes. Mon griffonnage est diffus, mais je suis dans un déménagement et je suis pressée. Adresse-moi tes lettres rue Saint-Georges, 9, Chaussée-d'Antin.

Lettre de Tallien à sa femme [1].

Rosette, le 17 thermidor an VI.

Je ne sais, ma chère bonne, si tu as reçu toutes mes lettres. Depuis mon départ de France, je t'ai écrit une fois de Bastia, deux fois de Malte et une d'Alexandrie. Depuis cinq jours nous sommes ici, attendant une occasion pour aller au Caire, car il n'est pas sûr de remonter le Nil sans escorte. Dans notre traversée d'Alexandrie, nous avons eu le bonheur d'échapper aux Anglais qui étaient dans ces parages.

Au moment où tu recevras cette lettre, l'on saura déjà sans doute en France la défaite de notre escadre par les Anglais. Nous sommes tous ici dans la plus grande consternation. Je ne puis te donner aucun détail, parce que nous ne les connaissons pas encore d'une manière positive : ce qu'il y a malheureusement de trop certain, c'est que le superbe vaisseau l'*Orient* est sauté dans le combat. Placés sur une éminence qui dominait la mer, nous avons été témoins de cet affreux spectacle. Le combat a duré plus de vingt-quatre heures ; les Anglais ont dû beaucoup souffrir. Nous ignorons encore combien nous avons perdu de vaisseaux. J'ose espérer que les bruits sinistres qui se répandent ne seront pas confirmés. L'amiral Brucys a été tué, ainsi que Ducheyla, et une foule d'autres braves.

Ce n'est pas dans un premier moment que l'on peut porter

1. René **Pincebourde**, *Correspondance intime de l'armée d'Egypte.*

un jugement sur les causes de ce désastre affligeant pour tout bon Français ; il faut, au contraire, s'empresser de repousser la calomnie, qui ne respecte ni le malheur ni la cendre des morts.

Quant à moi, j'ajoute, j'observe, et ne crois pas qu'il soit sage de prononcer au milieu des passions. Nous partons demain pour le Caire ; nous serons les premiers qui annoncerons cette affligeante nouvelle à Bonaparte, qui, je l'espère, saura juger sa position et supporter avec courage ce premier revers de la fortune. J'avoue que je ne suis pas aussi tranquille sur l'effet que produira cette nouvelle en France. Déjà je vois les ennemis de Bonaparte, de celui des Directeurs qui est son ami [1] sortir de leurs retraites et agiter contre eux l'opinion publique.

Les services passés seront oubliés, chacun voudra se donner le mérite d'avoir prévu ce qui est arrivé. Les partis, les factions mal éteintes se ranimeront et produiront encore dans notre malheureureuse patrie de nouveaux déchirements.

Quant à moi, ma chère amie, je suis ici, comme tu le sais, bien contre mon gré ; ma position devient chaque jour plus désagréable, puisque, séparé de mon pays, de tout ce qui m'est cher, je ne prévois pas le moment où je pourrai m'en rapprocher ; cependant rien ne me fera trahir et l'amitié et mes devoirs. Bonaparte éprouve une chance malheureuse, c'est pour moi une raison de plus de m'attacher fortement à lui et d'unir mon sort au sien.

Ne crois pas cependant que je devienne jamais le partisan d'aucune faction ; le passé m'a assez éclairé pour me rendre sage, et, s'il pouvait, ce que je suis bien loin de penser, se présenter un ambitieux qui voulût ou donner des fers à sa patrie, ou faire tourner les armes de ses défenseurs contre la liberté, alors on me verrait dans les rangs de ceux qui se présenteraient pour le combattre [2].

---

1. Tallien se sert d'une périphrase pour désigner Barras.

2. Tallien oublia ces bonnes résolutions car, à peine l'Empire proclamé, il sollicita un emploi de celui « qui avait donné des fers à sa patrie » et avait « fait tourner les armes de ses défenseurs contre la liberté. »

Tu vois, ma chère bonne, que je sais prendre mon parti ; mais je te l'avoue bien franchement, je préférerais mille fois être avec toi et ta fille, retiré dans un coin de terre, loin de toutes les passions, de toutes les intrigues, et je t'assure que si j'ai le bonheur de retoucher le sol de mon pays, ce sera pour ne le quitter jamais. Parmi les quarante mille Français qui sont ici, il n'y en a pas quatre qui pensent autrement.

Rien de plus triste que la vie que nous menons ici. Nous manquons de tout. Depuis cinq jours, je n'ai pas fermé l'œil ; je suis couché sur le carreau : les mouches, les punaises, les fourmis, les cousins, tous les insectes nous dévorent, et vingt fois chaque jour je regrette notre charmante *chaumière*. Je t'en prie, ma chère amie, ne t'en défais pas.

Adieu, ma bonne Thérésia, les larmes inondent mon papier. Les souvenirs les plus doux de ta bonté, de notre amour, l'espoir de te retrouver toujours aimable, toujours fidèle, d'embrasser ma chère fille, soutiennent seuls l'infortuné

TALLIEN.

Fais donner à ma mère de mes nouvelles.

Dans mon voyage j'ai fait une perte : M. Bellavoine, le jour de notre départ de Malte, s'est endormi dans quelque cabaret et nous ne l'avons plus vu. J'ai prié Regnault de me le renvoyer s'il se retrouvait.

Minerve est toujours avec moi, il se porte très bien.

Au quartier général du Caire, le 18 fructidor an VI de la République française une et indivisible.

Bonaparte, général en chef, au citoyen Tallien.

Je vous prie, citoyen, de prévenir le divan que le 1er vendémiaire étant le premier jour de l'an, nous avons l'habitude de le célébrer avec pompe et que c'est à cet effet qu'on fait quelques travaux sur la place d'Elbékié, qu'il y aura une place pour eux. Vous aurez soin de les dissuader de l'idée qu'ils pourraient avoir que c'est une fête religieuse.

Je vous salue.

BONAPARTE.

Au citoyen Tallien, commissaire près le divan, quartier des Francs, maison Sauvrem, au Caire.

> (*Lettre inédite.*)

Nous donnons les deux lettres suivantes pour faire voir comme quoi Mme Tallien savait écrire, même une simple lettre de recommandation, d'une façon peu banale :

Lettre à François de Neufchâteau, ministre de l'Intérieur.

Je joins mes instances, citoyen ministre, à celles du représentant Le Coulteux de Canteleu en faveur du citoyen Vannier, malheureux rentier privé de toute espèce de ressources et de secours. Votre bienveillance peut le sauver du désespoir : permettez-moi de la solliciter vivement pour ce vieillard et de saisir cette occasion de vous assurer, citoyen ministre, de mon estime, de ma reconnaissance et de ma parfaite considération.

Thérésia CABARRUS-TALLIEN.

Ce 21 nivôse an VII. — 10 janvier.
(Archives nationales.) — *Lettre inédite.*

Lettre au citoyen Chaumont.

Le citoyen Chaumont vient à Paris, écrit une lettre avec le laconisme et la légèreté française, oublie d'y insérer son adresse, fait une demande, se fâche sans doute de ce qu'on ne lui répond pas et ne vient pas lui-même faire des excuses d'avoir tardé si longtemps à se faire connaître, ce qui, vu son esprit, est une faute essentielle commise envers la société. La peine portée contre le citoyen Chaumont est : 1° qu'il se rendra le plus tôt possible chez la personne *qu'il a offensée ;* 2° qu'il n'oubliera jamais qu'il existe à Paris une personne qui s'estimera heureuse de pouvoir lui être de quelque utilité et qui lui en aura même de la reconnaissance.

Savez-vous, *monsieur*, que je suis réellement fâchée de ce que peut-être vous vous croyez quelques droits de l'être ; savez-vous bien que je trouve *très mauvais* que vous ne m'écriviez plus et qu'il est très mal de montrer qu'on est aimable lorsqu'on veut cesser de l'être ? Je ne sais en vérité pourquoi j'ai de l'amitié pour vous, que je n'ai jamais vu ; mais, puisqu'elle existe, *je veux*, citoyen, que vous m'en teniez compte, car je ne la prodigue pas.

Adieu, citoyen, écrivez-moi ; si vous ne voulez pas venir à Paris, donnez-moi votre adresse et dites-moi surtout en quoi je peux vous obliger.

Salut et estime.

Thérésia CABARRUS-TALLIEN.

Acte de mariage de Mme de Caraman.

Extrait des registres des actes de mariage de l'an XIII (X^e mairie).

Du quinze thermidor an treize de la République, à quatre heures après midi. Acte de mariage de François-Joseph-Philippe *Riquet-Caraman*, âgé de trente-trois ans, né à Paris le vingt novembre mil sept cent soixante et onze et y demeurant rue Saint-Dominique numéro 1530, propriétaire ; fils de Victor-Maurice Riquet-Caraman, ancien lieutenant-général des armées de France, domicilié à Paris, rue et numéro susdits, et de Marie-Anne-Gabrielle-Josèphe-Françoise d'Alsace d'Hénin-Liétard Chimay, son épouse décédée ;

Et de Jeanne-Marie-Ignace-Thérèse Cabarrus, âgée de trente-deux ans, née à la paroisse de Saint-Pierre de Caravenchel de

Arriba, juridiction de Madrid, en Espagne, le trente et un juillet mil sept cent soixante-treize, épouse divorcée de Jean-Jacques Devin de Fontenay, son premier époux, et de Jean-Lambert Tallien, son second époux, ainsi qu'il résulte d'un acte extrait des registres de l'état civil du premier arrondissement de Paris, en date du dix-huit germinal an X, demeurant à Paris, rue de Babilone (*sic*), fille de monsieur le comte Cabarrus, conseiller d'État de Sa Majesté Catholique, domicilié à Barcelone, étant de présent résidant à Bayonne, et de madame Marie-Antoinette Galabert, son épouse, demeurant à Valence, en Espagne, tous deux consentants au premier mariage de leur fille, savoir ladite dame comtesse de Cabarrus, par acte sous seing privé par elle souscrit à Valence, le sept février dernier, dûment enregistré à Paris, ce jour d'huy, et monsieur le comte de Cabarrus représenté à l'effet de réitérer son consentement audit mariage par monsieur Étienne-Didier Guercy, ancien officier de cavalerie, domicilié à Paris, rue de la Sourdière numéro 27, son fondé de procuration à cet effet par acte passé devant Duhaldé notaire à Bayonne, le dix-neuf messidor dernier enregistré le même jour, ledit sieur Guercy audit nom, présent et consentant audit mariage.

Les actes préliminaires sont : extrait du registre des publications faites en cette mairie les dimanches seize et vingt-trois nivôse dernier, affiché aux termes de la loi sans opposition; les actes de naissance des époux, l'acte de décès de la mère de l'époux, extrait des registres de l'état civil de cet arrondissement en date du sept messidor an VIII; un acte respectueux fait par l'époux à monsieur son père devant Dunays, notaire à Paris, et en présence de témoins, le douze du même mois, suivant l'acte de notification en date du même jour et enregistré à Paris le surlendemain ; l'acte de divorce ci-dessus énoncé et les actes de procuration et sous seing privé ci-dessus datés et mentionnés. De tous lesquels actes ainsi que du chapitre six sur les droits et les devoirs respectifs des époux, titre cinq du Code civil, il a été donné lecture par moi, officier public, aux termes de la loi.

Les dits époux présents ont déclaré prendre en mariage, l'un

Jeanne-Marie-Ignace-Thérèse Cabarrus, l'autre François-Joseph-Philippé Riquet-Caraman, en présence de Victor Leterrier, demeurant à Paris, rue Mandar numéro 7, homme de loi, âgé de quarante et un ans, de Louis-Nicolas Jarot, demeurant à Paris, rue Françoise, numéro 13, division de Bon-Conseil, homme de loi, âgé de quarante quatre ans, tous deux amis de l'époux ; de Pierre Saintin, demeurant à Paris, rue Coquillière numéro 36, commis principal à l'administration de la Loterie, âgé de soixante-trois ans, et de François Jourdheuil, demeurant à Paris, rue Saint-Honoré 1515, homme de loi, âgé de quarante ans, ces deux-ci amis de l'épouse.

Après quoi, moi, Joseph-Fulcrand Fabre, adjoint au maire du dixième arrondissement de Paris, faisant fonctions d'officier public de l'état civil, ai prononcé qu'au nom de la loi lesdits époux sont unis en mariage, et de suite j'ai dressé le présent acte, dont j'ai aussi donné lecture et que les époux, le sieur Guerey audit nom ont signé avec moi.

Signé : M. J. J. Th. DE CABARRUS, Joseph RIQUET DE CARAMAN, GUEREY, LETERRIER, JAROT, SAINTIN, JOURDHEUIL et FABRE [1].

Lettre de la princesse de Chimay à M. Laffitte [2].

(Cette lettre est, selon toute vraisemblance, de 1815 ou 1816.)

Je suis sortie de chez vous, Monsieur, pénétrée de l'obligeance de votre accueil et de votre promesse de vous occuper de ma triste position, car vous avez été à même de juger, par ce que j'ai confié à votre bonté, qu'*être* et *paraître* sont deux choses absolument distinctes ; dans votre propre cabinet, pour

1. Ch. NAUROY, *Le Curieux.*
2. C'est à la bienveillance de M. La Caille, ancien juge d'instruction au tribunal de la Seine, qui a eu la bonté de nous ouvrir tout grands les cartons de sa précieuse collection d'autographes, que nous devons communication de cette lettre inédite. Nous sommes heureux de le remercier de nouveau ici de sa complaisance, qui nous a été si utile.

rendre mes narrations moins fatigantes pour vous, j'ai essayé de vous cacher l'excès de la douleur qui m'y avait conduite, mais votre excellent cœur l'aura devinée et vous aura fait comprendre tout ce que je n'ai pu ni dû vous dire.

M. Malafait, avoué en première instance et chargé de mes affaires depuis plus de dix ans, aura l'honneur, Monsieur, de se présenter chez vous demain matin, ainsi que vous avez bien voulu le permettre ; il sera porteur des pièces qui établissent mes droits, et des lettres de M. Tastet qui établissent sur quoi je pourrai les exercer. M. Malafait vous fera aussi connaître la liste des personnes qui entreront en partage de ces faibles débris; car, en vous demandant, Monsieur, de me tirer des cruels embarras où me jettent des intérêts à payer et un jeune ménage à secourir, je désire que vous soyez convaincu de la certitude du recouvrement et que je ne désire obtenir de votre bonté qu'une avance. Ce service sera déjà assez grand pour que je sois autorisée à vous vouer la plus vive et la plus profonde reconnaissance.

Agréez, Monsieur, l'assurance de la haute considération avec laquelle j'ai l'honneur d'être

Votre très humble servante,
C. princesse DE CHIMAY.

Mercredi 22 octobre.

A Monsieur Laffitte.

Lettre de Marc-Antoine Jullien, datée du 22 septembre 1823, adressée aux éditeurs de la collection des *Mémoires relatifs à la Révolution*, et insérée à la fin des *Mémoires de Louvet.*

Dès le 11 thermidor, comme on peut le voir dans le *Moniteur*, Carrier et son collègue Tallien se réunirent pour me dénoncer. Le premier voulait se venger du jeune audacieux qui avait osé provoquer son rappel. Le second voulait profiter de la circonstance de mon passage et séjour momentané à Bordeaux, pour détourner sur la tête obscure et dévouée d'un jeune homme qu'il espérait pouvoir facilement sacrifier, l'odieux de ses propres actes. Il se ménageait ainsi les moyens de se réconcilier avec les députés girondins encore vivants, que le changement de système et la force des choses allaient ramener dans le sein de la Convention.

Ce n'est point une supposition gratuite, mais un fait qui m'a été bien démontré et dont je puis produire quelques preuves :

1° Une dame que j'avais connue à Bordeaux et qui conservait à Paris des relations avec la belle madame Thérésia Cabarrus-Fontenay, devenue madame Tallien, m'a raconté qu'à la suite d'un dîner où se trouvaient plusieurs membres du parti qu'on a nommé Thermidorien, tels que les députés Fréron, Legendre, Bourdon de l'Oise, Bentabole, Courtois, etc., Tallien qui les avait réunis chez lui, leur tint à peu près ce langage :

« Nous avons tous participé de quelque manière, ou par des missions dans des départements, ou par notre coopération dans les comités, ou par nos discours dans l'Assemblée, au régime qui vient de finir. Nous devons nous bien entendre pour nous soutenir mutuellement contre les députés naguère proscrits qui vont rentrer dans la Convention, et pour prévenir des réactions violentes dont nous serions à notre tour victimes. Le fait le plus grave, et qui exciterait le plus contre nous la haine des girondins, c'est le supplice de plusieurs de leurs collègues mis hors la loi. C'est à Bordeaux, et pendant la mission que j'y ai remplie avec Ysabeau, qu'une partie de ces députés a péri sur l'échafaud. Si nous savons *rejeter tout ce que leur mort offre d'odieux et faire retomber la mort de leurs amis sur quelques agents subalternes et obscurs*, étrangers à la Convention, les députés girondins qui vivent encore, n'ayant plus à nous imputer la fin déplorable de leurs collègues, pourront se rapprocher de nous, et ce rapprochement est seul capable de prévenir de nouvelles révolutions qui seraient peut-être encore plus sanglantes. »

Il fut donc formellement convenu, entre ces députés, d'après l'intérêt politique qui leur était commun, *qu'on ferait peser l'odieux de la mission de Bordeaux sur un jeune homme de dix-neuf ans*, qui s'était trouvé envoyé dans cette ville pendant les derniers mois du régime de la Terreur. Ce jeune homme, averti à la Rochelle, en lisant les journaux du 11 thermidor, des attaques publiques dirigées contre lui par ses deux ennemis, Carrier et Tallien, n'en est pas moins revenu volontairement et immédiatement à Paris, où il s'était présenté au Comité de salut public, qui lui avait accordé huit jours pour rédiger le compte rendu de sa mission, et où *Tallien s'était empressé de le faire arrêter*, le même jour, par un mandat d'arrêt signé de lui et de ses collègues Billaud-Varennes, Collot d'Herbois et Barère, quoiqu'un décret récent de la Convention nationale exigeât le concours et les signatures de sept membres au moins de l'un des comités de sûreté générale ou de salut public, pour rendre une arrestation légale. On voit, par ce seul fait, *combien Tallien attachait de prix à empêcher le jeune Jullien de se faire entendre.*

2° Plusieurs brochures, dont une intitulée *Histoire de Bordeaux*, etc., furent écrites sous la dictée de Tallien, imprimées par ses soins et répandues avec profusion, pour égarer l'opinion publique et celle des Bordelais eux-mêmes, en faisant attribuer au jeune Jullien les maux qu'ils avaient soufferts. L'auteur de ces écrits, M. B. de la C..., avec lequel je me suis rencontré longtemps après, en 1808 ou 1809, m'a fait à ce sujet un aveu positif, très remarquable. Comme il occupait, après le 9 thermidor, une place auprès du représentant Tallien, il avait suivi les instructions de son protecteur, en publiant contre le jeune Jullien, qu'il ne connaissait pas et qu'il n'avait même jamais vu, une brochure dans laquelle les faits arrivés à Bordeaux étaient présentés sous le point de vue que Tallien jugeait favorable à ses intérêts.

3° Plusieurs journaux, dont les rédacteurs se prêtaient volontiers aux désirs d'un membre influent du Comité de salut public, *l'Orateur du peuple*, rédigé par Fréron, *l'Ami des citoyens*, le *Journal de Perlet*... représentèrent à l'envi le jeune Jullien, auquel on affectait alors de donner beaucoup d'importance, et *qu'on retenait en prison sans vouloir le faire juger*, malgré ses réclamations énergiques et réitérées, comme le principal auteur des événements dont Bordeaux avait naguère été le théâtre.

4° Le député Ysabeau, membre du nouveau Comité de sûreté générale, comme Tallien l'était du Comité de salut public, *fut envoyé en mission à Bordeaux* par son collègue et par une décision de ces deux comités, pour étouffer la manifestation de l'opinion publique, qui commençait à disculper hautement le jeune Jullien des accusations dirigées contre lui par quelques hommes puissants intéressés à le calomnier et à le perdre.

4° L'un des collègues de Tallien, Fréron, rédigeait *l'Orateur du peuple ;* un ancien secrétaire de Tallien, ou son adjoint lorsqu'il était secrétaire de la Commune de Paris, à l'époque des massacres du 2 septembre 92, nommé M... fils[1] et qui signait ses articles Felhémési[2] dans un journal du temps, *l'Ami des citoyens*, reproduisaient souvent, dans ces deux feuilles, des articles tendant à m'imputer les crimes commis à Bordeaux. Ces hommes ne me connaissaient point et n'avaient personnellement aucun intérêt à me nuire ; mais ils rendaient un service essentiel à Tallien, qui était fort en crédit et très puissant, en contribuant à *faire oublier sa mission de Bordeaux* et à me représenter comme ayant fait tout le mal. J'étais toujours détenu et je n'ai pu connaître que longtemps après ces infâmes machinations et le système profondément machiavélique et atroce, combiné avec une méchanceté infernale, pour faire d'un jeune homme obscur et mourant d'une maladie de poitrine dans une prison[3] *le bouc émissaire des représentants du peuple en mission à Bordeaux, qui voulaient se réhabiliter à mes dépens.*

1. **Méhée de la Touche (J.-T.).**
2. **Anagramme de Méhée fils (J.-T.).**
3. **Jullien ne mourut qu'en 1842.**

TABLE DES MATIÈRE S

CHAPITRE PREMIER

Naissance de Thérésia de Cabarrus. — Les familles de
finance au XVIII° siècle. — M de Cabarrus. — Enfance
de Thérésia. — Demande en mariage. — Thérésia à Paris.
— Elle épouse M. de Fontenay. — Portrait de Mᵐᵉ de
Fontenay. — Soirée chez Mᵐᵉ de la Briche. — Tiraille-
ments de ménage. — La vie mondaine à Paris en 1788. —
Paris aux champs. — Légende. — La fête de la Fédé-
ration. — Médisances. — Une lettre de Mᵐᵉ de Fontenay.
— La Terreur. — M. et Mᵐᵉ de Fontenay quittent Paris.
— Arrivée à Bordeaux. — Divorce du jeune ménage. .   1

CHAPITRE II

Le roman de *René*, avec interversion des rôles. — M. Édouard
de Colbert. — M. de Lamothe. — Tous amoureux ! —
Voyage à Bagnères. — Incidents du voyage. — Duel. —
Bonheur de Thérésia et de M. de Lamothe. — État des
esprits à Bordeaux en 1793. — Le *féminisme* et les *Amies
de la Constitution*. — Misères du temps. — Événements
qui amènent à Bordeaux des commissaires de la Convention. — Tallien : son portrait, ses antécédents. — La
Terreur à Bordeaux. — Incidents qui mettent en relations
la citoyenne Cabarrus-Fontenay et le représentant Tallien. — Légende. — Thérésia en prison.   42

CHAPITRE III

Combien de temps Thérésia resta-t-elle en prison ? — Légende. — Maîtresse de Tallien. — Fête à Bordeaux pour

la reprise de Toulon sur les Anglais. — Thérésia lit un discours au Temple de la Raison. — Sa bonté n'est pas toujours désintéressée. — *Le pain des représentants.* — Actes de dévouement de Thérésia. — Son énergique intervention auprès du citoyen Lacombe, en faveur de M. Louvet. — M. de Paroy. — Le boudoir des Muses. — Les prétentions de Thérésia. — Un souper à Bordeaux en 1794. — Le représentant Lequinio. — Manigances de Tallien. — Tous voleurs ! — Tallien met de l'eau dans son vin. — Un peu de statistique. — Tallien part pour Paris. — Marc-Antoine Jullien. — Ses lettres à Robespierre. — Thérésia quitte Bordeaux.   81

CHAPITRE IV

Tallien à Paris. — Il cherche à justifier devant la Convention sa conduite à Bordeaux. — Tallien président de la Convention. — Ses platitudes devant Robespierre. — Il fait écrire par Thérésia une pétition à la Convention. — Robespierre n'est pas dupe de cette comédie. — Il lance un ordre d'arrestation contre Thérésia. — Taschereau, agent de Robespierre. — Thérésia est conduite à la Force. — Tallien signataire de l'ordre d'arrestation de Guéry : pourquoi? — Nouvelles platitudes de Tallien devant Robespierre. — Le syndicat du crime et de la peur. — Thérésia en prison. — Elle n'est pour rien dans le coup d'État du 9 themidor. — Récit de cette journée.   120

CHAPITRE V

Triomphe des Thermidoriens. — Thérésia sort de prison. — Popularité colossale de Tallien. — Fermeture du Club des jacobins. — Tableau de Paris après le 9 thermidor. — Mariage de Thérésia et de Tallien. — La Chaumière. — Luxe et extravagances de toilette de Mme Tallien. — Ses déceptions d'ambition. — Agissements louches de Tallien. — Tiraillements dans le ménage. — Mme Tallien inspiratrice de son mari. — Reine de la mode. — Le salon de la Chaumière. — Politicien et agioteur. — Luxe et misère. — Tallien à Quiberon. — Ses intrigues royalistes. — Anniversaire du 9 thermidor. — Toasts. — Exécutions de Quiberon. — Le général Bonaparte chez Mme Tallien. .   160

CHAPITRE VI

Avènement du Directoire. — Le directeur Barras. — Tristesses et soucis de Tallien. — Splendeurs et misères. —
Le salon de Mme Tallien. — Nouvelles intrigues avec les
royalistes. — Les bals publics sous le Directoire. —
Mme de Beauharnais et Mme Tallien au Luxembourg. —
— Le salon de Barras. — Bonaparte et Mme Tallien. —
Fête en l'honneur de l'armée d'Italie. — Toilettes et perruques. — Les « sans-chemise ». — Médisances et cancans. — Corruption générale. — Les « dames pour accompagner » Mme Tallien. — La famille de Barras au
Luxembourg. — La main de Mme Tallien dans le coup
d'État du 18 fructidor.   214

CHAPITRE VII

La tranquillité renaît dans Paris. — Multiplication des fêtes.
— Bonté constante de Mme Tallien. — Ses démarches
actives en faveur des condamnés de Fructidor. — M. de
Lacretelle. — Retour de Bonaparte à Paris. — Mme Tal-
lien à l'hôtel de la rue Chantereine. — Élection de l'an VI.
— La double élection de Tallien est cassée. — Que faire ?
— Tallien part pour l'Égypte. — Un ambassadeur turc à
Paris. — Mme Tallien se met en frais de coquetterie pour
lui. — Visite à Chantilly. — Villégiature à Grosbois. —
Singulier marché passé entre Barras, Ouvrard et Mme Tal-
lien. — Portrait d'Ouvrard. — Une fête au Raincy. . .   252

CHAPITRE VIII

Le 18 brumaire. — Le premier consul refuse à Mme Tallien
l'entrée de son salon. — Dernières excentricités de toilette
de Mme Tallien. — Le général Bonaparte et ses entrevues
aux bals masqués avec Mme Tallien. — Les enfants de
Mme Tallien. — Tallien, de retour d'Égypte, débarque à
Calais. — Second divorce de Thérésia. — Défaveur de
Tallien auprès de Bonaparte. — Consul à Alicante. —
Misères morales et physiques de Tallien : ses derniers
moments, sa mort. — Fête chez Mme de Cabarrus. —
Troisième mariage de Thérésia. — Princesse de Chimay !
— Mort de la princesse.   281

· TABLE

APPENDICE

Discours sur l'éducation, prononcé à Bordeaux, dans le Temple de la Raison, par la citoyenne Cabarrus-Fontenay.   323

Pétition adressée par la citoyenne Cabarrus-Fontenay à la Convention nationale et lue à la séance du 5 floréal an II.   328

Arrêté du Comité de salut public ordonnant l'arrestation immédiate de Thérésia Cabarrus.   333

Rapport du citoyen Boulanger sur l'exécution de cet arrêté.   333

Tallien surveillé   336

Lettre de Thérésia à une amie de Bordeaux.   339

Lettre de Tallien à sa femme.   341

Lettre du général Bonaparte à Tallien.   343

Lettre de la citoyenne Tallien à François de Neufchâteau.   344

Lettre de la citoyenne Tallien au citoyen Chaumont. . . .   344

Acte de mariage de Mme de Caraman.   345

Lettre de la princesse de Chimay à M. Laffitte.   347

Lettre de Marc-Antoine Jullien.   348

Paris. — Imprimerie PAUL DUPONT, 4, rue du Bouloi. (Cl.) 52.6.98.